OEUVRES

DE

Frédéric Mistral

CALENDAL

TEXTE ET TRADUCTION

PARIS

ALPHONSE LEMERRE, ÉDITEUR

27-31 PASSAGE CHOISEUL 27-31

M DCCC LXXXVII

ŒUVRES

DE

Frédéric Mistral

OEUVRES

DE

Frédéric Mistral

CALENDAL

TEXTE ET TRADUCTION

PARIS

ALPHONSE LEMERRE, ÉDITEUR

27-31 PASSAGE CHOISEUL 27-31

M DCCC LXXXVII

CALENDAU

POUÈMO PROUVENÇAU

DE

FREDERI MISTRAL

Emé la traducioun literalo en regard

CALENDAL

POÈME PROVENÇAL

DE

FRÉDÉRIC MISTRAL

Avec la traduction littérale en regard

Li vagoun, dins de canestello,
Carrejon tout, e lèu, lèu, lèu...
Mei carrejon pas lou soulèu,
Mei carrejon pas lis estello.

      ADÒUFE DÓUMAS.

Les vagons, dans des corbeilles, — charrient tout, vite, vitite, vite... — Mais le soleil, ils ne le charrient pas, — ils ne charrient pas les étoiles.

       ADOLPHE DUMAS.

CALENDAU

CANT PROUMIÉ

LI PRINCE DI BAUS

Envoucacioun à l'Amo de la Prouvènço. — Calendau de Cassis, aguènt fa mar e mount pèr èstre bèn-vougu de sa mestresso, iè reclamo lou pres qu'a merita. Elo, tout en i' avouant que l'amo, s'aparo de l'impoussible e dóu mau sort. Èu alor vòu mouri ; e, à noun plus, la bello incouneigudo iè raconto soun istòri : li felen dóu mage Bautezar, la vido barounenco, la court di Baus, lou Gai-Sabé, la fin di Baussen.

  Iéu, d'uno chato enamourado
  Aro qu'ai di la mau-parado,
Cantarai, se Diéu vòu, un enfant de Cassis,
  Un simple pescaire d'anchoio
  Qu 'emé soun gàubi e 'mé sa voio
  Dóu pur amour gagné li joio,
L'empèri, lou trelus. — Amo de moun païs,

CHANT PREMIER

LES PRINCES DES BAUX

Invocation à l'Ame de la Provence. — Calendal de Cassis, ayant fait monts et merveilles pour être bien voulu de celle qu'il aime, lui réclame le prix mérité. La bien-aimée, tout en lui avouant son affection, s'en défend par l'impossible et la fatalité. Lui alors veut mourir ; et la belle inconnue, poussée à bout, lui raconte son histoire : les petits-fils du mage Balthazar, la vie seigneuriale, la cour des Baux, le Gai-Savoir, la fin des Baussencs.

Moi qui d'une amoureuse jeune fille — ai dit maintenant l'infortune, — je chanterai, si Dieu veut, un enfant de Cassis, — un simple pêcheur d'anchois — qui, par la grâce et par la volonté, — du pur amour conquit les *joies**, — l'empire, la splendeur. — Ame de mon pays,

Tu que dardaies, manifèsto,
E dins sa lengo e dins sa gèsto;
Quand li baroun picard, alemand, bourguignoun,
Sarravon Toulouso e Bèu-Caire,
Tu qu'empurères de tout caire
Contro li nègri cavaucaire
Lis ome de Marsiho e li fièu d'Avignoun;

Pèr la grandour di remembranço
Tu que nous sauves l'esperanço;
Tu que dins la jouinesso, e plus caud e plus bèu,
Mau-grat la mort e l'aclapaire,
Fas regreia lou sang di paire;
Tu qu'ispirant li dous troubaire,
Fas pièi mistraleja la voues de Mirabèu;

Car lis oundado seculàri
E si tempèsto e sis esglàri
An bèu mescla li pople, escafa li counfin,
La terro maire, la Naturo,
Nourris toujour sa pourtaduro
Dòu meme la: sa pousso duro
Toujour à l'óulivié dounara l'òli fin;

Amo de-longo renadivo,
Amo jouiouso e fièro e vivo,
Qu'endihes dins lou brut dòu Rose e dòu Rousau!
Amo di sèuvo armouniouso
E di calanco souleiouso,
De la patrio amo piouso,
T'apelle! encarno-te dins mi vers prouvençau!

Toi qui rayonnes, manifeste, — dans son histoire et dans sa langue ; — quand les barons picards, allemands, bourguignons, — pressaient Toulouse et Beaucaire, — toi qui enflammas de partout — contre les noirs chevaucheurs — les hommes de Marseille et les fils d'Avignon* ;

Par la grandeur des souvenirs, — toi qui nous sauves l'espérance ; — toi qui, dans la jeunesse, et plus chaud et plus beau, — malgré la mort et le fossoyeur, — fais reverdir le sang des pères ; — toi qui, inspirant les doux Troubadours, — telle que le mistral, fais ensuite gronder la voix de Mirabeau** ;

Car les houles des siècles, — et leurs tempêtes et leurs horreurs, — en vain mêlent les peuples, effacent les frontières : — la terre maternelle, la Nature, — nourrit toujours ses fils — du même lait ; sa dure mamelle — toujours à l'olivier donnera l'huile fine ;

Ame éternellement renaissante, — âme joyeuse et fière et vive, — qui hennis dans le bruit du Rhône et de son vent*** ! — âme des bois pleins d'harmonie — et des *calanques***** pleines de soleil, — de la patrie âme pieuse, — je t'appelle ! incarne-toi dans mes vers provençaux !

Au bon dóu jour, sus uno caumo
Que di brugas l'óudour embaumo,
Uno femo, un jouvènt soun agrouva; dóu baus
Ounte se trovon, ié presènto
Si blanc móutoun la mar lusènto;
Di claparedo aqui jasènto,
Soulet, lou picatèu estouno lou repaus.

Autour dóu mount escalo, redo
E founso e claro, uno pinedo;
Dóu cengle se pòu vèire en oundo rousseja
Lou front dis aubre; eila blanquejo
Cassis; alin, Touloun fouguejo
Dins lou soulèu; e beluguejo
L'azur de la Garduelo adavan emplaja.

E lou jouvènt dis à la bello:
— Jamai lebraut ni paloumbello
Alassè coume tu lou cassaire... Ai counquist,
Pèr t'agrada, fourtuno e glòri,
Ai fa tripet, tripet-pelòri,
E de iéu, paure tantalòri,
Fugis sèmpre que mai lou sounge tant requist!

A ti desir se fasiés tèmo...
De que dirai? d'un diadèmo...
Te responde segur, — e siéu pas messourguié, —
Que, pèr ma mort venguèsse mèstre
De te l'óufri, me veiriés èstre,
Avans lou jour de sant Sivèstre,
Lou Comte de Prouvènço emai de Fourcauquié!

Vers le milieu du jour, sur un plateau rocheux — qu'embaume l'odeur des bruyères, — une femme et un jeune homme sont assis; de la falaise — où ils se trouvent, ils ont en vue — les moutons blancs de la luisante mer; — et des rocailles là éparses, — seulett, le chant du pic étonne le repos.

Autour du mont gravit, raide, — profond et clair, un bois de pins; — de la corniche, on peut voir blondir en ondes — le front des arbres; cette blancheur-là — est Cassis; Toulon miroite au loin — dans le soleil: et là-bas étincelle, — sur la plage, l'azur de la Gardiole*.

Et à la belle le jeune homme dit. — « Jamais levraut ni palombe — ne lassa comme toi le chasseur... J'ai conquis, — pour te plaire, fortune et gloire, — j'ai fait l'impossible, j'ai fait rage, — et de moi, pauvre songe-creux, — de plus en plus s'éloigne le songe poursuivi!

Si tes désirs se proposaient... — que dirai-je? un diadème... — pour sûr je te réponds, et ne suis point menteur, — que, par ma mort dussé-je être en puissance — de te l'offrir, tu me verrais, — avant le jour de la Saint-Sylvestre, — être le comte de Provence et de Forcalquier**! »

Alor, de si dos man, la femo
Curbènt sa caro e si lagremo,
Ié vèn : — As moun amour ; res que tu noun m'e rèn,
E sies aquéu que desirave...
Ah ! de s'avé sariè trop brave!
Mai perqué fau que l'on s'entrave
Chasco fes qu'au bonur, li bras duberi, courrèn —

Aqui, fasènt lou saut sus l'erbo,
E i'arrapant sa man superbo,
E d'un flo de poutoun i'anelant chasque det,
Lou jouvenome : — Enfin triounfle!
O gràci de Diéu! o regounfle
De joio, dis, o vido à rounfle!
Toumbo lèu sus moun cor, amigo, e chalo-te!

Car, d'aquesto ouro, ounte es la raro
Que di delice nous separo,
Jouine, amourous que sian, libre coume d'aucèu?
Regardo : la Naturo brulo
A noste entour, e se barrulo
Dins li bras de l'Estiéu, e chulo
Lou devourant alen de soun nòvi rousséu.

Li serre clar e blu, li colo
Palo de la calour e molo,
Boulegon trefouli si mourre... Ve la mar :
Courouso e lindo coume un vèire,
Dóu grand soulèu i rai bevèire
Enjusqu' au founs se laisso vèire,
Se laisso coutiga pèr lou Rose e lou Var.

Alors de ses deux mains la femme, — voilant son visage et ses pleurs, — lui parle ainsi : « Tu as mon amour ; nul autre que toi ne m'est rien ; — tu es celui que je désirais... — Ah ! ce serait charmant que de s'avoir ! — Mais pourquoi faut-il chopper à quelque obstacle, — chaque fois qu'au bonheur nous courons les bras ouverts ? »

Là, bondissant sur le gazon — et lui prenant sa main superbe, — et, comme d'autant de bagues, lui couvrant chaque doigt d'un bouquet de baisers : — « Enfin, dit le jeune homme, je triomphe ! — O grâce de Dieu ! regonflement — de joie ! vie débordante ! — Sur mon cœur tombe vite, amie, et sois heureuse !

Car où est la limite, à cette heure, — qui nous sépare des délices, — nous jeunes, amoureux, nous libres comme oiseaux ? — Regarde : la Nature brûle — autour de nous, et se roule — dans les bras de l'Été, et hume — la dévorante haleine de son fiancé fauve.

Les pitons clairs et bleus, les collines — pâles et molles de chaleur, — tressaillent, remuant leurs mamelons... Vois la mer : — chatoyante et limpide comme verre, — aux avides rayons du grand soleil — jusques au fond elle se laisse voir, — par le Var et le Rhône elle se laisse caresser. »

— Taiso-te! — Noun! la terro e l'ounco
Parlon, e de pertout desboundo
La passioun e lou bram e la prèisso d'amour..
Mai toun esfrai, que s'assegure!
Vène, à l'autar vau te coundurre:
Uno vido, pèr tant que dure,
De ma talènt jamai baucara la cremour.

— O malo astrado que me ligo!
Adounc faguè la bello amigo,
Noun se pòu!... E vai-t'en! au noum de Diéu, vai-t'en!
Sara pas di qu'en tartarasso
Ague fini la noblo raço
Di blanc faucoun! Soulo e paurasso
Resten! mai libro e puro e feroujo resten!

A rèire, amour! cerco de plaire
I cor moulan, traite embulaire
Que daures de plesi lou desounour! A iéu
Li perlo fresco de l'eigagno
Pèr diadèmo! Pèr coumpagno
A iéu li bèsti di mountagno!
A iéu, dis, pèr amour la creacioun de Diéu!

Aubre dòu mount Gibau, pinedo,
Éusiero, nerto e cadenedo,
Baumo, que di passioun crudèlo tant de fes
M'avès gardado contro l'uscle,
Assoustas-me, que noun m'enchuscle
Soun fiò terrible, e sus lou ruscle —
Que me crèmo lou sang, — jitas un pau de fres! —

— «« Tais-toi ! » — « Non ! la terre et l'onde — parlent, et de partout exultent — la passion et le cri et le besoin d'amour... — Oh ! mais rassure ton effroi ! — Viens, je te conduis à l'autel : — une vie, si longue qu'elle soit, — jamais n'apaisera les ardeurs de ma faim. »

— « O étoile maligne qui m'enchaîne ! — lors s'écria la belle amie, — cela ne se peut !... Et va-t'en, au nom du ciel, va-t'en ! — Il ne sera pas dit qu'en vil engoulevent — ait fini la noble race — des blancs fauconas ! Seule et pauvre — restons ! mais restons libre et pure, mais sauvage restons !

Arrière, amour ! va, séduis — les cœurs mous, traître enjôleur — qui dores de plaisir le déshonneur ! A moi — les perles fraîches de l'aiguail — pour diadème ! Pour compagnie — à moi les bêtes des montagnes ! — A moi, dit-elle, pour amour la création de Dieu !

Arbres du mont Gibal*, bois de pins, — bois d'yeuses, myrtes et genévriers, — antres, qui des passions cruelles tant de fois — m'avez gardée contre le hâle, — abritez-moi contre l'ivresse — de leurs terribles feux, et sur la fièvre — qui dévore mon sang jetez quelque fraîcheur ! »

En pèd, esmougudo, auturouso,
S'èro aubourado l'amourouso.
Tant nourrido, en-liò mai dos torco de pèu blound
An courouna tant bello tèsto:
Talo dos branco de genèsto,
Rousso de flour. Mai de tempèsto
Aurié, rèn que sa caro, esclargi l'Aguieloun.

Fino, si dènt bribavon: èro
Coume de grun de sau de Berro.
Avien lou regard dre, feroun e barounen,
Sis iue verdau coume esmeraudo;
E de l'ardiero garrigaudo
Sa carnaduro pessegaudo
Pourtavo lou ressort, coume un fru sant-janen.

A si geinoun, d'elo, anguielado,
Fièro, divinamen moulado
Pèr li ple blanquinèu de sa raubo de lin,
A si geinoun, que la belavo
Coume s'un ange ié parlavo
Entre-mitan di niéulo blavo,
L'amourous pèr lou sòu sus lou couide èro aclin.

Prim, souple e fort coume uno anteno,
D'age moustravo la vinteno
O gaire mai: lis iue pèr l'amour treboula,
Mai grand e negre; sus la bouco
Un pau de bourro coume i souco;
Li braio courto emé la blouco
Sus li debas d'estame, e bèn emboutela.

Debout, émue, altière, — s'était levée l'amante. —
Nulle part, non, jamais, deux torsades si drues de
cheveux blonds — n'ont couronné si belle tête : —
telles deux branches de genêt — rousses de fleurs.
Mais de tempêtes — aurait son seul visage éclairci
l'Aquilon.

Fines brillaient ses dents : c'était — comme des
grains de sel de Berre*. — Il était droit, hautain,
farouche, le regard — de ses yeux verts comme
émeraude ; — et du soleil de la garrigue — sa char-
nure à duvet de pêche, — comme un fruit estival,
portait la réverbération.

Aux genoux de l'amie, svelte, fière — divinement
moulée — par les plis blancs de sa robe de lin, — à
ses genoux, extasié, — comme s'il entendait un ange
— parler au sein des nuées bleues, — par terre
l'amoureux sur le coude était penché.

Délié, souple et fort comme une antenne, — il
montrait vingt ans d'âge — ou guère plus : les yeux
troubles d'amour, — mais grands et noirs ; sur la
bouche — une bourre légère comme aux ceps : —
les chausses courtes, avec la boucle — sur les bas
d'étain : au reste, bien jambé.

Éu s' aubouré : tau se relèvo
Un blad madur que sus la glèvo
Èro amourra dóu vènt. Souto un capèu de clu,
Semblavo un diéu ! A soun carage
Ferme, brounzi, plen de courage,
Couneissias vite qu'à l'oumbrage
Avié passa de jour forço mens que de niue.

Pèr uno velo rouginello
Crousant sa vèsto de prunello
Pourtavo uno coucourdo em' un bièu pendoula
Sus la peitrino, à la vaquiero,
A sa man uno lambrusquiero,
E de si braio à la fauquiero
Dous galant pistoulet de-nòu escrincela.

— Alor, diguè lou calignaire
En s'enaurant, noun siéu gagnaire
Que de l'assermacioun e de l'aflanquimen
Que rèsto au mòssi, quand vai èstre
Sus lou poumet de l'aubre-mèstre,
E qu'à la fin dóu plan eiguèstre
Noun vèi lusi que d'aigo e d'aigo eternamen !

Eh ! bèn, se vos que te lou digue,
Ause ! e que l'erme n'en glatigue !
Es tu, fausso que sies, tu que m'as engana
En m'abéurant qu'au bout di cimo
Resplendissié l'aubo sublimo,
Qu'après l'ivèr venié la primo,
E que i'a rèn de bon coume un viéure afana.

Il se leva : tel se redresse — un blé mûr que sur la glèbe — avait courbé le vent. Sous un chapeau de glui, — il paraissait un dieu ! A sa mine — ferme, bronzée, courageuse, — on reconnaissait vite qu'il avait passé à l'ombre — beaucoup moins de jours que de nuits.

Par un banderau rouge — croisant sa veste de prunelle, — il portait une gourde et une conque pendues — sur la poitrine, à la manière des vachers, — à la main un bâton de vigne, — et de ses braies à la ceinture — deux jolis pistolets sculptés nouvellement.

— « En somme, dit l'amant — avec exaltation, tout ce que j'ai gagné, — c'est la soif, l'énervement — qui reste au mousse, lorsque, au moment d'atteindre — la pomme du grand mât, — au bout du champ liquide — il ne voit luire que des flots, et des flots éternels !

Eh bien ! s'il faut le dire, — écoute ! et que la lande en retentisse ! — C'est toi, perfide, oui, toi qui m'as trompé — avec ce leurre, qu'aux pointes des sommets — l'aube sublime resplendit, — qu'après l'hiver vient le printemps, — et qu'il n'est rien de bon comme le mets acquis par le labeur.

M'as engana, car dins l'aspresso
Noun ai trouva que secaresso;
E l'auro d'aquest mounde e sa vano rumour,
E l'embarras de la belòri,
E lis esbroufe de la glòri,
E ço qu' apellon faire flòri,
Valon pas, souto un pin, uno oureto d'amour!

Tè! de mi man la brido escapo,
Lou cran de ma tèsto s'esclapo,
E siéu pas trop segur que noun ague resoun.
Aro, lou segren poupulàri
Que te redouto comme un glàri,
Aro que sènte pèr salàri
Regoula dins moun cors toun ardènto pouisoun

O, sies bèn la Fado Esterello,
E te fas vèire enfin, bourrello!
Au glas de ti refus ai couneigu la serp...
Sies Esterello, aspro enemigo
De l'ome, trevant li garrigo,
Se courounant emé d'ourtigo,
E contro li roumpèire aparant lou desert.

Sies Esterello, aqueio fado
Que fai ferni d'uno boufado
La como di fourèst e lou front esglaria
Dis ermitan, e qu'atalènto
De si brassado redoulènto
Si calignaire, e, mau-voulènto,
Pèr un àrsi d'infèr li rènd desmemouria...

Tu m'as trompé, car aux lieux âpres — je n'ai trouvé que sécheresse ; — et le vent de ce monde et sa vaine rumeur, — et l'embarras du luxe — et le tapage de la gloire, — et ce qu'on nomme faire florès, — ne valent pas, d'amour, une heure sous un pin !

Tiens ! de mes mains la bride échappe, — et mon crâne se brise, — et je ne suis pas sûr qu'elle n'ait point raison, — maintenant, l'horreur populaire, — qui te redoute comme un être fantastique, — maintenant que pour salaire je sens — ruisseler dans mon corps l'ardeur de ton poison.

Oui, la Fée Estérelle*, c'est bien toi ! — Enfin tu te démasques, cruelle ! — Au froid de tes refus j'ai connu la couleuvre... — Tu es Estérelle, âpre ennemie — de l'homme, hantant les lieux incultes, — se couronnant d'orties, — défendant le désert contre les défricheurs.

Tu es Estérelle, cette fée — qui horripile d'un souffle — la chevelure des forêts et le front effaré — des ermites, qui affriole — de ses étreintes parfumées — ses poursuivants, puis, malveillante, — par une envie d'enfer les met au désespoir.

Ma testo part ; e dis auturo
De moun amour subre-naturo
D'abord qu'ansin lou tron me debausso, e que rèn,
Jamai plus rèn, à parti d'aro,
Me fara gau, e que, barbaro!
Quand me pourriés traire uno amarre
Me laisses, desavia, béure à l'amar courrènt,

Vèngue la mort, negro escoundudo,
Toumple sèns founs! qu'à la perdudo
Me ié lance! — Em' acò, d'un de si pistoulet
Contro éu virant la narro, paure!
Se vai tua, sèns plus s'enchaure
Dòu gai soulèu ni de rèn aurre...
Moun Diéu!.. elo à soun còu se jito, em' un quilet...

Mut rèston embrassa : li gauto,
Li pitre mounte lou cor sauto,
Se tocon; li lagremo, en tèndre mescladis,
Plovon dis iue; desesperanço,
Coumbour, espaime e benuranço,
Tènon li bouco en desoubranço;
De l'infèr, tout d'un vanc, mounton au paradis,

Dins soun bonur trasènt de gème,
Aguènt à man lou bèn suprème
E la pòu de lou perdre, enterin... D'escoutoun
l'avié pamens que la garrigo
A l'entour d'éli: — Douço amigo,
Murmuro lou fringaire, digo,
Perqué me vos pas? digo... — E ié fai un poutoun:

Ma tête éclate; et des hauteurs — de mon amour surnaturel — puisque la foudre ainsi me précipite, et que rien, — jamais plus rien, à partir d'à présent, — ne me sourira, et que, barbare ! — quand tu pourrais me jeter une amarre, — tu me laisses, éperdu, boire au courant amer,

Vienne la mort, sombre refuge, — gouffre sans fond ! Tête baissée, — que je m'y plonge ! » A ces mots, d'un de ses pistolets — tournant contre lui la narine, — il va se tuer, malheureux ! sans plus se soucier — du gai soleil ni de rien autre... — Avec un cri : « Mon Dieu ! » elle à son cou s'élance...

Muets, ils restent embrassés : les joues, — les poitrines où bondit le cœur, — se touchent; les larmes, tendrement mêlées, — pleuvent des yeux; désespérance, — trouble, saisissement, béatitude, — tiennent les lèvres oisives; — et de l'enfer au ciel tout d'un élan ils montent,

En gémissant dans leur bonheur, — ayant en main le bien suprême — et la peur de le perdre, en même temps... — Et cependant le désert seul — les écoutait : « Douce amie, — murmure l'amant, dis, — pourquoi ne me veux-tu pas ? dis... » et lui fait un baiser :

Caresso puro e cando e frejo,
Coume l'oundado que flourejo
Lou bord d'uno isclo, e coume à l'ouro dóu trespas,
Quand l'on se quito. Elo pantaio,
Elo fernis, elo balaio,
Mai de sis iue lou fió dardaio,
E tout-d'un-cop : — *Noun, noun, crido mai, pote pas !*

Subre moun còu porte uno pèiro,
Ve, que m'ensuco e m'adarrèiro...
— *Perqué me l'as pas di pulèu ?* — *Per-ço-que, vèn,*
De res noun pode èstre ajudado,
Car es fatalamen sòudado
A moun coutet... Siéu maridado !
— *O sort ! bastard de sort ! cridè lou bèu jouvènt,*

Mai quau sies tu, que d'uno vierge
E d'uno fado, as l'èr champerge
E lou brinde auturous e lou fres nouvelun,
E que, trasènt de pater bourre
Contro un marit, vènes pièi courre,
Desbadarnado, sus li mourre,
Ounte l'or de toun pèu se mesclo i nivoulun ?...

— *Quau siéu ? respoundeguè la jouvo...*
O, i'a proun tèms que lou fió couvo,
E lou fum, o lou lum, fau que sorte à la fin...
Vène emé iéu. — *E, lóugeireto,*
Lando : soun pèu vogo à l'aureto,
E lou galant sus li peireto
Ié tèn péd, mai de linen, coume à-n-un serafin.

Caresse pure, candide et froide, — comme la vague qui effleure — le bord d'une île, et comme, à l'heure du trépas, — lorsqu'on se quitte. Elle, rêveuse, — frissonne, elle combat, — mais de ses yeux le feu jaillit, — et tout à coup : « Non, non, s'écrie-t-elle, je ne puis !

Sur mon cou je porte une pierre — qui m'accable, vois-tu ? et m'empêche de suivre... » — « Et pourquoi ne l'as-tu pas dit plus tôt ? » — « Parce que, répond-elle, je ne puis être aidée de nul au monde, — car elle est fatalement soudée — à ma nuque... Je suis mariée ! » — « O sort ! bâtard de sort ! cria le beau jeune homme,

Mais qui es-tu, ô toi qui d'une vierge — et d'une fée as l'air farouche — et l'allure hautaine et la fraiche nouveauté, — et qui, jetant des imprécations — contre un époux, viens ensuite courir, — mi-vêtue, sur les monts, — où l'or de tes cheveux se mêle aux nues ?... »

— « Qui je suis ? répliqua la jeune femme... — Oui, le feu couve depuis assez longtemps, — et la fumée, ou la lumière, doit sortir à la fin... — Viens avec moi. » Et, légère, — elle vole : ses cheveux flottent à la brise, — et sur les pierres le galant — la suit d'un pas égal, mais de loin, comme on suit un séraphin.

Elo, brihanto farfantello,
Éu, atira vers soun estello,
Lando que landaras !... Lis erbo de sant Jan,
La ferigoulo secarouso,
L'espi, la sàuvi, la cirouso,
Davans l'amaire e l'amourouso
Coume un bouquet nouviau se duerbon flamejant.

La roco tout-d'un-cop badaio :
Pèr un grimpet que l'entre-taio
Descèndon tòuti dous, e se devinon léu
Souto l'estranjo cabeleto
D'uno baumello. En candeleto
Aqui plourant à cha perleto,
L'arc-vòut retrais un tèmple ourna de bas-relèu.

— Vaqui, fai elo riserello,
Moun bèu, lou palais d'Esterello :
Agacho li festoun... Diéu mème a cisela
Aquelo peirounenco brucio
Que crèis au trespir de la plueio...
E pèr tout moble un lié de fueio...
Mai li cous li plus aut soun li plus mau moubla.

Coume sian bèn ! Dins ma demoro
N'intro la caud d'eila-deforo
Que pèr atempouri tout-just lou fresqueirun...
Assèto-te ! — Sus la fuiado
Alor se bouto ageinouiado,
Eu d'assetoun ; e la raiado
Lis agouloupo ensèn d'un vièsti de clarun.

Elle, brillante apparition, — lui, attiré vers son étoile, — ils vont, ils vont courant... Les herbes de la Saint-Jean, — le thym aride, — le spic, la sauge, l'herbe à la cire*, — devant l'amant et l'amoureuse, — en bouquet nuptial s'ouvrent brûlantes.

La roche bâille tout à coup : — par une rampe taillée dans ses entrailles — ils descendent tous deux et se trouvent bientôt — sous l'étrange voussure — d'une petite grotte. En stalactites — là pleurant perle à perle, — la voûte rappelle un temple orné de bas-reliefs.

— « Voilà, fait-elle en souriant, — ami, le palais d'Estérelle : — regarde les festons... Dieu lui-même a ciselé — cette végétation de pierre — qui croît aux filtrations des pluies... — Et pour tout meuble un lit de feuilles... — Mais les plus hauts étages sont le plus mal meublés.

Comme on est bien! dans ma demeure — n'entre la chaleur du dehors — qu'autant qu'il faut pour tempérer le frais... — Assieds-toi! » Sur la feuillée — elle alors se met à genoux, — lui en son séant; et le rayonnement — les enveloppe ensemble d'un manteau de lumière.

— D'abord, la damo ansin coumenço,
Que dins Cassis as pres semenço,
Dèves, sus lou pourtau dóu castèu, aguè vist
L'Astre que i'es en gravaduro...
Iéu l'ai pas vist, mai siéu seguro
Que dins li niue li mai escuro
N'en gisclo, o Calendau, de rai sus toun país.

Acò 's lis armo coustumiero
Di prince di Baus, la proumiero —
Pèr soun antique noum e pèr sa resplendour —
Di grand famiho prouvençalo :
Raço d'eigloun, jamai vassalo,
Qu'emé la pouncho de sis alo
Aflourè lou cresten de tóuti lis autour.

A soun dire, coume à soun crèire,
Éli coumtavon dins si rèire
Lou mage Bautezar, dóu quau un descendènt
Èro vengu d'Etioupio
Planta bourdoun sus lis Aupiho,
E semena dins si clapiho
Lis erbo aroumatico emai lou sang ardènt.

❧

D'aqui veniè la Bello-Estello
Escaraiado en sege astello
Dins soun blasoun ; d'aqui, — pèr, orto e pèr eissart,
Quand dins lou sang courrien retegne
Soun gounfaloun, e tout empegne,
Baroun e rèi, sèns degun cregne, —
D'aqui soun crid de guerro : A l'asard, Bautezar !

La dame ainsi commence : « Puisque — c'est dans Cassis que tu es né, — tu dois, sur la porte du château, avoir vu — l'Astre qui est gravé... — Moi, je ne l'ai pas vu, mais je suis sûre — que, par les nuits les plus obscures, il en jaillit, ô Calendal, des rayons sur ton pays.

Ce sont les armes traditionnelles — des princes des Baux, la première, — par son antique nom comme par sa splendeur, — des grandes familles de Provence : — race d'aiglons, jamais vassale — qui, de la pointe de ses ailes, — effleura la crête de toutes les hauteurs.

Selon leur dire et leur croyance, — ils comptaient parmi leurs aïeux — le mage Balthazar, duquel un descendant — était venu d'Éthiopie — planter bourdon sur les Alpilles* — et semer dans leurs flancs pierreux — les herbes aromatiques et le sang ardent.

De là venait la Belle-Étoile — irradiée en seize rais — dans leur blason ; de là, par campagne et par friches, — lorsqu'ils couraient reteindre dans le sang — leur gonfalon, et tout culbuter, — barons et rois, sans crainte de personne, — de là leur cri de guerre : *Au hasard, Balthazar !*

L'auro que rounflo encaro, forto
E pouderouso, entre li porto
E dins li tourre à brand de si viéi castèu rout,
L'auro dóu Rose dins si veno
Revoulunavo. Di Ceveno
Fin-qu'i mountagno d'ounte aveno
Durènço, aquel aubras gangassavo si brout.

Cerco-malur, ome de chaple,
Èron terrible: duque à Naple,
Viscomte dins Marsiho, en Arle poudestat,
Prince d'Aurenjo, e toujour guerro!
« Car, faire tóuti sis esperro,
Disien, es viéure: souto terro
En pas dourmiren proun sus lou meme couslat...

Isso! » E tesant la bregantino,
A la courouno bizantino
Anavon, quand poudien, derraba quauque rai,
L'Acaio, Andrio o Cefalòni...
Pièi, dóu trounèire e dóu demòni
A soun retour au patrimòni,
Vos de festo? Metien li Baus tóuti en barai

E tout soun bèn pèr escudello.
Lis ase carga de guindello,
D'ensàrri, de banasto, au castèu, de pertout
Mountavon esturioun e lèbre,
Perdris que senton lou genèbre,
E froumajoun e vin celèbre
E panso encabassado e bòni figo atout.

Le vent qui ronfle encore, fort — et puissant, entre les portes — et dans les tours branlantes de leurs vieux châteaux démantelés, — le vent du Rhône dans leurs veines — tourbillonnait. Des Cévennes — jusques aux montagnes où sourd — la Durance, cet arbre vigoureux secouait ses rameaux.

C'étaient des téméraires, des pourfendeurs — terribles : ducs à Naples, — vicomtes dans Marseille, en Arles podestats, — princes d'Orange, et guerre toujours ! — « Car lutter de tous ses efforts, — c'est vivre, disaient-ils : sous terre, — en paix, et sur le même flanc, nous dormirons assez...

En avant ! » Et tendant la voile brigantine, — à la couronne de Bizance — ils allaient, quand ils pouvaient, arracher quelque rayon, — Andrie, ou l'Achaïe, ou bien Céphalonie... — Puis du tonnerre et du démon — à leur retour au patrimoine, — en voulez-vous, des fêtes ? Ils mettaient les Baux sens dessus dessous,

Ils mettaient tout leur bien par écuelles. — Les ânes chargés de bénauts, — de mannes de sparterie ou d'osier, au castel, de partout — montaient lièvres, esturgeons, — perdrix qui sentent le genièvre, — petits fromages et vins fameux, — et empilés dans des cabas, les raisins secs, les figues succulentes.

Souto li chaminèio, grando
E resplendènto, au fió que brando
Lis àsti, supourta pèr li cafió croucu,
l'iravon cèrvi e damo entiero
E porc d'aglan e lòngui tiero
De sóuvajun; de la pastiero,
Emé d'òli nouvèu lou pan bèn pougnegu,

E li fougasso trauquibado,
E, coulour d'or, li tourtibado
Que perfumo l'anis, de la pastiero au four
De-longo anavon ; e cuberto
La niue, lou jour, èro duberto
La taulo à tout venènt, car Berto,
Coume dis la cansoun, alor fielavo au tour...

O princesso di Baus ! Ugueto,
Sibilo, Blanco-Flour, Bausseto,
Que trounavias amount sus li roucas aurin,
Cors subre-bèu, amo galoio,
Dounant l'amour, largant la joio
E la lumiero, li mount-joio
De Mount-Pavoun, de Crau li trescamp azurin

Encaro vuei dins soun mirage
Se represènton voste oumbrage...
Li ferigoulo meme au counserva l'óudour
De vòsti piado; e m'es vejaire
Que vese encaro, — galejaire,
Gentiéu, courriòu e guerrejaire, —
Que vese à vòsti pèd canta li troubadour.

Sous les grandes cheminées — resplendissantes, devant le feu flambant — les broches, supportées par les hâtiers à crocs, — tournaient les cerfs, les daims entiers, — les porcs nourris de glands et les longues rangées — de sauvagine; du pétrin, — avec l'huile nouvelle le pain bien travaillé,

Et les galettes percées à jour, — et couleur d'or, les *tortillades* — que parfume l'anis, du pétrin au four — allaient sans relâche; et couverte — nuit et jour, la table était ouverte — à tout venant, car alors Berthe *, — comme dit la chanson, filait au rouet...

O princesses des Baux! Huguette, — Sibylle, Blanchefleur, Baussette, — vous qui là-haut pour trône aviez les rochers d'or, — corps exquis en beauté, âmes allègres, — donnant l'amour, versant la joie — et la lumière, les monticules — de Mont-Pahon **, les landes azurées de la Crau,

Dans leur mirage d'aujourd'hui — reproduisent encore votre image... — Les thyms eux-mêmes ont conservé l'odeur — de vos traces; et il me semble — que je vois encore, guillerets, — courtois, coureurs et guerroyeurs, — que je vois à vos pieds chanter les troubadours.

*La Pouësio èro tant drudo,
La court baussenco tant letrudo,
En aquéu tèms! Aviés aqui Vidau, aquéu
    Que faguè milo tressimàci
    Emé sa Loubo; Bounifàci
    De Castelano, e, plen de gràci,
Bertrand de Lamanoun, e Rougié noun meis qu'éu;*

*   Perdigoun, Cadenet, mesenjo
    E roussignòu; Rimbaud d'Aurenjo,
Rimbaud de Vaqueiras, Gui lou Cavaiounen,
    Emai Fouquet l'abouminable...
    E tant d'autre que, fourtunable,
    Pourtèron la violo e lou nable
E la cigalo d'or à soun capèu... Anen,*

*   Es jour-fali: vivo e poulido,
    Fan à cha pau soun espelido
Lis estello de Diéu; la niue, de-cavaucoun
    Sus l'esquinau de la mountagno,
    Deja negrejo... Emé l'eigagno,
    Un dous murmur que mounto e gagno
Nais au pèd di tourrello e souto li balcoun.*

*   Di roussignòu e di troubaire
    Vejaqui l'ouro: l'arribaire
Sus lou tèmo d'amour enauro la Cansoun;
    Uno blancour sus lou bescaume
    Vèn, e se clino, e, coume un baume,
    Respiro de-clinoun lou saume
De l'amour; li souspir mesclon sa languisoun,*

La Poésie était si drue — et la cour des Baux si
ettrée — en ce temps! Tu avais là Vidal, celui — qui
fit mille étrangetés — avec sa Louve * ; Boniface —
de Castellane, et, plein de grâce, — Bertrand de
Lamanon, et non moins que lui, Roger;

Perdigon, Cadenet, mésanges — et rossignols;
Raimbaud d'Orange, — Raimbaud de Vacqueiras, et
Gui de Cavaillon, — et l'abominable Foulquet... —
et tant d'autres qui avec bonheur — portèrent la
viole et le nable — et la cigale d'or à leur chapeau...
Allons,

C'est la tombée du jour : vives et jolies, — font
peu à peu leur éclosion — les étoiles de Dieu; la
nuit, à califourchon — sur le dos de la montagne, —
noircit déjà... Avec la rosée, — un doux murmure
qui monte en augmentant — naît au pied des tou-
relles et sous les balcons.

Des rossignols et des troubadours — voici l'heure:
l'arrivant — sur le thème d'amour élève la *Chanson;*
— une blancheur au balcon — apparaît, et se penche,
et, comme un arome, — respire en se penchant le
psaume — de l'amour; les soupirs confondent leur
langueur,

   E li babeto à la voulado,
   Sa fernisoun desparaulade...
Mai lou cor dóu badet au resson di calcnc
   Jitavo subre un crid de fèsto:
   Ounour, enfus e taulo lèsto
   Au gènt cantaire que s'arrèsto!
Glòri pèr lou castèu e pèr lou castelan!

   Pièi, après lou counvit, dis inde
   Quand sort lou cant emé li brinde,
L'enfant dóu Gai-Sabé, relargant li tresor
   De soun engèni, entamenavo
   Uno Tensoun, o debanavo
   La Pastourello, e semenavo
En belugo d'amour tout lou fiò de soun cor:

   La Pastourello, ounte à l'oumbrino
   Uno pastouro cascarino
Rebufo un chivalié trop ardit; la Tensoun
   Que, pèr de parpello d'agasso,
   Abilamen casso e recasso,
   Coumbat d'esprit e fouligasso
Disputo, ounte cadun e degun a resoun;

   O la Balado balarello
   Que de si danso toumbarello
E jouglar e dounzèu acoumpagnavon; pèi,
   Tout-en-un-cop picant à l'amo,
   Dóu Serventés tirant la lamo
   E la brandant coume uno flamo
Sus lou front di segnour e di clerc e di rèi,

Et les baisers à la volée, — leur frémissement ineffable... — Mais le cor du guetteur à l'écho des rochers — jetait soudain un cri de fête : — honneur, largesse et table mise — à l'aimable chanteur qui s'arrête! — Gloire pour le château et pour le châtelain !

Puis, après le festin, quand sort des brocs — le chant avec les brindes, — l'enfant du Gai-Savoir, répandant les trésors — de son génie, entamait — une *Tenson,* ou dévidait — la *Pastourelle,* et semait — en bluettes d'amour tout le feu de son cœur :

La *Pastourelle,* où à l'ombrage, — et sur un ton badin, une bergère — repousse un chevalier trop hardi; la *Tenson* — qui, pour des paupières de pie*, adroitement chasse et renvoie la balle, — combat d'esprit et folâtre — dispute, où des deux parts on a raison et tort ;

Ou la *Ballade* chorégraphique — que de leurs danses cadencées — jongleurs et damoiseaux accompagnaient; ensuite, — frappant à l'âme tout d'un coup, - - tirant la lame du *Sirvente,* — et l'agitant comme une flamme — sur le front des seigneurs et des clercs et des rois,

Soun estrambord, sa trounadisso,
Voues de coulèro e de justiço,
Enaussavo li bon, descatavo li faus,
Zóu! revenjavo lis óutrage,
Endignacioun, vergougno, arrage
Fasié boumbi, dins li courage,
Fasié parpeleja la Coumeto di Baus.

A mens feroujo besaliero
De-fes levant la marteliero,
Recitavo à cha tros quauque poulit Roumau,
Girard de Roussihoun, Flamenco,
Aio la bello Avignounenco,
O la cansoun mount-aubanenco
Di quatre fiéu d'Eimoun batènt li Franch.mand.

Enfin, pèr segre sa butado,
D'aquelo vido esperitado
A la pouncho de l'aubo un jour prenié Coungiet;
Mai en partènt, sa voues pietouso,
Coume i fenèstro la petouso,
Disié l'Aubado regretouso
E li Soulas d'amour, ai! las! tant passagié!

Aqueste mounde es uno giro
Que vai soun trin : de-longo viro.
Tau, de qu li felen soun vuei dins lou trelus,
A rebala dins li lempèri
Uno vidasso de misèri;
E tau flouris e fai l'empèri
Que sa raço deman couchara lou merlus.

Son enthousiasme, son tonnerre, — voix de colère et de justice, — exaltait les preux, démasquait les félons, — hardiment vengeait les abus, — dans les cœurs faisait pêle-mêle bondir l'indignation, la honte, — faisait clignoter la Comète des Baux.

A moins farouche courant d'eaux — parfois ôtant la bonde, — il récitait par brins quelque joli *Roman*, — Gérard de Roussillon, Flamenque, — Aye la belle d'Avignon, — ou la chanson montalbanaise — des quatre fils Aymon battant les Français *.

Pour suivre, enfin, son impulsion, — de cette existence idéale — un jour au point de l'aube il prenait *Congé;* — mais au départ, sa voix plaintive, — comme aux fenêtres le petit troglodyte, — disait l'*Aubade* pleine de regrets, — et les *Soulas* ** d'amour, si fugitifs, hélas!

Ce monde-ci est une sphère — qui va son train : elle tourne sans cesse. — Tel dont les petits-fils sont aujourd'hui dans la splendeur — a traîné dans les vicissitudes — une chétive et misérable vie ; — et de tel qui fleurit et qui porte le sceptre — demain la race mendiera vagabonde.

Setanto-nòu plaço garnido,
Bèn merletado, bèn munido.
Èron Terro Baussenco ; e li prince di Baus
Tenien, d'après la couneissènço
Qu'avien dis astre, la cresènço
Que toumbarien en descasènço
Lou jour que metrien crèis à-n-aquéu noumbre claus.

Or, afrountèron soun astrado :
Dóu gai païs dis óulivado
Ié falié la courouno e lou trone coumtau !
E li Baussen levèron guerro
I Barciloun, en tant bello erro
Que la noublesso de la terro
Partiguè si penoun entre li dous oustau.

A regna, certo, en fièr mounarco,
Certo, à coundurre liuen la barco
En fasènt resplendi soun Estello à sa pro,
Èron de forço emai de taio ;
Mai la fourtuno, à Trenco-Taio,
Li trabiguè dins la bataio,
E lou brau s'esclapè li bano sus lou ro.

Aro, dins l'oumbro di capello,
Ounte degun se li rapello,
Souto li bard escri dormon de tout soun long
E li man jouncho ; l'espargoulo
Aro vestis, de bat en goulo,
Si castelas ; aro gingoulo
Lou béulòli doulènt ounte s'ausié lou son

Soixante et dix-neuf places fortes, — bien crénelées et bien munies, — étaient *Terres Baussenques*; et les princes des Baux, — de leur étude astrologique, — tenaient la conviction — qu'ils tomberaient en décadence, — le jour où ils mettraient accroissement à ce nombre fatal.

Or ils bravèrent leur destin : — de la contrée joyeuse où l'on cueille l'olive — ils voulaient la couronne et le trône comtal ! — Et les Baussencs levèrent l'étendard — contre les Barcelone *, en si belle erre — que la noblesse du pays — partagea ses bannières entre les deux maisons.

Certes, à régner en fiers monarques, — et à conduire le navire loin, — en faisant resplendir leur Étoile à sa proue, — ils étaient de taille et de force; — mais la fortune les trahit — dans la journée de Trinquetaille, — et le taureau brisa ses cornes sur le roc.

Maintenant, dans l'ombre des chapelles, — où nul au monde ne se souvient d'eux, — sous les dalles écrites ils dorment étendus, — et les mains jointes; la pariétaire — vêt maintenant de haut en bas — leurs vieux donjons; maintenant gémit — la triste effraie où s'entendait le son

De la mandorro; la bóumiano
Aro à soun fiò coui sa gardiano...
E d'aquéli baroun indoumtable, àspri fiéu
De la Prouvènço escalabrouso,
D'aquelo gènt cavaleirouso,
D'aquelo souco generouso,
Que rèsto?... Un souquiboun, uno fiho, qu'es ièu!

— Oh! qu'éres rèino e qu'éres nado
Sus quauco cimo aluminado,
Lou sentiéu proun! cridè lou valènt Calendau...
Mai noun me fagues, noblo amigo,
Tant barbela! Digo lèu, digo
L'amar segren que te bechigo!
Noumo-me, noumo-lou, l'eisecrable catau

Qu'ansin te fai courre bourrido!...
Aqui, li labro escoulourido
E tremoulanto, la princesso ferniguè,
E de si man dintre la paumo
Cluchè lis iue. Souto la baumo,
I'aguè 'no vòuto de calaumo...
Pièi, relevant lou front, la bello reprenguè :

De la mandore; la bohémienne — cuit maintenant à leur foyer sa gibelotte... — et de ces indomptables barons, âpres fils — de la Provence abrupte, — de cette race chevaleresque, — de cette souche généreuse, — que reste-t-il?... Un rejeton séché, une fille, et c'est moi ! »

— « Oh ! que tu étais reine et que tu étais née — sur quelque cime lumineuse, — va, je le sentais bien ! cria le brave Calendal... — Mais ne me fais pas, noble amie, — tant bouillir d'impatience ! Dis vite la rancune, dis-moi la peine amère qui te ronge ! — Nomme donc, nomme-le, l'exécrable tyran *

Qui te contraint à cette vie errante !... » — Alors, les lèvres blêmies — et tremblantes, la princesse frissonna, — et dans la paume de ses mains — elle ferma les yeux. Sous la grotte, il y eut un moment de silence... — Puis, relevant le front, la belle poursuivit :

CANT SEGOUND

LOU COMTE SEVERAN

La Princesso baussenco perseguis soun raconte. Dis qu'au castèu d'Eiglun, li fiéu di proumiéri famiho de Prouvènço vènon briga sa man. Lou Comte Severan es mai urous que tóuti, e se maridon. Mai un esglàri vèn glaça li noço ; la nòvio pren lou nòvi en ourrour, e de-niue s'enfugis dins aquéli mountagno — ounte plus tard rescountrè Calendau. — Aquest, assabenta de tout, cour agarri lou Comte.

Paure ! batènt plus que d'uno alo,
De l'óupulènci peirenalo
Nous demouravo just lou castelet d'Eiglun,
En un terraire que reguigno
A l'óulivié coume à la vigno,
Peramoundaut vers la counfigno
Di Piemountés : païs que ressènt lou ferun,

CHANT DEUXIÈME

LE COMTE SÉVÉRAN

La Princesse des Baux poursuit son récit. Elle dit que les fils des premières maisons de Provence viennent au château d'Aiglun briguer sa main. Le Comte Sévéran est plus heureux que tous, et le mariage a lieu. Mais un terrible esclandre glace les noces ; la mariée prend l'époux en horreur, et s'enfuit de nuit dans ces montagnes — où elle rencontra plus tard Calendal. — Celui-ci, instruit de tout, court provoquer le Comte.

Las ! ne battant plus que d'une aile, — de l'opulence des ancêtres — il nous restait à peine le châlet d'Aiglun*, — en un terroir qui rue — à l'olivier comme à la vigne, — là-haut, là-haut, vers les confins — des Piémontais : pays d'aspect sauvage.

Rèn que de colo demasiado,
Tout laboura pèr d'ensarriado,
Morne, e siéis mes de l'an agouloupa de nu...
De pin, aubre de maigro vido,
Que rouigon la costo rafido;
De sap, armado espeloufido,
Que mounton à l'assaut dis uba negrinèu.

Tau qu'un chamous, de roco en roco
Cour l'Esteroun: un cop s'acroco
I verno em' i roumias que l'entravon; un cop
Despacienta pèr lis empacho,
Vèn blanc de ràbi, s'engavacho,
Pièi se degolo en cataracho...
O pièi, dins li prat verd que soun aigo lèu chop.

En viro-vòuto fai pauseto
E'm' acò ris sus li lauseto.
En aquéu liò perdu, sòuvert, mai san e siau,
Iéu, ourfanello e la darriero
De nosto raço aventuriero,
Regnave dounc sus li serriero,
Souleto emé ma bailo e quàuqui serviciau.

Oh! lou bèu tèms! Quand m'ensouvènc,
De souspira noun me retènc!
Quàsi tóuti li jour, entre sali dóu lié,
A travès mount, vau e bastido,
Zòu! partièu à chivau... Ardido,
Venièu sousprene l'espandido
Di flous, — e reviha li lèbre au petoulié.

Tout de collines dégradées, — tout labouré par des ravines, — morne, et six mois de l'an enveloppé de neige... — Des pins, arbres de maigre vie, — qui rongent la côte brûlée; — et des sapins, troupes échevelées, — qui, à l'assaut des noirâtres versants, grimpent au nord.

Tel qu'un chamois, de roche en roche — court l'Esteron* : une fois il s'accroche — aux vergnes et aux ronces qui l'entravent; une autre fois, — impatienté par les obstacles, — il écume de rage, il s'engorge, — et puis se précipite en cataracte... — ou bien, dans les prés verts humectés par son eau,

En serpentant il se repose, — et rit alors sur le gravier. — Dans ce coin perdu, horrifique, mais tranquille et sain, — moi, orpheline et la dernière — de notre race aventureuse, — je régnais donc sur les montagnes dentelées, — seule avec ma nourrice et quelques serviteurs.

Oh! le beau temps! Lorsqu'il m'en ressouvient, — je ne puis me tenir de soupirer! — Presque tous les jours, au saut du lit, à travers monts, vaux et bastides, — je partais à cheval... Je venais, hardie, — surprendre l'épanouissement — des fleurs, et éveiller les lièvres dans leur gîte.

Fièro, alumado pèr la courso,
M'aurien jita 'no pleno bourso
De flourin d'or tin-tin, que, pèr vèire, n'aurièu
Pas soulamen vira la tèsto.
Anave libro, urouso e lèsto,
Mesclo ma joio à la grand fèsto
Que n'a pèr celebrant que lis aubre de Diu.

E di fourèst, ièu insoulènto,
Frustant la ramo redoulènto,
Espóussavo moun front l'eigagno dòu matin ;
E moun courrèire treboulavo
La Santo Vierge que fielavo,
Coume se dis, e pendoulavo
Li perlo de l'aubeto à soun fièu de satin

Ah ! de cadet plen d'amenanço,
N'en fournissiè la vesinanço !
Passavo gens de jour que noun, coupant arrau
A l'amble de moun acanèio,
Quauque amourous d'auto linèio
Me saludèsse, emé l'idèio
De vèire o d'èstre vist... A crèire moun mirau,

O bèn l'ardour de sis uiado,
Èro, parèis, pas degaiado.
Ma fe, li plus bèu noum dòu païs, li Bicas,
Lis Ademar, li Castelano,
— Di quau nosto muso roumano,
Pèr éli caressado, amano
La glòri ; — li Barras, vièi coume li racas ;

Fière, animée par la course, — quelqu'un m'aurait jeté une bourse remplie — de florins* d'or sonnant, que, pour voir, je n'aurais — pas seulement tourné la tête. — J'allais, libre, heureuse, dégagée, — mêler ma joie à la grande fête — qui n'a pour célébrants que les arbres de Dieu.

Et des forêts, insolemment, — frôlant la ramée odorante, — je secouais avec mon front la rosée du matin ; — et mon coursier troublait la Sainte Vierge — qui filait, comme l'on dit, et suspendait — les perles de l'aurore à son fil de satin.

Ah ! de cadets pleins de galanterie, — il en ournissait le voisinage ! — Aucun jour ne passait sans que, coupant le chemin — à l'amble de ma haquenée, — quelque amoureux de haut lignage — ne me saluât, dans l'intention — de voir ou d'être vu... A croire mon miroir,

Ou bien l'ardeur de leurs œillades. — je n'étais pas, ce semble, trop mal faite. — Ma foi, les plus beaux noms du pays, les Blacas, les Adhémar, les Castellane, — dont notre muse provençale, — par eux courtisée, à pleines mains cueille — la gloire** — les Barras, vieux comme les rochers*** ;

Lis Agòut, bouscassiero meno
Que dins sis armo sèmpre meno
Un loup enarquiba, d'azur; li Pourcelet,
Qu'an tres poucèu dins sa bandiero
Coume entre-signe de drudiero,
E qu'en vertu de sa drechiero,
I l'èspro de Sicilo escapèron soulet;

Li Sado, que sa fiho Lauro
D'un rai de pouësio dauro;
Li marqués de Sabran, pèr lou gàubi e l'esprit
De si marqueso — tant ilustre;
Lis Arlatan, que vèn soun lustre,
Emai soun noum, di liò palustre
Afranqui pèr soun bras d'un moustre acouloubri;

E Mount-Ouliéu, e Vilo-Novo,
E li Fourbin, que toujour novo
Mantènon sa noublesso, e, quau dirai de mai?
Tóuti, venien faire l'aleto
A moun entour. Cascareleto,
Ièu respirave la vióuleto,
E dins moun jouine ourguei trachissièu mai-que-mai.

Se saupre bello, èstre adourado,
Crèire li roso de durado,
Quau vos pas, digo-me, que se laisse enlourdi
Pèr un gran d'embriagadisso!
Au-mai la perlo èi cercadisso,
Au-mai es caro... Mouvedisso,
M'enchalié mens d'ama que de m'agarlandi.

Les Agoult, cette race des bois — qui dans ses armes toujours mène — un loup ravissant d'azur[*]; les Porcellets, — qui, en symbole d'opulence, — ont trois pourceaux dans leur bannière, — et qui pour leur droiture, — aux Vêpres de Sicile échappèrent seuls[**];

Les Sade, que Laure, leur fille, — dore d'un rayon de poésie[***]; — les marquis de Sabran, dont l'éclat se rehausse — par la grâce et l'esprit de leurs marquises[****]; — les Arlatan, dont le lustre et le nom — viennent des lieux palustres — délivrés par leur bras d'un monstrueux dragon[*****];

Et Villeneuve, et Montolieu, — et les Forbin, qui toujours neuve — maintiennent leur noblesse[******], et, qui dirai-je encore? — tous s'en venaient papillonner — autour de moi. Capricieuse, — moi, je humais la violette, — et dans mon jeune orgueil n'en croissais que plus haut.

Se savoir belle, être adorée, — et croire à la durée des roses, — où est la femme, avec cela, que n'étourdirait point — un grain d'ivresse? — Plus la perle est recherchée, — plus elle est précieuse.... A ma légèreté — aimer souriait moins qu'être coquette.

Un jour, veici que la chavano —
D'uno esfraiouso e negro vano
Acatavo li brè : bon Dièu ! de tron afrous
Desgounfounavon la naturo ;
E lis uiau sus lis auturo
Dardaiejavon en centuro,
Abrivant sus li front lou signe de la crous.

Un cavalié qu'èro pèr orto
A cop de poung tuerto la porto...
— Quau es aqui ? — Durbès, respond, agués pas pòu.
Sièu agarri pèr la tempèsto,
La niue negrejo sus ma tèsto,
De l'esfrai moun chivau s'arrèsto...
Dounas-me, se vous plais, la retirado, plòu ! —

Vite fau destanca l'estable.
Lou tèms bramavo, espaventable ; —
Sus mar deguè segur nega de bastimen.
Lou cavalié, trempe de plueio,
Intro ; aurias di que d'uno mueio
Sourtié ; mai un flo de bambueio,
Cremant à plen fougau, lou seco proumtamen.

Vite fau espandi la touaio.
Entandòumens que ièu en aio
Coumande li varlet, èu dre, d'un èr campis
Me regardavo : avié 'n carage
De noublihoun de bon parage,
Lou nas en l'èr, lou pèu arrage,
Gaugno palo, iue lusènt e bouco de roubis.

Voilà qu'un jour l'orage, — lugubre et noire couverture, — enveloppait les crêtes : oh! ciel! d'affreux tonnerres — arrachaient la nature de ses gonds, — et les éclairs sur les hauteurs — fulguraient à la ronde, — accélérant le signe de la croix sur les fronts.

Un cavalier qui allait par chemin — à coups de poing heurte à la porte... — « Qui est là ? » — « N'ayez peur, répond-il, et ouvrez. — La tempête vient de m'assaillir, — la nuit est noire sur ma tête, — mon cheval s'arrête d'effroi... — Donnez-moi, s'il vous plait, l'hospitalité, il pleut ! »

Aussitôt, par mes ordres, on débarre l'écurie. — Le temps beuglait, épouvantable ; — pour sûr il dut en mer noyer des bâtiments. — Le cavalier, trempé de pluie, — entre ; on eût dit que d'une mare — il sortait ; mais un feu de broussailles, — brûlant à plein foyer, le sèche vite.

Vite, je fais mettre la nappe. — Tandis qu'avec empressement — je donne aux valets mes ordres, lui, debout, impertinent, — me regardait : il avait l'air — d'un hobereau de bonne tige, — nez retroussé, cheveux au vent, — joues pâles, yeux luisants et bouche de rubis.

Mai dins soun iue, mai dins soun rire
l'avié 'n poudé qu'es pas de dire :
Quaucarèn de superbe e de founs e d'amar
    Tau qu'uno lono sourno e blavo
    Au pèd d'un baus : quand me parlavo,
    Iéu assentiéu coume uno esclavo...
Èu èro à l'aise coume un peissoun dins la mar.

    Pourtavo l'espaso e la sedo
    Fort bèn : — Dins vosto rancaredo,
Barouno, me digué, devès vous estransi...
    Coume se fai que, tant poulido,
    Restés ansin ennivoulido,
    Quand sus li foulo entre-foulido,
A-z-Ais, en Avignoun, devrias trelusi ?...

    Oh ! se vous aguèsse troubado
    Pulèu, sarias deja raubado ;
Moudestio dóu bèu es foulié ; m'es avis
    Que lou soulèu fau que se vegue,
    Que lou bon vin fau que se begue,
    E que la vido léu desplegue
Tóuti si flour, car léu lou tèms nous la ravis...

    Vès, n'es d'acò coume dóu rèsto ;
    Lou prejujat, dis, nous arrèsto
Dins tóuti li bonur que bramo noste cor ;
    E nous trenan uno panteno
    De retenènço e de cadeno
    Emé li qualo aquéu nous meno
Que marcho libramen, e, se lou mordor, mord.

Mais dans son œil, mais dans son sourire, — il y avait un pouvoir indicible : — quelque chose de superbe, de profond et d'amer, — ainsi qu'un gouffre sombre et bleu — au pied d'un cap ; à ses paroles, — moi, j'acquiesçais comme une esclave... — Il était, lui, à l'aise, comme un poisson dans la mer.

Il portait parfaitement et l'épée et la soie : — « Dans vos remparts de roche, — baronne, me dit-il, vous devez vous morfondre... — Comment se fait-il que, si belle, — vous demeuriez ainsi ennuagée, — quand sur les foules tressaillantes, — à Aix, en Avignon, vous devriez resplendir ?...

Oh ! si je vous avais trouvée — plus tôt, vous seriez enlevée déjà ; — modestie du beau est folie ; à mon sens, — il faut que le soleil se voie, — il faut que le bon vin se boive, — et qu'au plus tôt la vie déploie — toutes ses fleurs, car vite le temps nous la ravit.

Il en est de cela, voyez-vous, comme du reste ; — le préjugé nous arrête, dit-il, — dans les aspirations les plus douces du cœur ; — et nous nous tressons un réseau — de retenue et de chaînes, — avec lesquelles celui-là nous conduit — qui marche librement, et mord, si on le mord.

Ço que voudran digon li prèire,
E crèigue-lou quau lou vòu crèire :
Quant à iéu, sus lou mounde ai manda li jus iue,
E dos nacioun ai vist en fàci :
Li marrit-pèu e li brancàci.
Durbènt mi cibo dins l'espàci,
Ai vist que lis arpian e li corb, sus li piu

Libramen volon, menon raisso
E fan arland, e qu'à la baisso
De-longo soun pluma poulanchoun e canar...
Auen avans e veiren Berro !
Pourtant moun èime sus la terro,
Ai vist li loup, pèr dre de guerro,
Sauna li fedo, e l'auco à la dènt dóu reinard...

Enfin, dis, sus la mar majouro
Gueiren se i'a 'no lèi meiouro :
A plen cais lou gros pèis i' engoulis lou phoun !
Siegue dounc fedo quau 'i agrado,
O quau, ma fisto, èi soun astrado.
Iéu, dins la lisso entenebrado
Ounte, pèr nous charpi l'un l'autre, sian ejoun,

Ame mai èstre loup !.. Barouno,
Aguès pas pòu ! Bèn que tendroun
Vole pas vous manja, dis, senoun de pouzin
Vosto maneto... — Vaqui. Certo,
Novo coume ère e pau esperto,
Aquéli fraso disaverto
Me pareissien galanto e pleno d'abandoun :

Que les prêtres disent ce qu'ils voudront, — et
qu'il le croie, celui qui veut le croire : — quant à
moi, sur le monde, j'ai jeté les deux yeux — et
j'ai vu deux nations en face : — les mauvais cou-
cheurs et les niais. — Ouvrant mes cils dans l'étendue
des cieux, — j'ai vu que griffons et corbeaux, sur
les pics,

Librement volent, croassent — et rapinent, et que
dans les bas-fonds — sans trêve sont plumés et
poussins et canards... — Allons plus loin, et Berre
apparaîtra*! — Portant ma pensée sur la terre, —
j'ai vu les loups, par droit de guerre, — saigner les
brebis, et l'oie sous la dent du renard...

Enfin, dit-il, sur l'Océan — examinons s'il est
une meilleure loi : — les gros à pleine gueule y
engloutissent les petits ! — Se fasse donc brebis
celui dont c'est le goût, — ou bien, ma foi, la des-
tinée... — Moi, dans la lice ténébreuse — où nous
sommes enclos, pour nous harper les uns les autres,

Je préfère être loup !... Baronne, — n'ayez peur !
bien que tendre, — je ne veux vous manger, dit-il,
que de baisers, — de baisers sur la main... » Voilà,
en vérité, — neuve comme j'étais et sans expé-
rience, — ces phrases insensées — me paraissaient
galantes et pleines d'abandon.

— Fau, dis, la guerro au rèi de Franço...
Tenès, avès pas remembranço
D'agué vist, quauco fes, alin, au calabrun,
Passa de miòu carga d'ensàrri,
Emé d'arriaire cridant : Arri !
Misteriousescalo-bàrri,
Segui d'autre, emai d'autre, eilalin dins l'oumbrun ?

Es moun armado. En un mot, bello,
Vèn d'aganta vosto garbello
Lou Comte Severan, rèi di contro-bandié,
Que li poupulacioun entiero,
De Niço au còu de l'Argentiero,
Sus l'aigo-vers de la frountiero,
Dins lou bèn e lou mau, tènon pèr meinadié —

Venguère lourdo. Sus ma tèsto,
Creiguère vèire, l'arpo lèsto,
Uno aiglo m'enclausènt de si grand virouioun.
— Pïèi, countuniavo, en qu pòu dòure,
E que mau i'a, de faire plòure
La mauno, lou vièure, li fourre,
Sus lou pople embarra dins lou cros di lioun ?...

Li lèi umano, dis, soun facho
Pèr lou coumun e li petacho...
Mai dins si bescountour se trovon à l'estré
Li grand courage... Vivo e vivo
L'aucèu de la mar — que s'abrivo
Souto lis erso e dins li nivo,
E que ris di chavano e ié pesco à sang fre !

— « Je fais, dit-il, la guerre au roi de France...
— Tenez, ne vous souvient-il pas — d'avoir vu,
quelquefois, au loin et à la brune, — passer des
mulets chargés de couffes, — avec des conducteurs
criant *arri!* — mystérieux grimpeurs d'escarpements,
— suivis d'autres, et puis d'autres, au lointain et dans
l'ombre?

C'est mon armée. En un mot, belle, — votre nasse
vient de prendre — le Comte Sévéran, roi des con-
trebandiers, — que toutes les populations, — du Col
de l'Argentière à Nice, — sur l'arête de la frontière,
— dans le bien et le mal tiennent pour chef. »

J'eus le vertige. Sur ma tête — je crus voir, la
serre apprêtée, — un aigle m'enfermant dans les
grands cercles de son vol. — « Puis, continuait-il,
qui pourrait trouver mal, — et le beau malheur, de
faire pleuvoir — la manne, les denrées, les choses
de la vie, — sur le peuple enserré dans la fosse aux
lions?...

Les lois humaines, disait-il, sont faites — pour le
vulgaire et les poltrons... — Mais dans leurs circon-
volutions se trouvent à l'étroit — les grands coura-
ges... Vive et vive — l'oiseau des mers qui plonge
— sous les vagues et dans les nues, — et qui rit des
orages et y pêche de sang-froid!

Li lèi de l'ome, li mesprese;
Siéu rèi dis Aup, e rèi me cresc!
E jamai davans res se me veson courba
(Autre que vous, o ma barouno),
l'ole bèn perdre ma courouno,
E qu'estaca dins uno androuno,
Li mousco e li mouissau me vèngon acaba!...

Parlavo ansin. Aquelo croio
Me rapelè l'antico voio
De mi rèire di Baus, quand venien eisegi,
Ferme coume la Tourre-Magno,
Reparacioun de malamagno
Vers l'emperaire d'Alemagno...
E la voues de moun sang creseguère d'augi.

Ah! sus l'abime, infèr que bramo,
Fòu qu s'amourro! Atiro l'amo
Autant coume lou cors. Lou Comte Severan
Tenié d'à-ment la pougneduro...
Quand s'avisè qu'ère maduro,
Tout-en-un cop se descourduro,
E toumbo davans iéu e me vèn devourant :

— Damo d'Eiglun! ma destinado
Vuei es neblouso, aspro e penado,
Mai pòu èstre erouïco e digno d'un grand noum,
Se vosto front un jour se clino
Sus moun espalo masculino...—
Calendau! à ma treboulino
Perdouno, ausère pas iè respondre de noum. —

Les lois de l'homme, je les méprise ; — je suis le roi des Alpes, et je m'estime roi ! — Et si l'on me voit jamais courber devant quelqu'un — (ô ma baronne, autre que vous), — je veux bien perdre ma couronne, — et qu'attaché dans un cloaque, — les mouches et les cousins me viennent dévorer !... »

Il parlait ainsi. Ce ton présomptueux — me rappela l'antique énergie — de mes ancêtres des Baux, lorsqu'ils venaient, — fermes comme la Tour-Magne*, — exiger redressement de torts — par-devant l'empereur d'Allemagne**. — Et je crus entendre la voix de mon sang.

Ah ! sur l'abîme, enfer qui hurle, — fou celui qui se penche ! Il attire autant l'âme — que le corps. Le Comte Sévéran — guettait l'effet de l'aiguillon... — Quand je lui semble prête, — il s'ouvre tout à coup, — et tombe devant moi, et dévorant, me dit :

— « Dame d'Aiglun ! ma destinée — aujourd'hui [e]st brumeuse, et âpre et difficile... — Mais elle peut [ê]tre héroïque et digne d'un grand nom, — si un [jo]ur votre front s'incline — sur mon épaule mâle... »
[—] Calendal ! à mon trouble — pardonne, je n'osai [lu]i répondre non. »

8

Calendau frounsiguè lis usso :
Tau un mastin que l'on acusso.
Mai elo countuniant : — Aro, ço qu'arribè
Vas vèire... Acourdan lou mariage ;
Iéu alestisse moun nouviage ;
En tout-d'un-tèms, car avié l'age,
Escriéu à si parènt soun ate de respèt.

Dins li vue jour an liò li crido ;
Enfin lou prèire nous marido, —
Lou nòvi estènt pressa, tout se menè batènt, —
E sian i noço. Li taulado
Espandissien uno assemblado
Proun ufanouso e barioulado.
Lou Comte, à-z-auto voues, e mai-que-mai countènt,

Noum à cha noum, me presentavo,
Li counvivo : — Aquéu, me countavo,
Es lou riche marqués Trenco-Serp ; soun vesin
Es lou segnour, — e tout l'anounço, —
De Ventabren e de Sigounço...
Pièi as lou duque de Quinge-Ounço
Que dóu Vice-Legat d'Avignoun es cousin...

Basto, rèn que de noum estrange.
Crese, bono Maire dis Ange !
Qu'aviéu perdu lou sèn en plen ; car mai que d'un
Avien puléu mino de come,
Certo, que biais de gentilome...
Empacho pas qu'en galant-ome
Cadun se coungoustavo e charravo cadun.

Calendal fronça les sourcils : — tel un mâtin que l'on excite. — Mais elle continuant : « Maintenant, ce qui advint, — tu vas le voir... Nous accordons le mariage ; — moi, j'apprête mes habits nuptiaux ; — lui tout de suite, car il était en âge, — écrit à ses parents son acte de respect.

Dans la huitaine sont publiés les bans ; — enfin le prêtre nous marie — (le futur ayant hâte, on mena tout battant), — et nous sommes aux noces. Les tables — étalaient une réunion — brillante autant que bariolée. — Le Comte, à haute voix, et au comble de ses vœux,

Nom à nom, me présentait — les convives : « Celui-là, me disait-il, — c'est le riche marquis Trenco-Serp ; son voisin, — et tout l'annonce en lui, est le seigneur — de Sigonce et de Ventabren... — Tu vois ensuite le duc de Quinze-Onces — qui du Vice-Légat d'Avignon* est cousin...

Bref, rien que des noms bizarres. — Je crois, bonne Mère des Anges ! — que j'avais tout à fait perdu le sens ; car plus d'un — avaient, bien sûr, plutôt mine de comite — que façon de gentilhomme. — En galant homme toutefois — chacun se gobergeait et devisait chacun.

La joio qu'afamo e qu'assedo,
L'esbroufe di raubo de sedo,
Lou vin, li cacalas e prepaus catihous
Deja caufavon li cabosso,
E li dragèio de la noço,
Coume d'aglan, à pleno cosso,
Cascaiavon deja sus li plat resquihous :

— *Brinde à tu, nòvio benurado !*
Me venien. Li cimo daurado,
Blanquinello, azurino o rousenco, dis Aup,
Partèn de vuei, fan esquineto
Souto ti pèd ; li galineto
Vènon pita dins ta maneto ;
Pèr soun emberairis lou bourgen te reçaup !

— *Sian de noublesso un pau gavoto,*
Disié lou nòvi, mai la boto
Que porto lou tacoun de ferre, cargo bèn
L'esperoun d'or ! Nosto escourrènço
Vèn de plus aut que la Durènço :
Antan, ma famiho à Flourènço
A douna quinge o vint gounfalounié... Tambèn,

Laisso flouri la primavero
E que se foundon li neviero,
Te menarai, ma nòvio, à mi palais aupen :
D'acié bruni soun li muraio,
D'argènt li porto, li sarraio
D'or ; e, quand lou soulèu ié raio,
Si cubert de cristau beluguejon auben ! —

La joie qui affame et altère, — le frou-frou des
[ro]bes de soie, — le vin, l'éclat des rires et les propos
[lé]gers — commençaient à chauffer les têtes, — et
[le]s dragées de la noce, — comme du gland, à plein
[b]oisseau, — commençaient à bruire sur l'émail glis-
[s]ant des plats :

— « A ta santé, o fiancée triomphante! — me
[cr]iait-on. Les cimes dorées, — les cimes blanches, et
[bl]euâtres et roses, des Alpes, — à partir de ce jour,
[se] courbent, — sous tes pieds ; les gelinottes — vien-
[n]ent becqueter dans ta petite main ; — par le rho-
[d]odendron tu es élue impératrice ! »

— « Notre noblesse est un peu montagnarde, —
[me] marié disait, mais la botte — qui porte le talon
[de] fer, chausse bien — l'éperon d'or! Notre filiation
[—]vient de plus haut que la Durance : — ma famille
[à]Florence jadis — a donné quinze ou vingt gonfa-
[lo]niers... Aussi,

Laisse que le printemps fleurisse, — et vienne
[la]fonte des neiges, — je te conduirai, jeune épouse,
[à]mes palais alpins : — d'acier bruni sont les mu-
[rai]lles, — d'argent les portes, les serrures — d'or;
[et]lorsque le soleil y darde, — leur toiture de cristal
[éti]ncelle incandescente. »

Just de sa bouco èro toumbado
Esto foulié, veici que bado
La porto dòu festin, e vesèn testeja
Un ome d'age, emé barreto
E vestiduro de bourreto;
Vesèn de si gauto mourelo
La pòusso e la susour à fièu lagremeja.

L'espous, — em'un regard terrible
Coume l'uiau d'un endoulible, —
E pale tout-d'un-cop, vòu l'aplanta ; mai éu
Que lou regard noun pòu enclaure,
Tranquilamen, sènso rèn aurre,
Coume quand Diéu s'abiho en paure
Pèr counjoundre de-fes quauque riche catiéu,

Plan vers lou nòvi s'acamino,
Croso li bras, e l'eisamino...
E dis rèn en degun, e tout lou mounde cren ;
E sus li cor un ploumb s'acampo ;
E de deforo sus li lampo
Sèmblo que boufo la Cisampo...
A la fin, quàuquis-un eigrejant lou segren :

— Se vèn pas lèu uno famino
Faire creba talo vermino,
Anan, dins quatre jour, dison, èstre manja
Pèr li bribant ! I nòvi alègre
Qu'as à ié dire, vièi pelègre ?...
E coume acò de lou coussegre,
Marrit : demoro mut lou pacan òutraja.

A peine de sa bouche tombait — cette folie, voilà
[que] s'ouvre — la porte du festin, et nous voyons
[poin]ter la tête — d'un homme âgé, portant bonnet
[...] et vêtement de tiretaine ; — nous voyons de ses
[jou]es hâlées — la poussière et la sueur dégoutter à
[...]

L'époux, avec un regard terrible — comme l'éclair
[d']une tempête diluvienne, — et pâle tout d'un coup,
[veu]t l'arrêter ; mais lui — que le regard ne peut
[dés]armer, — tranquillement, impassiblement, — et
[tel] que Dieu, lorsqu'il se vêt en pauvre — pour con-
[fon]dre parfois un mauvais riche,

Vers le fiancé s'achemine à pas lents, — croise
[les] bras, et l'examine... — Et il ne dit rien à per-
[son]ne, et tout le monde craint ; — et sur les cœurs
[le] plomb s'amasse ; — et de l'extérieur sur les lam-
[pe]s — semble souffler une bise glacée*... — A la
[fin], quelques-uns, soulevant l'oppression :

— « S'il ne vient pas bientôt une famine — faire
[crev]er cette engeance hideuse, — nous allons, di-
[sen]t-ils, être mangés dans quatre jours — par les
[men]diants ! Aux joyeux mariés, — vieux marmi-
[teu]x, qu'as-tu à dire ?... » — Et de le pourchasser
[ain]si, — cruels. Le manant outragé garde le silence.

— Emé sis iue bourda d'anchoio,
Soun su blanc, sa cambo garoio,
Ounte vèn barrula? reprenon. Pelican!
Aucèu de malur! dins ta borno
Vai escoundre ta caro morno...
L'incouneigu béu lis escorno,
E jito sus l'espous un regard suplicant.

Mai d'autre: — Avanço, vièi, avanço!
Vai, noun redoutes la trevanço,
Lou rire e li brouquet d'aquéli mourre fin...
I sabourun em'i carcasso
Autour di taulo fai la casso...
As bono brego? tè, recasso
Aquéu rastèu de porc e pinto un cop de vin!

— Nàni, à la longo em'un founs triste
Respond l'ancian, messiés, noun quiste,
E m'an jamai fa gau li soubro de degun:
Cerque moun fiéu... — Soun fiéu!... Aquel
Se vènon d'un à l'autre, pelo!
D'aquéu marchand de péu d'anguielo
Lou fiéu trevarié dounc la barouno d'Eiglun? —

E s'arregardon em'un doute
Brulant d'escàfi; iéu escoute...
Or éli: — Ounte es, toun fiéu? mostro toun fiéu, vejan
E fai bèn atencioun! pèr morço
Se vas nous dire uno messorgo,
Croucant! à la plus auto gorgo
Di tourrello d'Eiglun, sèns mèrci te penjan!

— « Avec ses yeux éraillés, — son crâne blanc, sa jambe traînante, — où vient-il donc trôler? reprennent-ils. Pélican! — oiseau de malheur! dans ton creux — va cacher ta figure morne... » — L'inconnu boit les affronts, — et jette sur l'époux un regard suppliant.

Mais d'autres: « Avance, vieux, avance! — Va, ne redoute point la hantise, — le rire et les brocards de ces jolis messieurs... — Aux savourets et aux carcasses — fais la chasse autour des tables... — As-tu bonne mâchoire? tiens, attrape — cette échinée de porc, et sable un coup de vin! »

— « Non, répond à la longue, et profondément triste, le vieillard, messieurs, je ne quête point, — et jamais ne m'ont fait envie les restes de personne: je cherche mon fils... » — « Son fils! Il nous la taille bonne! se font-ils entre eux. — De ce marchand de peaux d'anguilles, — quoi! le fils hanterait la baronne d'Aiglun? »

Et de se regarder, avec un doute — brûlant d'ironie ; moi, j'écoutais... — Or eux : « Où est ton fils? Montre ton fils, voyons! — et prends bien garde! Si, pour nous morguer, — tu vas dire un mensonge, ô croquant! à la gargouille la plus haute — des tourelles d'Aiglun sans merci nous te pendons! »

— Eh! bèn, d'abord que nous renégon
E qu'i bourdiho nous relégon,
Lou vièi coumenço alor, plega dins soun jargau
E majestous que nous esfraio,
Anas ausi canta la graio!...
Ma fe, coulour de la muraio,
Alor lou Comte, crus e fre coume un bancau :

— Varlet, dis, an! metès deforo
Aquèu barban que nous descoro! —
Dos lagremo de fió, que trauquèron lou sòu
E que lusènto vese encaro,
Regoulejèron sus la caro
Dóu paure vièi, ai! tant amaro
Que tóuti venguerian blanc coume de linçòu!

— Tau que la mort, ounte m'óublidon
Siéu toumba, sèns que me counvidon :
Ai tort! en esclatant faguè lou malurous...
Mai, dis, vouliéu vèire ma noro...
An! vène lou bouta deforo,
Aquèu barban que te descoro,
E qu'es pamens toun paire, o nòvi tant courous! —

Jitère un crid; de si cadiero
S'aubourè la taulado entiero.
Mai l'implacable vièi : — Messiés, pèr derraba
Dóu marrit fru touto la caulo,
Me rèsto à dire dos paraulo.
Assetas-vous, que sus la taulo
I' a 'ncaro, m'es avis, de viéure à-n-acaba.

— « Eh bien ! puisque l'on nous renie — et que l'on nous relègue aux balayures, — le vieillard commence alors, drapé dans son sayon — et effrayant de majesté, vous allez entendre chanter la corneille !.. »
— Ma foi, couleur du mur, — alors le Comte, cru, froid comme un banc de pierre,

Dit : « Valets, çà ! mettez dèhors — ce fantôme qui nous écœure ! » — Deux larmes de feu, qui percèrent le sol, — et que je vois encore luisantes, — ruisselèrent sur le visage — du pauvre vieux, ah ! si amères — que nous devînmes tous blancs comme les linceuls.

— « Tel que la Mort, où l'on m'oublie — je suis venu sans être convié : — c'est mon tort ! éclata le malheureux... — Mais je voulais, dit-il, voir ma bru... — Oh çà ! viens le jeter dehors, — ce fantôme qui t'écœure, — et qui est ton père, pourtant, ô magnifique marié ! »

Je poussai un cri ; de leurs chaises — se levèrent tous les convives. — Mais l'implacable vieux : — Messieurs ! pour arracher — au mauvais fruit son enveloppe entière, — il me reste à dire deux paroles. — Asseyez-vous, car sur la table — je vois encore des plats qui ne sont pas vidés. »

Palafica, mut, tirant peno,
Li counvida batien plus veno;
Ièu, lis iue dins la nèblo, aviéu lou tramble; erian
Coume li mort dóu cementèri,
Autour de quauque rebousteri
Plen de terrour e de mistèri...
Richounejavo mau lou Comte Severan!

— Auras bèu courre, miserable!
Disié lou paire venerable,
La venjanço de Diéu quauque jour t'aura proun!
Ah! me fas vuei courba la tèsto...
Mai lèu ta nòvio, s'es ounèsto,
Vai te fugi coume la pèsto,
Car faras, quauque jour, la fin dis Antouroun,

Maudi de Diéu!... Me precepite,
Au còu de moun sogre me jite:
— Bèu-paire, tenès-vous! retenès-vous! — Mai éu,
En se beissant vers moun auriho:
— Tu, dis, sèns counèisse la triho
Ni mesura lis escourriho,
Folo, as croumpa lou vin!... Noun as ploura peréu

Toui li lagremo dins ti làni!
Sabes quau as? un capitàni...
De bregand! — Sus-lou-cop lou cor me faguè mau.
A moun ausido siblarello,
Lou chamatan d'uno querèlo
Aspro, counfuso, bramarello,
Encaro vounvouné quauque tèms. A cha pau,

Plantés comme des pals, muets et anxieux, — les conviés étaient dans la stupeur; — moi, les yeux dans la brume, je tremblais; nous ressemblions — aux morts du cimetière — autour de quelque funèbre banquet* — plein de mystère et de terreur... — Le Comte Sévéran ricanait mal!

— « Tu auras beau courir, misérable! — disait le vénérable père, — la vengeance divine saura un jour t'atteindre! — Ah! aujourd'hui tu me fais courber la tête... — Mais ta fiancée, dans peu, si elle a quelque honneur, — comme la peste va te fuir, — car tu feras un jour la fin des Anthorons**.

Maudit de Dieu!... » Je me précipite, — au cou de mon beau-père je me jette : — « Beau-père, tenez-vous! retenez-vous! » Mais lui — vers mon oreille se baissant : — « Toi, dit-il, sans connaître la treille — ni mesurer les effondrilles, — tu as acheté le vin, folle!... Va, tu n'as point pleuré

Tous tes pleurs dans tes langes!... — Sais-tu bien qui tu as? un capitaine — de brigands! » Soudain le cœur me défaillit. — A mes oreilles qui tintaient, — le chamaillis d'une querelle, — âpre, confuse, agissante, — encore bourdonna quelque temps. Peu à peu,

Tout anè pièi en descreissènço,
E perdeguère couneissènço.
De l'esglàri sariéu en peno memamen
Pèr te counta lou bout : souleto,
Emé, pecaire ! ma beileto
Que me fasié la tintourleto,
Me revibère amount dins mis apartamen.

Èro negro niue : grand vióulènci
Avié fa plaço à grand silènci ;
Mai iéu, la tressusour bagnavo enca moun front.
La revirado de la vèio
Asseculavo moun idèio
Coume uno ourriblo cauco-vièio...
E, de fèbre countunio, entendiéu aquéu tron :

A-n-un capoun ta destinado
Es pèr la vido encadenado !
Oh ! puléu la presoun, puléu la fam, puléu
La toumbo, la mort avans-ouro !
Aviéu dóu mau de la pastouro
Qu'à-n-un valat l'estiéu s'amourro,
E qu'avalo uno serp e que n'a lou sóuléu.

Veiras plus rire de ma fàci,
Vil impoustour ! Mi màli gràci
E moun courrous à vautre, ome bassamen faus !...
Mai ounte ana ? mounte recourre ?
De lou subi, me desounoure !
E de lou vèndre, te desfloure,
O noublesso di rèire, o Coumeto di Baus !

Tout ensuite décrut, — et je perdis connaissance.
— Même, de l'effroyable esclandre j'aurais peine —
te conter la fin : seule, — avec ma pauvre et bien
aimée nourrice — qui me dorlotait, — je me ré-
veillai en haut, dans mes appartements.

Il était nuit noire : le violent tumulte — avait fait
place à un profond silence ; — mais une sueur froide
baignait encore mon front. — La catastrophe de la
veille — obsédait ma pensée — comme un horrible
cauchemar... — Et j'entendais, fiévreuse, ce coup
de foudre continu :

« A un coquin ton sort — est lié pour la vie ! »
— Oh ! plutôt la prison, plutôt la faim, plutôt la
tombe, la mort prématurée ! — J'étais semblable à
la bergère — qui au torrent l'été plonge ses lèvres,
— et qui avale une couleuvre, et qui en a des haut-
le-cœur.

Tu ne verras plus rire de ma face, — vil impos-
teur ! Soyez disgraciés, — soyez maudits de moi,
hommes, bas hypocrites !... — Mais où aller ? où
courir ? — Le subissant, je suis déshonorée ! — Le
dénonçant, je te déflore, — noblesse des aïeux, ô
comète des Baux !

Pèr se tira d'aquelo angouisso
I'a qu'un draiòu, camin de rouisso,
De bartas e de vabre... e lou prene. Anarai,
Emé li bèsti di mountagno,
Paisse ma vido, ourla ma lagno;
E se la roco m'espelagno,
De moun amplo foulié peniténci farai...

Dins moun ourrour ansin m'eisorte.
— Bailo, dise à ma bailo, sorte!
Ai besoun de repaus e de som. — Elo sort.
Em'acò iéu, de malo ràbi,
Coume un aucèu roumpènt sa gàbi,
Lèu empaquete quàuquis àbi,
Rabaie mi jouièu, agante mi tresor,

E gramaci la niue sarrado,
Zóu! parte à la desesperado.
Marcho, que marcharas! L'iro, l'abourrimen,
L'endignacioun e l'escaufèstre
De retoumba souto aquéu mèstre,
Fan que brulave lou campèstre...
Marcho, que marcharas à toun afranquimen!

Vue jour, en de mountagno estranjo,
Trimant, metènt ma raubo en franjo
E mis artèu en sang e mi forço à noun plus,
De-niue caminant à la fousco,
De-jour m'endourmènt dins li tousco,
Ounte me couchavo la mousco
Anère davans iéu, sènso counéisse l'us.

Pour se tirer de ce détroit — un sentier seul
existe, voie pleine de gaulis, — de halliers, de ra-
vins... et je le prends. J'irai, — avec les bêtes des
montagnes, — paître ma vie, hurler ma peine ; —
et si la roche me déchire, — de mon ample folie je
ferai pénitence...

Dans mon horreur ainsi je m'exhortai. — « Nour-
rice, dis-je à ma nourrice, sors ! — J'ai besoin de
repos, de sommeil. » Elle sort. — Et aussitôt, dans
ma furie, — comme un oiseau qui rompt sa cage,
— en hâte j'empaquette quelques hardes, — je ra-
masse mes joyaux, j'enlève mes trésors,

Et, grâce à la nuit close, — je pars, impétueuse,
à la désespérade. — En marche ! en marche ! La co-
lère, l'aversion, — l'indignation, la peur — de re-
tomber sous un tel maître, — m'emportaient, brû-
lant la lande... — En marche ! en marche vers ton
affranchissement !

Huit jours, par d'étranges montagnes — peinant,
éloquant ma robe, ensanglantant mes pieds et ex-
cédant mes forces, — la nuit, cheminant dans les
ténèbres, — le jour, m'endormant dans les cépées,
— où me chassait l'ardeur capricieuse — j'allai tout
avant moi, sans connaître la route.

A l'embruni, se pèr cop d'astre
Arrescountrave quauque pastre,
E que ié demandèsse à béure un pau de la,
Lèu móusiè sa plus bello fedo,
E, refusant touto mounedo,
Entre-mitan di castagnedo
Me regardavo courre, esten, desparaula...

O, me prenien pèr Esterello!
De-fes, coume uno encantarello,
Seguido me vesiéu pèr un troupèu de loup
Que, proucessioun desagradanto,
Me tenien pèd, goulo badanto,
Coume de candèlo abrandanto
Lis iue lusènt dins l'oumbro, e pauto de velout.

Mai aviéu fa lou sacrifice
De mis os. — Me rendrés service,
Venès me sagata, ié disiéu, mourre tort! —
E revihant la colo bruno
Pèr sis ourlado, la feruno
S'escavartavo au clar de luno...
O Luno coumpagniero, ensigno-me lou port!

Erranto dins lou vaste mounde,
Es mestié meme que m'escounde,
Pire que lou blanchoun qu'un chin abrascama
Secuto à mort! Mountagno escuro,
Atrumas dounc vosto negruro!
Dins toun mantèu, grando Naturo,
Acato-me! Garrigo, ounte vau m'estrema,

Si par hasard, au crépuscule, — je rencontrais un pâtre — et lui demandais à boire un peu de lait, — il s'empressait de traire sa plus belle brebis, — et, refusant toute monnaie, — dans les châtaigneraies — il me regardait fuir, stupéfié, sans voix...

Oui, on me prenait pour Estérelle ! — Parfois, comme une enchanteresse, — je me voyais suivie par un troupeau de loups — qui, déplaisante procession, — m'accompagnaient, gueule béante, — comme des cierges allumés — les yeux luisant dans l'ombre, et patte de velours.

Mais j'avais fait le sacrifice — de mes os. « De grâce ! — leur disais-je, venez donc m'égorger, mufles hagards ! » — Et réveillant la colline brune — par leurs hurlements, — les bêtes sauvages — se dispersaient au clair de lune... — O Lune, ma compagne, indique-moi le port !

Errante dans le vaste monde, — je suis réduite même à me cacher, — pis que le lièvre blanc* que poursuit à outrance un limier acharné ! Sombres montagnes, — obscurcissez votre noirceur ! — De ton manteau, grande Nature, — recouvre-moi ! Garigue** ou je vais me confiner,

Coume la sies pèr l'aucelino,
Tu, siegues mamo à l'ourfelino!...
A la fin, à la forço, en aquest mount Gibau
Me gandiguère : soun aspresso,
Counfigurado en fourtaresso,
Gaire acessiblo, e segnouresso
D'un vaste amiradou jusqu'à la mar, avau ;

Aquesto baumo, que m'abrigo
Di souleias de la garrigo,
E mounte dins la niue dorme tranquilo ; e, tè,
Aquelo pichouno cisterno
Que lou trespir de la caverno
Emplis d'uno aigo sempiterno,
De planta la caviho aqui — tout me tentè.

T'aqui li causo. Certo, vive
Proun duramen e fort me prive... —
De roumaniéu-couniéu e d'ameloun de pin,
D'arbousso que fan bono goulo,
De pignen jaune e meringoulo,
A ma videto mendrigoulo
Sufison : me nourris de-rèsto lou charpin...

Mais que dise? Noun, siéu urouso,
E vole plus èstre amourouso...
Moun cor, de-fes-que-i'a, se gounflo un brigouloun,
E me languisse... Mai siéu libro!
L'alen de Diéu, que sèmpre vibro
Dins lis auturo, sus ma fibro
Fernis coume l'arquet fernis sus lou viòuloun.

Comme tu l'es pour les petits oiseaux, — pour
[l']orpheline, toi, deviens une mère !... — A force de
[m]archer, à la fin j'atteignis ce mont Gibal : son
[ap]preté, — configurée en forteresse, — peu accessible,
[la] souveraine — d'une vaste étendue de vue, jus-
[qu]'à la mer, là-bas ;

Cette grotte, qui m'abrite — des soleils torrides de
[la] lande, — et où, la nuit, je dors tranquille ; et,
[pu]is, — cette étroite citerne — que le suintement
[de] l'antre — emplit d'une eau perpétuelle, — tout
[m]e tenta de planter le piquet en cet endroit.

Voilà les choses. Ma vie, sans doute, — est bien
[au]stère, et je supporte de grandes privations... —
[De]s asperges sauvages, des amandes de pin, — des
[m]ouses qui font bonne bouche, — de jaunes oron-
[ge]s et des morilles, — à ma mesquine vie — suffi-
[se]nt : je me nourris de reste de mon ressentiment... .

Mais que dis-je ? Nenni, je suis heureuse — et ne
[ve]ux plus aimer... — Mon cœur, parfois, se gonfle
[en]core un peu, — et je languis d'ennui... Mais je
[sui]s libre ! — Le divin souffle, qui vibre incessam-
[me]nt — dans les hauts lieux, sur ma fibre — frémit
[co]mme frémit l'archet sur le violon.

O, l'as bèn di, siéu Esterello,
Dis aut cresten douminarello :
Fuge dounc, imprudènt, car moun regard enclaus!
Fuge de pòu qu'un jour te grève
De m'avé treboula moun rève :
Subre li baus despièi que trève,
Me sènte mai-que-mai la Princesso di Baus. —

Alor éu, coume uno persouno
Qu'un marrit sounge destressouno,
Alor éu Calendau, lou poung sarra, l'iue fèr :
— Toun Comte Severan fai orre!...
Mai es egau, dis, iéu t'adore!
Adiéu! un di dous fau que more,
Te lou jure, la man duberto dins l'infèr! —

Elo replico : — Noun! te prègue,
Ve, que lou sang jamai ennègue
Nòstis amour tant puro, o Calendau!... Moun Diéu
T is iue fan pòu! — Si, fau que more!
— Noun, se toujour vos que demore
Ta delicado emai ta sorre...
— More coume un quinau! te tourne à dire, iéu.

— Es un bandit, es un infame,
Es un... E tu, sabes que t'ame?...
Vole pas, moun ami, que devèngues bourrèu!
A ta furour mete restanco...
Vole que rèste neto e blanco
La man que toque. — Blanco e franco
La gardarai : princesso, acò noun vous siè gréu!

Tu l'as bien dit, oui, je suis Estérelle, — des
:uts sommets dominatrice : — fuis donc, ô impru-
nt, car mon regard fascine ! — Fuis, de crainte
'un jour tu ne te repentes — de m'avoir troublé
on rêve : — depuis que j'erre sur les *baux* (escar-
ments), — des Baux plus que jamais je me sens
Princesse. »

Lui, à ces mots, ainsi qu'une personne — qu'un
uvais songe réveille en sursaut, — lui Calendau,
poing serré, l'œil égaré : — « Il fait horreur, ton
mte Sévéran !... — Mais n'importe, dit-il, moi je
dore !... — Adieu ! il faut qu'un des deux meure :
je te le jure, la main ouverte dans l'enfer ! »

Elle réplique : « Non ! je t'en supplie, — oh ! que
ais le sang ne noie — nos amours si pures, ô Ca-
dal!... Mon Dieu ! tes yeux effraient! » — « Il
t qu'il meure, oui ! » — « Non, si tu veux que je
te à jamais — ta mignonne et ta sœur... » — « Et
i je te redis : comme un faquin il faut qu'il
ure ! »

— « C'est un bandit, et un infâme, — et un... Et
tu sais bien que je t'aime !... — Je ne veux pas,
n bien-aimé, que tu deviennes un bourreau ! —
a fureur mets une digue... Je veux qu'elle de-
ure nette et blanche, — la main que je touche. »
« Blanche et franche, princesse, je vous la gar-
ai ; que cela ne vous pèse !

Noun en feloun, mai en bravaire
Vau l'agarri ; vau satisfaire
Moun boulimen de sang : despeitrina, soulet,
(Malur à iéu, se moun pèd brounco !)
T'au m'enfourna dins l'espelounco
Ounte lou tigre manjo e rounco...
T'au lanceja Mandrin entre si miquelet !

Adièu, ma bello !... — De la baumo
Sort coume un lamp, e sus la caumo
Part coume un fouletoun. Elo iè cour après :
— T'as à la mort ! Se noun te ligo
L'estacamen de toun amigo,
O dessena, iè sounjes, digo,
D'ana soul afrounta vint bregand de fourèst ?...

— Sarien vint milo, à prene au sèti,
Respond, me farien pas calèti !
Ai l'amour ! e 's l'amour lou meiour di segound.
Acò disènt, de la mountagno
Davalo en quatre saut, e gagno
De païs nòu e de loungagno,
La vèsto sus l'espalo e fièr coume un Gascoun.

Non pas en félon, mais en brave, — je vais le provoquer; je vais satisfaire — mon bouillonnement de sang : la poitrine découverte, seul — (malheur à moi, si mon pied bronche!) — je vais descendre dans la caverne — où se repaît et où ronfle le tigre... — Parmi ses miquelets je vais relancer Mandrin*!

Adieu, ma belle!... » De la grotte — il sort comme un éclair, et sur la plate-forme — comme un follet s'élance. Elle court après lui : — Tu vas à la mort! Mais, s'il ne te lie pas — l'attachement de ton amie, — y songes-tu, ô insensé, — d'aller affronter seul vingt brigands de forêts?... »

— « Quand ils seraient vingt mille à assiéger, — ne me feraient pas, répond-il, caler la voile! — J'ai l'amour! et l'amour est le meilleur second. » — Disant cela, de la montagne — il descend en quatre sauts, et gagne — du pays neuf et du lointain, — la veste sur l'épaule et fier comme un Gascon.

CANT TRESEN

CASSIS

Calendau travèsso la Prouvènço. Mai coume fara pèr lucha soulet contro lou Comte Severan, capitàni de bandit?... Or lou capito qu'es en casso, dins la coumbo d'Esteroun, emé sis estafié e si panturlo. Abord e charradisso. Calendau, tant pèr umelia que pèr pougne soun rivau, vai espandi sa vido, si caravano e sis amour. Acoumenço: lou port de Cassis, li pescadou, l'eissagage dis anchoio, la mar e li peissoun, lou pèis Sant-Pèire.

> Alerto! pèr mounto-davalo,
> Emé la vèsto sus l'espalo
> E fièr coume un Gascoun, lou jouine Calendau
> Gagno pais. Queto entre-presso
> Incoumparablo en alegresso!
> Ana mouri pèr sa mestresso,
> O bèn la derrabant is arpo d'un calau,

CHANT TROISIÈME

CASSIS

Calendal traverse la Provence. Mais comment fera-t-il pour lutter contre le Comte Sévéran, chef de bandits ?... Or il le trouve en chasse, dans la gorge de l'Esteron, avec ses estafiers et ses drôlesses. Rencontre et causerie. Pour piquer son rival et pour l'humilier, Calendal se décide à révéler sa vie, ses aventures et ses amours. Il commence : le port de Cassis, les pêcheurs, la fraie des anchois, la mer et les poissons, le poisson de Saint-Pierre.

Alerte ! par monts et par vaux, — avec la veste sur l'épaule — et fier comme un Gascon, le jeune Calendal — gagne pays. Quelle entreprise — incomparable en allégresse ! — Aller mourir pour son amante, — ou, l'arrachant aux griffes d'un tyran, —

La trespourta recouneissènto
E l'embrassa, libro e counsènto!
De-bado pèr camin rescontro li tablèu
   Li mai proupice à regalado,
   Li vau li mai ferigoulado,
   E li plus richi coustalado
Que recuerbe de rai la capo dóu soulèu :

   Cujo, mounte la primavero
   Fai boutouna tant de tapero;
Signo, mounte l'Amour teiguè soun tribunau;
   Méuno, mounte Gapèu arroso
   Li citrounié, li lausié-roso;
   Pièi, courouna de brousso roso,
De la Roco-Broussano eilalin l'esquinau....

   Entre si vèrdi mountagnolo,
   Pereilalin vaqui Brignolo!
Au libre patriau a perèu soun fuiet :
   Adièu, risènto nourriguiero
   De nòsti Comte — qu'i fresquiero
   De toun rièu clar, de ti banquiero,
Venien cerca l'èr pur emai tasta l'aiet...

   Adièu à Vin, adièu à Carce,
   Dous noum famous, quand de sa carce
L'Infèr èro sourti, pèr counfoundre lou Crist
   E lis enfant de l'Evangèli
   En empurant la guerro entre éli...
   Mai Calendau, fuguèsse d'ièli
Clafi tout lou camin, tant n'en tendrié de t'ris.

La transporter de gratitude — et l'embrasser,
libre et consentante! — Vainement il rencontre en
chemin les tableaux — les plus délicieux, — les plus
odorantes vallées — et les plus riches côtes —
qu'enceigne de rayons la chape du soleil:

Cuges*, où le printemps — fait boutonner tant
de câpres; — Signes**, où l'Amour tint son tribu-
nal; — Méounes***, où le Gapeau arrose — les
citronniers, les oléandres; — puis, couronnée de
bruyères roses, — dans le lointain, la croupe de la
Loque-Brussane****.

Entre ses collines vertes, — à l'horizon voilà Bri-
gnoles! — Au livre national elle aussi a sa page:
— adieu, riante nourrice — de nos Comtes*****,
qui, parmi les fraicheurs — de ton ruisseau clair, de
tes pelouses, — venaient chercher l'air pur, et, voire,
goûter l'ail...

Adieu à Vins, adieu à Carces, — deux noms fa-
meux, lorsque de sa prison — l'Enfer était sorti,
pour confondre le Christ — et les enfants de l'Évan-
gile — en attisant la guerre entre eux******... —
Mais Calendal, fût-il tout le chemin jonché de lis,
tant en foulerait.

Oh! quant d'abiho sus li sàuvi
E d'auceloun souto li fàuvi !
Que d'oumbro sus li ribo e de clarour en l'. l'èr !
A pèiro seco, noun taiado,
Mai au courdèu apareiado,
Vesès li terro enmuraiado
En autar tout-de-long auboura si casèr.

E dis estanco ribassudo
Pènd la coucourdo cabassudo ;
E d'entre li clapié lou vigourous aloues
A Diéu bandis soun candelabre ;
E l'agradello dins li vabre
Negris sa frucho ; e coume un gabàre
Lou rouge mióugranié crestejo dins li brouues.

Lis óulivié, — dins sis óuriero
Entre-mescla de maiouliero, —
Acaton li bancau d'argentàli fourèst ;
Lou sièure, l'aubre di castagno
Souloumbron l'enclin di mountegnuo :
E li vièi pin, qu'an la cantagno,
Enfousquisson amount li cimo e li revs.

Calendau fai tibla la guèto :
Éu noun s'ajasso e noun s'assèto
Que noun ague landa si vint légo pèr jouïr.
Ansinto couchous passo Lorgo,
Ounte d'Argèns la lindo sorgo
Trestoumbo, e dins terro s'engargo,
Pèr fugi li poutoun dòu calourènt Miépur.

Oh! que d'abeilles sur les sauges — et d'oisillons sous les sumacs! — Que de clarté dans l'air! Sur les talus que d'ombre! — Par des murs à pierres sèches, non taillées, — mais posées, alignées au cordeau, — on voit les terres soutenues — en autel tout le long élever leurs étages.

Et des gradins abrupts — pend la citrouille à tête énorme; — et du milieu des tas de pierres le robuste aloès — darde son candélabre à Dieu; — et l'épine-vinette, dans les ravins, — noircit son fruit; comme un coq d'Inde, — le rouge grenadier dans les buissons lève la crête.

Les oliviers, dont les allées — se mêlent aux rangées de vigne, — recouvrent les terrasses de forêts argentines; — le châtaignier, le chêne-liège, — ombragent le penchant des montagnes; — et les vieux pins harmonieux — obscurcissent le faîte et les revers des cimes.

Calendal tend rudement la guêtre: — lui ne se quitte et ne s'assied — qu'il n'ait par jour dévoré ses vingt lieues. — Ainsi, rapide, il passe Lorgues* — où la limpide rivière d'Argens — saute, et s'engouffre dans la terre, — voulant fuir les baisers du chaleureux Midi.

Manco lou Lu, manco Salerno
Que dins l'estiéu, pèr quand iverno,
Fai tant seca de figo à la canisso ; béu,
A Draguignan, l'aigo d'Artubi ;
Brifo uno coufo de carrubi ;
Subre la bauco e lou bon-rùbi
Dor un som ; e m'acò tourno bagna lou péu.

Erian au tèms de la soulenco :
Pertout la joio meissounenco,
Li carreto ramado, emé de Sant Aloi
Li bandeiroun vougant à l'aire ;
Pertout li vòu farandoulaire,
Pertout, sus li roussin amblaire
E flouca de plumet, lis amourous galoi

Menant sis amourouso en groupo...
E noste ami cridavo i troupo :
— Calignaire ! sian liuen de la roco d'Eiglun ?
— Ai ! paure, ié respoundien, d'aro
Noun la vesès nimai d'encaro !...
E vague d'alounga la garro,
E vague, noste ami, de courre au treboulun !

Mai se devino en peno grando
Lou jouine eros : éu se demando,
Pèr venja soun amour e vincre soun rivau
Sèns felounié ni sanguiniero,
Coume fara... Piéi, en maniero
Dóu garagnoun que sa creniero,
Fiéro, s'espeloufis, à-n-un cop d'abrivau :

Il manque le Luc, et Salerne* — qui, en été, fait sécher pour l'hiver — tant de figues sur la claie de roseaux; il boit, — à Draguignan, l'eau de la Nartubie**; — il mange en hâte un cabas de caroubes; — sur le gramen et le marrube blanc — il dort un somme; puis il repart, mouillant encore le poil.

C'était la fête de l'aire***: partout la joie de la moisson, — et les charrettes enfeuillées, et, voltigeant à l'air, les fanions de Saint-Éloi****; — partout l'essaim des farandoles; — partout, sur les roussins amblants — et empanachés de plumes, les gaillards amoureux

Menant en croupe leurs amantes... — Et notre ami criait aux groupes : — « Galants! sommes-nous loin de la roche d'Aiglun? » — « Ahi! pauvret, répondaient-ils, vous ne la voyez pas encore, ni encore!... » — Et notre ami allonge le jarret, — notre ami de plus belle s'élance à l'inconnu.

Mais un grave souci occupe — le jeune héros: lui se demande, — pour venger son amour et vaincre son rival — sans trahison ni sang versé, — comme il fera... Puis, à l'instar — de l'étalon dont la crinière — fièrement se hérisse, à un coup d'éperon:

— Lou tène! dis, fau que bousigue
D'aqui-qu'à mort l'enjalousigue.
Mi travai, mi bonur, vau tout escudela :
　　Flamejara ma bouco ardènto,
　　Lou traucara ma voues mourdènto,
　　E de mis alo resplendènto
Batrai sa visto fousco à lou desparpela!

　　Vole que vegue, à ma pinturo,
　　De sa bassesso à moun auturo
L'umeliant relarg, e que baise patin ;
　　Vole que sènte la sarrado
　　E l'afecioun desmesurado
　　Que dèu liga l'enamourado
A l'ome que pèr elo a vincu lou destin.

　　E de l'ounour o de l'óuprobre,
　　De Sant Miquèu o dóu coulobre,
L'Autisme, pièi après, que marque lou toumbant! —
　　Vers soun idèio que lampejo
　　Antau lou jouine cros cambejo,
　　Fisançous. Enterin ribejo
E Calas e Faïènço, e mounto à Sant-Auban.

　　— Gai bouié que tires ta rego,
　　Pegoulié que foundes ta pego,
N'en sian encaro lieun de la roco d'Eiglun?
　　— Calignaire, escarlimpo e suso!
　　Calignaire, intro dins la cluso,
　　Se di mountagno nuso e cruso
Toun cor ni toun jarret cren pas lou tremoulun.

« — Je le tiens! ce dit-il, il faut que je remue — jusqu'à ce qu'il devienne jaloux à en mourir. — Mes travaux, mes bonheurs, je vais tout divulguer : — ma bouche ardente flamboiera, — ma voix mordante le transpercera, — et de mes ailes radieuses — je battrai sa vue trouble à lui brûler les cils !

Je veux qu'à ma peinture il voie — de sa bassesse à mon élévation — la distance honteuse, et qu'il baise mes pieds ; — je veux qu'il ressente l'étreinte — et l'affection sans bornes — qui doivent enchaîner l'amante — à l'homme qui pour elle a vaincu le destin.

Et de l'honneur ou de l'opprobre, — de saint Michel ou du dragon, — que le Très-Haut décide celui qui doit tomber ! » — Vers son idée qui jette des éclairs — ainsi le jeune héros marche, confiant. Cependant il côtoie — et Calas et Fayence, et monte à Saint-Auban[*].

« — Gai laboureur qui traces ton sillon, — gai résinier, toi qui fonds ta résine, — sommes-nous encore loin de la roche d'Aiglun ? » — « Monte, galant, monte à force et tressue ! — Entre, galant, dans la gorge fermée, — si les montagnes nues et âpres — ne font trembler ton cœur ni ton jarret. »

E dins la coumbo espetaclouso,
E founso e frejo e parpelouso,
Intro espanta : lou jour, saturnin e feroun,
Sus la vipèro e la rassado
Ploumbo aqui dintre uno passado;
Pièi, darriè li cimo estrassado,
S'esquiho. Peravau barrulo l'Esteroun.

Or Calendau ressènt dins l'amo
Un frejoulun; e'm' acò bramo
En emboucant lou bièu que porto. Peravau
I caraven lou bram ressono:
A soun secours sèmblo que sono
Lis Esperit d'aquelo lono...
E sounjo au paladin mourènt à Rouncivau.

Mai se relargon lis angouisso
Pau à cha pau; subre li bouisso
E lis amelanchiè blanc de flour, lou soulèu
Tout-en-un-cop vuejo, brulanto,
Sa raisso d'or; tóuti li planto
Se reviscoulon, barbelanto,
E di baus sus l'azur bloundejon li relèu.

Emé lou bèu tèms, à la casso,
En ribo d'Esteroun, s'espaço
Lou Comte Severan : éu e si coumpagnoun,
E quàuqui damo risouleto,
Soun alounga de-rebaleto
Dins uno prado verdouleto,
Souto un bouquet d'agast, tihèu e pin-pignoun.

Dans la vallée prodigieuse, — profonde, sourcil-
euse et froide, — il pénètre ahuri : saturnien et fa-
rouche, le jour, — sur la vipère et le lézard — plonge
un instant dans cette enceinte ; — puis, derrière les
cimes déchirées, — il s'esquive. L'Esteron roule au
fond de la gorge.

Or Calendal éprouve — un frisson dans son âme ;
et il mugit — en embouchant sa conque. Au plus
profond — des précipices, résonne le mugissement :
— on dirait qu'il appelle à l'aide — les Esprits de
cette région... — Et il songe au paladin mourant à
Roncevaux.

Mais s'élargissent peu à peu les défilés : sur les
buissaies, — sur les amélanchiers blancs de fleurs,
le soleil — soudainement verse, brûlante, — son
averse d'or ; toutes les plantes — se revigorent, con-
voiteuses, — et sur l'azur blondissent les reliefs des
falaises.

Par le beau temps, au bord de l'Esteron, se ré-
crée à la chasse — le Comte Sévéran : lui et ses
compagnons — et quelques dames enjouées — sont
couchés de leur long — dans un pré verdoyant, —
sous un bouquet d'érables, de tilleuls, de pins-pa-
rasols.

Miejournon sus l'erbeto molo.
A l'entour, lou dardai tremolo;
Dins la caumo s'entènd souina li boundoulau
Que remoulinon invesible;
Sus li roucas inacessible
Un cèu, bribant à l'impoussible,
Enarco à l'infini sa vòuto sènso clau.

Li serp enauron la cabesso
En boulegant sa lengo besso;
E fielon lis aragno, e bèu lou rai ardènt
La blanquinello cacalauso
Qu'es empegado sus li lauso;
E tout se chalo vo se pauso,
L'avé souto li pin, li pin sus li pendènt.

Tout-en-un-cop boumbis e roumbo
Lou bièu marin, de coumbo en coumbo...
Cadun vers lou draiòu se reviro : — Veici,
Dison entre éli, un barrulaire
Que fai brounzi la terro e l'aire...
— Salut! es bon lou fres, cassaire?
Ié chamo Calendau. — N'i'a pèr tóuti. — Merci!

— Que! hòu! responde o viro brido,
Lou comte Severan ié crido;
Quau t'a douna lou dre d'intra dins moun devens?
— La terro es dóu bon Diéu, replico,
E li carrairo soun publico.
— O, la resoun es magnifico,
Jouvènt! Se te fasiéu desauriba, pamens?...

Ils font la méridienne sur l'herbette molle. — Autour d'eux tremble le rayonnement ; — dans la lourde chaleur on entend le murmure des insectes bourdonnants — qui tourbillonnent, invisibles ; — sur les rochers inaccessibles — un ciel éblouissant d'éclat, — élance à l'infini la courbe de sa voûte sans clef.

Les serpents élèvent la tête, — agitant leur langue fourchue ; — et les araignées filent, et boit l'ardent rayon — le colimaçon blanc — qui est collé sur les pierres ; — et tout se pâme d'aise ou se repose, — les troupeaux sous les pins, les pins sur les versants.

Tout à coup retentit et roule — la trompe marine, de vallée en vallée... — Chacun vers le sentier se retourne : — « Voici, se disent-ils, un coureur — qui fait frémir la terre et l'air... » — Mais déjà Calendal les hèle : « Salut, chasseurs ! le frais est-il bon ? » — « Il y en a pour tous. » — « Merci ! »

— « Holà ho ! réponds ou tourne bride, — le Comte Sévéran lui crie ; — qui t'a donné le droit d'entrer dans mon défens ? » — « La terre est au bon Dieu, réplique-t-il, — et les chemins sont au public. » — « Oui, ta raison est magnifique, — jeune homme ! Si pourtant je te faisais essoriller ?... »

— E s'enterin vous adourave,
Iéu, em'un cop de pèiro?... — Brave ;
Diguè lou Comte, acò's un bon pitouet... Jouvènt,
Tè, vène béure. — Diéu me dane !
Es pas de refus, car m'escane...
— Moun pelerin, se noun m'engane,
Lou Comte alor ié dis, toun gàubi me counvèn.

Vos que t'ensigne un bon afaire?
Résto emé nautre... — Perqué faire?
— Rèn ! i'a que li bardot que travaion !... Lou jour
S'acò nous pren, anan en casso;
La niue, la joio e la fricasso...
E souto l'oumbro di brancasso,
Coume veses, leissan escandiha miejour.

— Nàni, moussu, iéu, me counvido
Plus aut qu'acò l'ur de la vido...
— Oh tambèn ! Pèr asard, vourriés mounta plus au
Que la roco d'Eiglun? — Pòu èstre...
— Moun ome, li cresten aupèstre
N'an que lis aucelas pèr mèstre.
— Moussu, croumparen d'alo, e nous faren gerfaut

Galanto e vivo, uno bruneto
Que l'apelavon Fourtuneto,
E que, pèr gatiha lou cant de si mirau,
Frisavo uno cigalo : — Crese
Qu'es amourous, dis, e lou vese:
Es vengu rouge !... Que noun prese,
Comte, nosto coumpagno, es dounc tout naturau.

— « Et si, en attendant, je vous dévisageais* —
d'un coup de pierre, moi?... » — « Bravo, ceci est
un gaillard, dit le comte... Jeune homme, — tiens,
viens boire. » — « Dieu me damne! ce n'est pas de
refus, car j'étrangle... » — « Mon pèlerin, poursuit
le Comte, sauf erreur, ton allure me va.

Veux-tu que je t'enseigne une affaire excellente?
— Reste avec nous... » — « Pour faire quoi? » —
« Rien! les baudets seuls travaillent!... Le jour, —
s'il nous prend fantaisie, nous allons à la chasse;
— la nuit, la bombance et la joie... — et, sous les
frondaisons ombreuses, — nous laissons, comme tu
vois, passer l'heure brûlante de midi. »

— « Nenni, monsieur. A des visées plus hautes
étoile me convie... » — « Oui-dà! voudrais-tu,
par hasard, monter plus haut — que la roche d'Ai-
gun? » — « Peut-être... » — « Mon brave, les som-
mets alpestres — n'ont que les grands oiseaux pour
maîtres. » — « Monsieur, nous achèterons des ailes
nous ferons gerfaut! »

Vive et gentille, pour lors une brune — que l'on
pelait Fortunette, et qui, pour agacer sa chante-
relle, — frôlait une cigale dans ses doigts: — « Je
dis, dit-elle, qu'il est amoureux... Et c'est clair :
voyez-le rougir!... S'il fait donc peu de cas —
de notre société, Comte, c'est naturel. »

— S'èro qu'acò, moun cambarado,
Ve, prene aquelo que t'agrado :
N'i'a de bloundo e de bruno, as pèr chausi. — Gardas,
Fai Calendau, e vòsti bruno
E vòsti bloundo : ièu n'ai uno...
E dounarai toujour cènt luno,
Comte, pèr un soulèu ! — L'arlèri ! regardas,

Li cassarello adounc venguèron.
Coume nous parlo ! — Pièi diguèron
En s'acatant la bouco emé si ventau : — Diéu !
A li dènt blanco coume evòri !
Ressènt soun bon ! Es bèu e flòri !
Vaudrié cènt an de purgatòri
Pèr èstre amado un jour d'un ome coume aquéu ! —

Mai Calendau counèis que trepo
Subre la pouncho di senepo.
Calendau a senti lou Comte Severan,
E se mord la lengo, e recoto
Lou goum que dins soun sang gargoto.
— Anen, coulègo ! d'aut, pichoto !
Lou rèi de la mountagno en tóuti vèn subran.... —

Anen, aro que lis assedo
La caud, dins lou fielat de sedo
Coucha lis auceloun ; pièi, revendren au fres,
E dóu calandre bèu e flòri,
Pèr vous garda de languitòri,
Vous farés dire quauco istòri...
E'm'acò pèr soupa, dono, lou retendrés. —

— « Si ce n'est que cela, camarade, — regarde, et prends celle qui te plait : — il y en a de blondes et de brunes, tu as de quoi choisir. » — « Gardez, riposte Calendal, vos brunes — et vos blondes : j'en ai une... — et toujours je donnerai cent lunes, — Comte, pour un soleil ! » — « Voyez, le fat !

Firent alors les chasseresses, — comme il nous parle ! » Puis elles dirent — en se couvrant la bouche de leurs éventails : — « Dieu ! il a les dents blanches comme ivoire ! — Il a bonne façon ! Il est beau et pimpant ! — Cela vaudrait cent ans de purgatoire, — que d'être aimée un jour d'un homme tel que lui ! »

Mais Calendal sent bien qu'il marche — sur la pointe des clous. — Calendal a flairé le Comte Séveran, — et il se mord la langue, et il refoule — le courroux qui bout dans son sang. — « Sus, compagnons, allons, petites ! — à tous dit tout à coup le roi de la montagne.

Allons, maintenant que le chaud les altère, dans le filet de soie — chasser les oisillons ; ensuite, nous reviendrons au frais, — et vous prierez, pour vous garder d'ennui, — le damoiseau beau et pimpant — de vous dire quelque histoire... — Puis à souper, mesdames, vous le retiendrez. »

Van dins la teso : lèio doublo
Que s'encabano e que s'acoublo,
E mounte d'escoundoun la ribiero se plang.
Aqui dessouto, pèr li cigo,
Bouscarideto e bèco-figo,
I'a d'avelano emai d'aligo
E d'agreno e d'arbousso e de cuèrni tout l'an.

Zòu! plan-planet, sus la ramibo
Jitant de pòusso e de gravibo,
Caminon dins l'andano... E Zòu! dins l'aragnòu
Toumbo esfraiado l'aucelino...
Orre! dins sa joio malino
Torson lou còu i cardelino,
Còu-torson li bouscarlo emai li roussignòu!

Pièi tourna-mai, à pijoun-volo,
Li bello, emé de riasso folo,
Lis ome en galejant, sus l'erbo van jouga...
E recoumenço la bruneto
Qu'èro apelado Fourtuneto :
— Fau qu'en paraulo claro e neto
Aro digues, farot, perquè nous as manca...

E se noun proves, — pren-te gardo, —
Que ta mestresso es mai bragardo
E plus bello que nautre, oh! ve, te grasiban!
— Eh! bèn, recasse l'escoumesso!
Avanças-vous, la taulo es messo...
E se defaute a ma proumesso,
Eu respond, tratas-me coume un ase bóumian.

Ils vont dans la *tendue* : allée double — qui en
voûte se courbe et se joint, — et où, furtivement,
la rivière se plaint. — Là-dessous, pour les bruants,
— fauvettes et becfigues, — il y a des noisettes et
des alizes, — des prunelles, des arbouses, des cor-
nouilles, tout l'an.

Et doucement, jetant de la poussière et du gravier
sur le feuillage, — dans l'allée ils cheminent... Et
dans la toile — tombe l'oiseau effarouché... — Hor-
reur ! malignement joyeux, — ils tordent aux char-
donnerets le cou, — ils le tordent aux fauvettes et aux
rossignols !

Puis de nouveau, à *pigeon, vole !* — les belles,
avec des rires fous, — les hommes en plaisantant,
viennent jouer sur l'herbe... — Et recommence la
gentille brune — que l'on appelait Fortunette : —
« Maintenant, mirliflore, en termes clairs et nets, il
faut que tu nous dises pour quel motif tu nous as
offensées.

Et si tu ne prouves, prends garde, — que ta maî-
tresse est plus fringante — et plus belle que nous,
dis-tu ? nous te bernons ! » — « Eh bien, j'accepte
la gageure ! — Approchez-vous, la table est mise...
Et si je fausse ma promesse, — répond-il, traitez-moi
comme un âne bohème. »

Ié cridon tòuti : — A la bono ouro !
— Mai soulamen noun sabe quouro
Acabarai ma jouncho, apoundeguè. Belèu.
 Vous avertisse, lis estello
 Espeliran sus li dentello
 D'aquéli mourre... — Caspitello !
Ié vènon, as enca sèt ouro de soulèu ! —

 E s'estalouiron de tout caire
 Contro-bandié vo trabucaire,
Bèl-Aubre, Ventabren, Quinge-Ounço, Balandran
 E Trenco-Serp : tout de bon sòci
 Retira vuei liuen dóu trigòssi
 E dis alerto dóu negòci,
E que tènon coumpagno au Comte Severan,

 E se farien coume uno greso
 Trissa pèr éu — que li mespreso.
Éu lou Comte, asseta sus un verd tucoulet,
 Reialamen, entre si cambo
 Tèn soun fusiéu, lusènt que flambo ;
 Coume un chin, à si pèd se rambo
La jouino Fourtuneto em' un èr cigalet ;

 E d'enterin qu' alangourido,
 Fan de questioun i margarido
Lis autro, lou jouvènt, aclina de cantèu :
 — Pèr fin que tout, dis, se coumprengue,
 Fau que de liuen eiçò se prengue...
 Escoutas dounc, e Diéu m'alengue ! —
A soun aise entameno alor lou cabedèu :

Tous lui crient : « A la bonne heure ! » — « Mais seulement je ne sais quand — nous lèverons séance, ajoute-t-il. Peut-être, — je vous en avertis, les étoiles — écloront sur les dentelures — de ces mornes... » — « Vertudieu ! lui font-ils, il te reste sept heures de soleil ! »

Et de partout nonchalamment s'étendent — contrebandiers ou bandouliers, — Bel-Arbre, Ventabren, Quinze-Onces, Balandran — et Trenco-Serp* : tous bons lurons, — aujourd'hui retirés du tracas — et des alertes du négoce, — qui tiennent compagnie au comte Sévéran

Et se feraient, ainsi que tartre, broyer pour lui — qui les méprise. — Le Comte, lui, assis sur un petit tertre vert, — royalement, entre ses jambes — tient son fusil luisant et flamboyant ; — comme un chien, à ses pieds se couche — la jeune Fortunette aux airs évaporés ;

Et tandis que, langoureuses, — font des questions aux marguerites — les autres, le garçon, incliné sur le flanc : — « Afin que tout se comprenne, dit-il, — il faut de loin prendre les choses... — Écoutez donc, et Dieu guide ma langue ! » — A son aise il entame alors le peloton :

— Siéu prouvençau coume vous-autre ;
Mai i'a de colo e i'a de gaudre,
Tant-e-pièi-mai, que nous separon... A l'oustau
Qu'm'aurié di mounte vuei erre !...
Vuei, dins li coumbo e sus li serre,
Bate l'antifo, pèr counquerre
L'empèri de l'amour : me dison Calendau.

Siéu de Cassis, vilo marino
E clau de Franço. Dins l'oumbrino
Pèr vautre es amaga lou noum de moun païs ;
Mai, quand siguèsse à milo lègo,
Gens de si fiéu noun lou renègo,
Car tau qu'a vist Paris, coulègo,
Se noun a vist Cassis, pòu dire : N'ai rèn vist.

Cassis es paure : soun terraire,
Trop escalabrous pèr l'araire,
Soulamen au bigot s'entre-foui à moussèu.
Pau d'avé : ni prat, ni reviéure ;
Pau de blad : proun pamens pèr viéure ;
Pau de vin : de rèsto pèr béure,
Meme que n'embarcan sus mar quàuqui veissèu.

Car noste vin, — e sias pas sènso
Avé d'acò la couneissènço, —
Talamen es famous que Marsiho, quand vòu
Faire un presènt au Rèi, demando
I Cassiden ço que iè mando :
Noste muscat, bevèndo cando,
E nòsti faucounèu, qu'à Riéu nisòn à vòu.

« — Je suis provençal comme vous ; — mais des torrents et des collines, — innombrables, nous séparent... Chez moi, — qui m'eût dit de vaguer où maintenant je vague !... — Dans les vallées et sur les crêtes, — je bats maintenant le pays, pour conquérir — l'empire de l'amour : on m'appelle Calendal *.

Je suis de Cassis, ville de mer — et clef de France. Dans l'ombre — pour vous tous est caché le nom de ma patrie ; — mais, serait-il à mille lieues, — nul de ses fils ne la renie, — car *tel a vu Paris, compagnons, — qui peut dire, s'il n'a pas vu Cassis : Je n'ai rien vu* **.

Cassis est pauvre : son terroir, — trop montueux pour la charrue, — seulement au hoyau se cultive en parcelles. — Peu de troupeaux : ni prairie, ni regain ; — peu de blé : néanmoins assez pour vivre ; — peu de vin : de reste pour boire... — Nous en embarquons même quelques tonnes sur la mer.

Car notre vin, et vous l'avez sans doute ouï dire, — tellement est fameux que Marseille, lorsqu'elle veut — faire un présent au Roi, demande aux Cassidiens ce qu'elle lui envoie : — notre muscat, diaphane boisson, — et nos faucons qui dans l'île de Rieu nichent par bandes ***.

Oh! se lou lastavias! L'abiho
N'a pas de mèu plus dous, e briho
Coume un linde diamant, e sènt lou roumanièu
  Emai lou brusc, emai la nerto,
  Qu' à nòsti colo fan cuberto,
  E danso dins lou vèire... Certo,
N'escoularièu un flasco, aro, se lou tenièu.

  Entre li roco rousso e blanco
  Qu'en miejo-luno fan calanco,
Lou front en plen miejour, e li pèd dins la mar,
  Coume uno bruno gafarello
  Que pèr soulas pesco i girello,
  Cassis, vileto pescarello,
Mando lou sardinau, tiro lou calamar.

  A gaucho de sa rado estrecho,
  Se vèi lou baus Canaio; à drecho,
S'entend de-fes rounfla, — signau di marinié, —
  Un cros ounte l'oundo s'encoufo
  E coucho uno auro que refoufo
  D'uno autro porto: — Martin boufo,
Dison li pescadou, paro la brefounié! —

  En fàci de la mar iusènto,
  Davans sis iue toujour presènto,
De la mar, aqui dintre, un pichoun poble vièu,
  Sèmpre galoi de si bounaço,
  Esmougu sèmpre à si menaço,
  E, quand s'eirisso blanquinasso,
Luchant gaiardamen, à la gàrdi de Diéu.

Oh ! si vous en goûtiez ! L'abeille n'a pas de miel
plus doux : il brille — comme un diamant limpide,
et sent le romarin, — la bruyère et le myrte — qui
recouvrent nos collines, — et danse dans le verre...
Certes, — j'en viderais maintenant un flacon, si je
l'avais.

Entre des rochers roux et blancs — qui forment
une crique en demi-lune, — le front en plein midi
et les pieds dans la mer, — ainsi qu'une brune bai-
gneuse — qui se récrée à pêcher des girelles*, —
Cassis, petite ville de pêcheurs, — jette le *sardinal,*
tire le *carrelet***.

A gauche de son étroite rade, — se voit le cap
Canaille*** ; à droite, — s'entend gronder parfois,
signal des nautoniers, — un creux où la vague
s'engouffre, — chassant un vent qu'une autre issue
égorge : — « *Martin souffle,* disent les pêcheurs,
pare le grain ! »

En face de la luisante mer, — sans cesse présente
à ses yeux, — de la mer, là-dedans, un petit peuple
vit. — toujours joyeux, quand elle est calme, —
toujours ému à ses menaces, — et lorsque, blanchis-
sante, elle se dresse, — luttant gaillardement, à la
garde de Dieu.

   l'ourriéu que veguessias quand parton,
    Li Cassiden! Coume s'esvarton
Li darriéri calour de la journado, cènt,
    Dous cènt barquet o barqueirolo,
    Talo qu'un fum de pesqueirolo
    Que de la ribo alin s'envolo,
Alargon, amudi, plan-plan, sus li risènt.

    Li femo rèston, assetado
    Contro li porto : sus l'oundado
Mai que d'uno long-tèms acoumpagno d'amour
    La velo gounflo... E se la lamo
    Un tant-siè-pau moutouno e bramo,
    Ié tèn — plus que d'un fiéu — soun amo,
Car sabon coume es traito e de crudèlo umour

    Aquelo superbo mestresso
    Que d'esplendour e de caresso
Atiro, afogo, enmasco, enébrio si marit,
    E que, di fiho de la terro
    Jalouso mai qu'uno pantèro,
    Raubo si calignaire, e, fèro,
Li nègo e lis esfato em' un orre chaurit.

    Dins lis oubreto d'abilesso
    Que, pèr li faire à la belesso,
Demando goust, man d'or, paciènci d'ange enfin,
    Di Cassidenco gens d'óubriero
    Podon se dire li pariero.
    Davans si porto, à la carriero,
D'ùni rapidamen entrenon d'espourtin,

Je voudrais que vous les vissiez partir, — les Cassidiens ! A peine se dissipent — les dernières chaleurs de la journée, cent, — deux cents bateaux ou barquerolles, — tels qu'une bande de pluviers — qui prend l'essor loin de la rive, — gagnent, silencieux, et doucement, le large, sur les flots clapoteux.

Les femmes demeurent, assises — auprès des portes : sur l'onde — plus d'une longuement accompagne d'amour — la voile enflée... Et si la lame — tant soit peu moutonne et mugit, — leur âme ne tient plus qu'à un fil, — car elles savent combien elle est perfide, combien elle est cruelle,

Cette superbe amante — qui, avec sa splendeur et ses caresses, — attire, enflamme, enivre et ensorcelle leurs maris, — et qui, des filles de la terre — jalouse plus qu'une panthère, — enlève ses amants, et, féroce, — les noie et les écharpe en un sabbat horrible.

Dans les petits travaux d'adresse — qui, pour être achevés, — demandent goût, main d'or et patience angélique, — aux Cassidiennes il n'est pas d'ouvrières — qui se puissent dire pareilles. — Devant leurs portes, dans la rue, — les unes tressent prestement des cabas,

Espourtin d'aufo — ounte encabassen
La grasso óulivo, quand la passon
Di brego de la molo is arpo dóu destré; —
D'autro, pougnènt la telo fino,
Fan lou Boutis, obro divino
Que sèmblo un prat, quand la plouvino
A brouda tout de blanc e li fueio e li gre;

D'autro aliscon lou courau rouge,
Que van, dins lis aven ferouge,
Sis ome en cabussant rabaia souto mar,
Meravihous, vivènt bouscage
Que se plais dins nòsti ragage.
Dis ome douno part l'embarcage,
Fielat de touto merço e baudo e pouloumar.

Pèr tóuti i' a de large ; entre éli
Se partejon lis oundo : aquéli
Praticon lou Grand Art, aquésti l'Art Menu.
Filon proumié li grand pescaire
Sus li labut, que, — de bescaire
Quand soun anteno vesès caire,
E pendoula si floun sus lou vèntre caunu

De la velo, e que l'auro acordo
Coumandamen e brut de cordo, —
Verai pèr de labut li prendrias de liuen...
Hòu de la mèstro ! Dispausado
Latinamen, quand es tesado
Pèr si tres caire, e qu'à brassado,
Tirant, moulant d'à poupo, escampon emé siuen

Des cabas de sparterie, — où l'onctueuse olive est
entassée, lorsqu'on la passe — des mâchoires de la
meule aux serres du pressoir ; — d'autres, piquant
une fine toile, — font le *boutis,* ouvrage divin — qui
ressemble à un pré, dont le givre — broda de blanc
les feuilles et les pousses ;

D'autres polissent le rouge corail — que leurs
époux, dans les gouffres farouches, — vont ramasser
en plongeant sous les flots, merveilleuse, vivante
arborescence — qui se plaît dans nos grottes mari-
nes... — Les hommes partent donc, embarquant
avec eux — filets de toute sorte et câblières et cor-
elles.

Il y a du large pour tous ; entre eux — ils se par-
tagent les ondes : ceux-là — exercent le *grand art,*
et ceux-ci l'*art menu**. — Filent d'abord les grands
pêcheurs sur les *labuts* (luths), — et lorsqu'on voit,
oblique, leur antenne choir, — et pendiller les dris-
ses sur le ventre creux

De la voile, et que le vent accorde — bruit de
cordages, cris de commandements, — on les pren-
drait de loin pour de vrais *luths*... — Ho de la grande
voile ! Quand, disposée — latinement, elle est tendue
par ses trois angles, et qu'à brassées — tirant,
chant de poupe, ils déploient, attentifs,

De la tartano vo dóu gàngui
Li lònguis alo, — emé lou làngui,
A la gràci dóu vènt, s'envai lou bastimen,
E dins lis augo brancarudo,
Acoulourido e loungarudo
En escatant, coucho à la mudo
De pèis de touto escaumo un bèu boulegamen.

Au pèd di baus fasènt sa piho,
Mai près di costo s'escampiho
Lou menu barcarés : egau e bèn d'acord,
— Car de la pas nais l'aboundànci, —
Cadun se tèn à sa distànci,
E meme de cadun l'estànci
Toumbo, à la paio courto, en quau toumbo lou sort.

Basto, sus l'oundo que boundello
La niue jito un bourgin d'estello.
Pèr vèire lou trelus d'aquéu divin palais,
Alor eigrejant l'augo grèvo,
Lou pèis, raço innoumbrablo, trèvo
Entre li pouncho; alor se lèvo,
Di founsour de la mar, de moustre de tout biais.

Alor varaion li Groun negre
E lou Pèis-Can, aspre à coussegre,
Badant la fam de-longo e devourant si fiéu;
Lou Pèis-Espaso e la Ferrasso
Qu'arma de lanço fan arrasso,
Orre ferun qu' entre éu s'estrasso,
Qu'engoulo e degeris soun enemi tout viéu.

De la *tartane* ou du *gangui** — les longues ailes, nonchalant, — à la grâce des brises, le navire s'en va, — et parmi les algues branchues, — richement colorées, gigantesques, — à la dérive il entraîne en silence — une splendide meute de poissons de toute écaille.

Sous les falaises cueillant son butin, — plus près des côtes s'éparpille — la flottille menue : tous égaux, bien d'accord, — car l'abondance est fille de la paix, — chacun se tient à sa distance — et de chacun la station même — échoit, au court fétu, à qui échoit le sort.

Bref, sur le clapotis des flots — la nuit jette un réseau d'étoiles. — Pour contempler l'éclat de ce divin palais, — alors, soulevant l'algue lourde, — le poisson, race innombrable, erre — entre les pointes ; alors, se lèvent, — des profondeurs des mers, les monstres de toutes les formes.

Alors rôdent les Congres noirs, — le Squale-Chien, âpre à la poursuite, — béant toujours de faim et dévorant ses fils, — l'Espadon et l'Aigle de mer — qui se font place, armés de lances, — population féroce, hideuse, qui s'entre-déchire, — qui avale et digère son ennemi tout vif.

Alor barrulon li gros Póupre,
Arpu, testu, coulour de sóupre,
La Serro e lou Martèu, e lou Fanfre e lou Romb,
Li Clavelado raspihouso,
L'Aragno, la Serp esfraiouso,
E la terriblo Dourmihouso
Qu', à dès brassado liuen, trais la mort e lou tron.

Ounte es que cour, tant esglariado.
Aquelo afrouso bourbouiado?...
Chut ! la luno clarejo, e nadant au pulèu,
— Coume à Cassis, quand pèr li joio
Se nado, — un boulimen d'Anchoio,
Belugueto, jouino e galoio,
Arribo dóu Pounènt, en cerco dóu soulèu.

L'an atrouva, lou diéu que dauro,
Que rejouïs e que restauro !
E dins la mar es un rebound, es un desbord
De vido folo e benurado !
Car dóu jouvènt la calourado
Vèn d'esclata dins sa courado,
E fringon à bèl èime e coungreion à mort.

Se tocon tóuti : de la paio
Qu'en vint estiéu Arle rabaio
Aurias pulèu coumta li nous... De bouco e dènt,
Lou pèis feran, despièi la Supio
Fin-qu' à la Làmi, aqui s'agrupio,
Jamai sadou : que d'uno lupio
Garlaban, gaire mai l'escabet se n'en sènt.

Alors çà et là trôlent les gros Poulpes — aux bras nombreux, à tête énorme, à couleur sulfureuse, — la Scie et le Marteau, et la Baliste et le Turbot, — les Raies rugueuses, — l'Araignée, l'effroyable Serpent, — et la Torpille redoutable — qui projette à dix brasses et la foudre et la mort.

Où court-elle, tout effarée, — cette affreuse cohue ?... — Silence ! au clair de lune, et nageant à l'envi, — comme à Cassis, quand pour le prix — on nage, un bouillonnement d'Anchois, — sémillants, jeunes, guillerets, — arrive du Ponant, à la recherche du soleil...

Ils l'ont trouvé, le dieu qui dore, — qui réjouit et qui ravive ! — Et c'est en mer un rebondissement, un débord — de folle vie et de jubilation ! — car la chaleur de la jeunesse — vient d'éclater dans leurs entrailles, — et ils fraient à cœur-joie et peuplent à outrance.

Ils se touchent tous : de la paille — qu'en vingt maisons d'été Arles recueille — on compterait plus tôt les nœuds... A belle dents, — tous les poissons féroces, de la Seiche — au Requin, s'acharnent là, — insatiables : le troupeau ne s'en ressent pas plus que d'une loupe le mont Garlaban*...

Davans l'inménso caravano
Lou sardinau, dins l'aigo vano
Soustengu pèr lou sieure e cala pèr lou ploumb,
Pòu espandi sa traito cencho :
Beléu cènt milo, en soun espencho,
E pèr li gaugno, i maio tencho
Vendran se pendoula... Noun se vèi au mouloun.

Auto! la bancado argentino
Fai soun camin : di mar latino
Seguis lou ribeirés; d'Ercule tout-bèu-just
En s'esquichant passo i Coulouno,
Frusto la fièro Barcilouno,
Toco Port-Vèndre e Magalouno,
Escapo dòu Martegue e poujo vers Frejus.

E tout-de-long dòu roumavage,
Au souleiant di baus sòuvage,
Entremoulis d'amour li toumple d'amarun
E li pradello d'esmeraudo;
Piéi, sus li coudouliero caudo
Ounte l'escumo fouligaudo
S'aflato en petejant, escampo lou grouün.

Mai li patroun au founs di barco
E dins li ple dòu sauto-en-barco,
Li patroun pescadou, sus lou tèume acouida,
Coume li rèi d'un tal empèri,
Abime d'aigo e de mistèri,
Tènon d'à ment lou treboulèri
Que souto éli se mòu e vibon sèns muda.

Devant l'immense caravane — le *sardinal*, dans
l'eau fluide — soutenu par le liège et ancré par le
plomb, — peut déployer son enceinte perfide : —
cent mille peut-être, en leur élan — et par les ouïes,
aux mailles teintes — viendront se pendre... Sur la
masse il n'y paraît pas.

En avant! le banc argentin — continue sa route :
des mers latines — il suit le littoral; en se pressant,
à grand'peine il franchit les Colonnes d'Hercule, —
frôle Barcelone la fière, — touche Portvendre et
Maguelone, — échappe du Martigue et cingle vers
Fréjus.

Et durant tout le pèlerinage, — au bon soleil des
sauvages falaises, — il fait grouiller d'amour les
gouffres d'amertume, — les prairies d'émeraude; —
puis, sur les chaudes grèves — où l'écume folâtre
— s'échoue en pétillant, il épanche le frai.

Mais les patrons, au fond des barques — drapés
dans leurs capotes, — les patrons pêcheurs, accou-
dés sur l'avant — comme les rois de cet empire, —
abîme d'eau et de mystère, — observent le mouve-
ment confus — qui s'agite sous eux et veillent en
silence.

La niuchado es lindo, estivenco :
D'astre à mesuro que s'avenco
Un revoulun, d'estello un revoulun plus bèu
Mounto au levant; douco à la remo,
Courouso e bouleguivo e semo,
Semblo eilalin que la mar cremo...
Es un chale, e toujour ié sias que mai nouvèu.

De-fes un giscle de belugo
Fend lou courrènt, vous esbarlugo...
Sara lou Belugan; un autre cop, l'esfrai
Vous fai di man toumba lou brume...
Entre-vesès dins lou grand flume
Cinq o sièis luno faire lume :
Es de Molo, un peissoun que s'amago de rai !

E que dirias se, coume arribo,
Apercevias, liuen de la ribo,
De couloubrin de fió, coume niau subre nièu,
Dansa sus l'oundo diamantino?...
Li Dra, segur, e li Fantino,
En farandoulo serpentino,
Pèr nous perdre, dirias, sorton dis Enganièu...

De viage, trepassant li barco,
Un vòu de Pèis-Voulant s'enarco,
E tourna-mai cabusso, e tourna-mai voulant,
Pèr esquiva li Pelamido
Que persecuton sa dourmido,
Raso à bèu bound la plano umido,
Coume li coudelet bandi pèr d'escoulan.

La nuitée est limpide, c'est une nuit d'été : — à mesure que plonge un tourbillon d'étoiles dans l'abîme, d'étoiles un tourbillon plus beau — monte au levant ; douce à la rame, — chatoyante et mobile et étale, la mer à l'horizon brasille... — C'est un charme, et vous y êtes de plus en plus nouveau.

Quelquefois un jet d'étincelles — tend le courant, vous éblouit... — C'est la Trigle ; une autre fois la peur — vous fait tomber des mains la corde... — Vous distinguez dans le grand fleuve — cinq ou six lunes qui éclairent : — ce sont des Meules, un poisson lumineux*!

Et que diriez-vous si, comme il arrive, — loin du bord vous aperceviez — des couleuvreaux de feu, tels que des éclairs sur la nue, — danser sur l'onde brillantée ?... — Les Fantines, bien sûr, et les Dracs**, — en farandoles serpentines, — pour nous perdre, diriez-vous, sortent des Madrépores...

Franchissant les barques, parfois — un vol de Poissons-Volants s'élève — et plonge de nouveau, et, de nouveau prenant l'essor, — pour esquiver les Bonites — qui harcèlent son sommeil, rase par bonds l'humide plaine, — pareil à ces galets que les écoliers lancent.

Sort tout-d'un-cop dòu sen de l'aigo
Uno rumour plagnènto e vaigo...
Aumento grando e puro, e 'ncanto li batèu,
Esperloungado en voues d'ourgueno:
Es lou Pèis-Orgue, es la Sereno...
Aviso-te de ta careno,
Pilot! proun escoutaire an peri sus l'estèu.

I'èn, entre-miejo, l'aubo fresco
Dire à cadun s'a bono pesco.
Afeciouna, de pèd e d'ounglo, sièis pèr sièis,
Tiran lou bòu : oh! saio! oh! isso!
A l'acourdanto cridadisso
La voues dòu baile, pausadisso,
Respond : An! i'a de pèis, enfant! an! i'a de pèis!

Aqui descalon la batudo
Ounte s'enmaio d'abitudo
L'Aurioù damasquina; la taifo, sèns retard,
De la bouguiero, eila, s'afogo
A davera Daurado e Bogo,
Que, pèr avé la bono vogo,
Cisela dins l'argènt, penjan sus lis autar...

Eici la Langousto arpatejo;
Eiça lou Muge couètejo,
Lou Muge, avé marin, tresor di Martegau
Que de sis iòu mòuson la cargo
E la coundisson en poutargo
E dins si voto e jour de targo
N'en fan si freto... Alin : Zòu! abraco lou cau!

Du sein des flots sort tout à coup — une rumeur
vague et plaintive... — Grande et pure, elle aug-
mente et enchante les bateaux, — prolongeant ses
accords en voix d'orgue : — c'est le *Peis-Orgue** ou
la Sirène... — Veille à ta carène, pilote! — Force
écouteurs ont péri sur l'écueil.

La fraîche aurore, dans cette entrefaite, vient —
dire à chacun s'il a bonne pêche. — D'arrache-pied,
ardents et six par six, — nous levons les filets :
oh! guinde! oh! hisse! — A la clameur d'ensemble
— la voix du maître, gravement, — répond : « Cou-
rage! enfants! il y a du poisson! courage! du pois-
son! »

Là on détache la *balude*, — aux mailles de la-
quelle ordinairement se prend — le Maquereau
masquiné; ailleurs, et sans retard, l'équipage —
s'empresse à retirer des rets les Dorades, les Bogues,
— qu'en argent ciselé, pour naviguer heureusement,
nous appendons sur les autels...

Par ici la Langouste piétine, — le Muge frétille
par là, — le Muge, bétail marin, trésor des Mar-
taux — qui traient les œufs dont il est plein —
les confisent en caviar, — et dans leurs fêtes et
jours de joutes — s'en régalent... Plus loin, des
cris : Embraque le câble!

Anen, mòssi! di dos man! ausso,
Que li Pagèu fan bono sausso!
Aubouren la palangro, ami! Descalon-se:
Aquéli fort musclau de ferre
Qu' au fin-founs de la mar van querre
Lou Mounge, lou Pagre, lou Gerrre,
Pople mut, esglaria de counèisse lou se!

O boui-abaisso! quénti lesco!
Lou Pèis-sant-Pèire a mourdu l'eesco...
Sian lis ami de Diéu, nous-àutri pescadtou,
E mai qu'en res, à nòsti rèire
De longo toco l'a fa vèire...
Noste-Segnour, emé Sant Pèire,
Rapelas-vous qu'un jour batien lou terraidou;

E lou taié d'uno bourgado
Ié demandè: — L'avès pagado,
La taio? — Lou bon Diéu respoundeguè que noun.
E coume n'avié rèn, pecaire!
Vers Pèire se virant de-caire:
— Pèire, ié fai, tu sies pescaire:
Vai-t'en jita la lènci à la mar, en moun noum,

E dóu proumié pèis que pendoulo
Au rebarbèu — duerbe la goulo. —
Pèire pren sa caneto e vèn pèr la manda
Sus lou dougan; d'abord capito:
Un bèu pèis verd se precipito
A soun crouquet; e coume pito,
Lou bon patroun l'aganto, e l'aguènt fa bada,

Allons, mousse! des deux mains! hisse, — car
les Pagels font bonne sauce! — Relevons la *palan-
ce**, amis! et qu'ils se montrent, — ces terribles
hims de fer — qui vont chercher aux profondeurs
— le *Monge*, le *Pagre*, le *Gerre*, — peuple muet,
qu'effare la notion du sec**!

O *bouillabaisse*! quelles tranches! — Le *Poisson
saint Pierre**** a mordu à l'appât... — Car, nous
pêcheurs, nous sommes les amis de Dieu, — et,
plus qu'à personne, à nos pères — de longue main
il l'a fait voir... — Notre Seigneur, souvenez-vous-
en, un jour avec saint Pierre parcourait le pays.

Et le collecteur d'un bourg — leur demanda:
« Avez-vous payé — la taille? » Le bon Dieu ré-
pondit non. — Et comme il n'avait rien, le pauvre!
se tournant du côté de Pierre, — il lui dit:
« Pierre, tu es pêcheur : — va-t'en jeter la ligne à
la mer, en mon nom,

Et du premier poisson qui pend au barbillon —
ouvre la gueule. » Pierre prend son roseau et vient
le tendre — sur la rive; il réussit : — un beau
poisson verd s'élance — à l'hameçon; et comme il
mord, le bon patron le saisit, le fait bâiller,

Entre li brego ié derraigo
Un escut nòu?... Lou pèis à l'aigo
Fuguè tra tourna-mai; e despièi, pèr amor
Dóu capitàni di cresèire,
Porto lou noum dóu grand sant Pèire...
E sus li flanc ié pourrias vèire
La marco de si det qu'an fa dos taco d'or...

Mai escusas, segnour e damo,
Aquel alòngui : de çò qu'amo
Chascun parlo emé goust; e pièi, coume se dis,
Lou jardinié vanto si pòrri...
— Vai, prene à l'aise toun istòri,
Respoundeguè tout l'auditòri,
Aquest roudelet d'oumbro es un verd paradis...

Vai, parlo, diguè Fourtuneto,
E fende l'aigo plan-planeto...
Amariéu bèn Cassis; me sèmblo! Que chalun
De respira dins sa peitrino
Lou salabrun de la marino!...
E Calendau, bevènt l'oumbrino,
A touto zuerto, mai, largo soun paraulun :

Et d'entre les mâchoires lui arrache — un écu
neuf!... Le poisson à la mer — fut jeté derechef; et
depuis, en mémoire — du capitaine des croyants, —
il porte le nom du grand saint Pierre... — Et vous
pourriez lui voir, sur les flancs, — la marque de ses
doigts qui ont fait deux taches d'or...

Mais excusez, seigneurs et dames, — cette digres-
sion: de ce qu'il aime — chacun parle avec goût;
et, comme on dit, — le jardinier vante ses por-
reaux... » — « Va, prends à l'aise ton récit, — ré-
pondit tout l'auditoire, — ce petit coin d'ombrage
est un vert paradis... »

— « Va, lui dit Fortunette, parle, — et fends les
ondes lentement... — J'aimerais bien Cassis, il me
semble! Quel délice — de respirer dans sa poitrine
l'air salin de la mer!... » — Et buvant l'ombre,
Calendal — hardiment, largement, redonne cours à
sa faconde :

CANT QUATREN

LA FADO ESTERELLO

Calendau, après agué proun parla de soun paire, de la Prouvènço e de si faste, racounto qu'uno fes vegué 'no femo mai que bello sus lou mount Gibau. « Es la fado Esterello, ié disien, aviso-te! » Mai éu, noun s'atenènt i dire dóu coumun, cerco, enebria de sa vesioun celésto, à l'ajougne d'un vaue. Elo, — noumen-la Esterello, — lou rebufo d'abord despichouso. Lou jouvènt redavalo, — resoulu que que coste, à vincre si desden.

« Avès ausi, bèu cambarado,
Coume se vièu dins nosto rado:
Ansin jusqu'à vint an visquère iéu perèu.
Sènso èstre riche, — car la pesco,
De tèms que i'a, pago pas l'esco, —
Tres bèto moun oustau arnesco
E de la Counfrarié souvènt fournis li Priéu.

CHANT QUATRIÈME

LA FÉE ESTÉRELLE

Calendal, après avoir parlé longuement de son père, de la Provence et de ses fastes, raconte qu'une fois il vit sur le mont Gibal une femme divinement belle. « C'est la fée Estérelle, lui disait-on, prends garde ! » Mais lui, ne s'en tenant pas aux dires de la foule, cherche, énivré de sa vision céleste, à l'atteindre d'un bond. Elle, — nommons-la Estérelle, — méprisante d'abord le repousse. Le jeune homme redescend, résolu, coûte que coûte, à vaincre ses dédains.

« Vous avez entendu, beaux compagnons, — comment on vit dans notre rade : — ainsi jusqu'à vingt ans je vécus moi aussi. — Sans être riche, car la pêche, — à certains jours, ne paie pas l'amorce, — ma maison équipe trois bateaux, — et à la Confrérie a fourni maints Prieurs.

Un de mi grand (davans Diéu siegue!)
Èro esta Conse dóu Martegue...
Encaro vous pourrian moustra soun capeiroun
De lano roujo; sus ma tèsto
Proun fes moun paire, i jour de fèsto,
Lou bandejant : Dins li genèsto,
Me disié, se cade an retournon li garroun,

E 'n tu peréu se pòu revèire,
Moun fiéu, la glòri de toun rèire!
Dins tòuti li travai que toun age requièr,
Obro de man o de cabesso,
Que res te passe : l'ardidesso
Porto bonur à la jouinesso...
Siegues umble cmé l'umble e mai fièr que lou fièr. —

D'aquéu bon paire la dóutrino
Ansin gounflavo ma peitrino,
Car, tout pescaire qu'es, moun paire es saberu :
Li Cassiden l'an fa Prudome;
E, siegon panto o gentilome,
Segound lou dre, jujo lis ome
E copa en quatre mot li proucès loungaru.

Di Vaqueiriéu quand li rounflado
Bourroulon pièi l'oundo salado,
Que subre lou dougan retira, li barquet
Se desglesisson, que rèn aurre
Noun rèsto à faire qu'à s'enclaure,
D'aqui-que lou bèu tèms s'enaure,
Jouine e vièi, à l'entour dóu fougau beluguet,

Un de mes aïeux (devant Dieu soit-il!) — avait
été Consul * du Martigue...'— Nous pourrions encore
vous montrer son chaperon — de laine rouge; sur
mon front, — souvent mon père aux jours de fêtes
— le secouant: « Dans les genêts, — me disait-il,
chaque année retournent les perdrix mâles,

En toi aussi, mon fils, peut se revoir — la gloire
de ton devancier! — Dans les travaux de toute es-
pèce que requiert ton âge, — œuvres de main ou
bien d'intelligence, — ne le cède à personne: la har-
diesse — porte bonheur aux jeunes gens... — Sois
humble avec les humbles et plus fier que les fiers. »

De ce bon père la doctrine — gonflait ainsi mon
cœur, — car, tout pêcheur qu'il est, mon père a du
savoir: — les Cassidiens l'ont fait Prud'homme ** ;
— et qu'ils soient nobles ou vilains, — selon le
droit, il juge les hommes — et il tranche en quatre
mots les longs procès.

Quand les rafales de l'équinoxe — bouleversent
ensuite l'onde salée, — que les ais des nacelles, retirées
sur la plage, — se disjoignent, et qu'il ne reste qu'à
s'enfermer chez soi, — jusqu'à ce que le beau temps
se relève, — jeunes et vieux, autour du foyer scin-
tillant,

Tenian la vihado : di velo,
Emé lou fiéu que sa man fielo,
Ma maire sarcissié lis estras ; e di ret,
Nàutri lis enfant, — tiro, bouo,
Quouro dessus, quouro dessouto,—
Remendavian li maio routo,
Di ret pèr un clavèu penjado à la parc.

Entre-mitan de sa linèio,
Au caire de la chaminèio,
Moun paire, d'enterin, campa dins l'cchiibanc,
Piousamen durbié li fueio
D'un libre antique : — De la luceio,
Dis, la leituro desenueio,
Legissen ! — E 'm'acò bousavo lou rian.

Adounc de la Prouvènço amad,
Au lume clar de la flamado,
Vesian se reviéuda li vièi tèms : e d'aordl,
Vesti de pèu, rufe, barbare,
Nòstis aujòu, Ligour, Cavare,
Se disputant lou sòu avare,
Di mount trevant li cauno o de la mr li bord.

Ensèn, li Fado bouscassiero,
D'aquelo raço baumassiero
Meravihant la vido, ispirant li counsa ;
Pièi li galèro de la Grèço,
Sus l'aigo lindo que li brèsso,
Nous adusènt l'art de la rèsso
Adusènt pèr Puget lou gàubi dóu cisc,

Nous tenions la veillée : ma mère, — avec le fil que sa main file, — rentrayait les déchirures des voiles ; et des rets, nous les enfants, — dessus, dessous, tirant, poussant l'aiguille, — nous raccommodions les mailles rompues, — des rets qui par un clou pendaient au mur.

Au milieu de sa descendance — et au coin de la cheminée, — mon père cependant, campé au banc d'honneur, — pieusement ouvrait les feuilles — d'un livre antique : « De la pluie, — disait-il, la lecture distrait, — lisons ! » Et ce disant, il soufflait le luguet.

Alors de la Provence aimée, — aux lueurs claires de la flamme, — revivaient à nos yeux les temps anciens : et d'abord, — vêtus de peaux, rudes, barbares, — nos ancêtres, Cavares, Ligures*, — se disputant l'avare sol, — hantant les cavités des monts ou les bords de la mer.

Ensemble, les fées bocagères, — de cette race troglodyte — émerveillant la vie, inspirant les conseils ; — puis les galères de la Grèce, — sur l'eau limpide qui les berce, — nous apportant l'art de la vie, — pour Puget apportant l'adresse du ciseau **.

Lou pichot rèi dòu pople Sàli,
Nan, benesis lou vènt gregàli,
E baio, dous presènt, sa fiho pèr mouié
Au jouine Pròtis de Foucèio;
Marsiho espelis: la sadrèio,
Lou sourne pin, fan plaço i lèio
De figo e de rasin, de nerto e d'óulivié.

Li diéu courous de l'Iounio
Dins la nouvello coulounio
Vènon jougne la gràci à l'antico vigour:
En Agte, Niço emai Antibo,
Diano blanquejo sus la ribo;
Luminous, Apouloun arribo,
A l'Uba tout-d'un-tèms la niue negro s'encour.

Pièi racountavo quouro e coumo
Èron vengu li fièu de Roumo,
Bastissèire de vilo e ditaire de lèi:
Caius Cauvin — e Caius Màri,
Lou grand vincèire poupulàri
Qu'engruno à-z-Ais souto soun càrri
Lou front d'un mounde fèr e i'estaco si rèi;

E lou tiran que desvario
E despiéucello sa patrio,
Cesar, — que lou destin ajoun d'un cop tardiéu,
Car, abrivant l'aiglo roumano
Contro Marsiho sa germano,
Un brave pople aqui debano...
E 'm'acò la vertu desespèro de Diéu!

Le petit roi du peuple Salyen, — Nan, bénit le
[...]nt grec. — et donne, doux présent, sa fille pour
[ép]ouse — au jeune Protis de Phocée ; — Marseille
[éc]lot : la sarriette, — le sombre pin, font place aux
[al]ées — de figuiers et de vignes, de myrtes et d'oli-
[vi]ers.

Dans la colonie nouvelle — les dieux brillants de
[I]onie — viennent joindre la grâce à l'antique vi-
[gu]eur : — à Agde, à Antibes et à Nice *, — la blan-
[ch]e Diane paraît sur le rivage ; — lumineux, Apollon
[arr]ive, — vers le Nord aussitôt la noire nuit dé-
[ca]mpe.

Ensuite il racontait comment et quand — étaient
[ven]us les fils de Rome, — bâtisseurs de cités et dic-
[tat]eurs de lois : — et Caius Calvinus, et Caius Marius
[—]le grand vainqueur démocratique — qui à Aix
[pl]ie sous son char — le front d'un monde fauve et
[à s]on char en enchaîne les rois ** ;

Et le tyran désolateur, — déflorateur de sa patrie,
[—]César, que le destin frappe d'un coup tardif, —
[et,] grâce à lui, l'aigle romaine — ruée contre sa
[sœ]ur Marseille, — abat un peuple valeureux ***... —
[Et]par lui la vertu désespère de Dieu !

Après disié lou Crestianisme
Renouvelant dins soun batisme
L'esperanço e l'amour e la fe di mourtau,
Sant Ounourat lou soulitàri,
La bouco d'or dóu paure Alàri,
La flamo ardènto de Cesàri,
Que te soun, glèiso d'Arle, un resplendènt frountau

Moustravo au sòu l'aiglo abatudo;
De la roumano esclavitudo
Nous moustravo lou fren manja pèr lou rouvi,
E di nacioun descabestrado
Li fourmidàbli deliéurado
Que s'entre-tuerton, aferado...
Pèr un marrit ivèr lou Rose enregouï

Ansin tout-en-un-cop cracino
E se desclaus: li matrassino,
Is àspris esperoun di pont de pèiro, van
A grand brut se roumpre; reboumbon
Contro li pielo que desloumbon,
E lis esclapo se trestoumbon
Uno sus l'autro, à bóudre, em'un terrible vanc.

Mai, coume uno isclo entre lis erso,
Apareissié la caro esterso
De la Prouvènço, coume uno isclo de soulas
E cantarello e baladouiro.
Despièi la Lèi fin-qu'i sansouiro,
E de la terro escampadouiro
Ounte crèis lou pounsire — i plano de sablas

Puis il disait le Christianisme — renouvelant dans
[son] baptême — l'espérance et l'amour et la foi des
[mo]rtels, — saint Honorat l'anachorète, — l'éloquence
[d'H]ilaire le pauvre, — la flamme ardente de Césaire,
[ceux] qui te font, église d'Arles, un fronton resplen-
[dis]sant *.

[I]l montrait l'aigle terrassée ; — de la romaine ser-
[vitu]de — il nous montrait le frein dévoré par la
[rou]ille, — et des nations qui se déchaînent — les
[for]midables irruptions — qui s'entre-choquent, effa-
[cée]s... — Le Rhône, qu'a raidi un vigoureux hiver,

[C]raque ainsi tout d'un coup — et débâcle : les flèches
[de] glace, — aux âpres éperons des ponts de pierre,
[von]t — à grand bruit se rompre, rebondissant —
[ent]re les piles dont elles ébranlent les flancs, —
[le]s éclats se précipitent — l'un sur l'autre, pêle-
[mêl]e, d'un terrible élan.

[M]ais comme une île entre les vagues, — apparais-
[sait] le pur profil — de la Provence, comme une île
[or]née, — pleine de danses et de chansons. —
[P]uis la Loire jusqu'aux plages salées, — et de la
[terre] généreuse où croît le cédratier — aux plaines
[lu]mineuses

Ounte lis ome sus d'escasso
Gardon li biòu e van en casso,
Cènt vilo, libro e forto e fièro de soun sang,
(Lou miéu me boui à tau raconte),
Vivien countènto e de bon comte
Souto l'aflat de nòsti Comte,
Li Ramoun-Berenguié vo Ramoun toulousan.

E trefouli d'èstre deliéure,
Jouine, gaiard, urous de viéure,
Se vegué tout un poble i pèd de la béuta,
E pèr si laus o vitupèri
Cènt troubadour fasènt l'empèri,
E de soun brès dins li tempèri
L'Europo sourrisènto à noste gai canta...

O flour, erias trop proumeirenco!
Nacioun en flour, l'espaso trenco
Toun espandido! Tu, clar soulèu dóu Miejour,
Trop dardaiaves! Li trounado
Se coungreièron : destrounado,
Messo à pèd nus, badaiounado,
La lengo d'O, pamens fièro coume toujour,

S'enanè viéure encò di pastre
E di marin... A soun mal-astre,
Gènt de terro e de mar, sian demoura fidèu.
Bruno, au-jour-d'uei, remo e rastello;
Mai la Naturo l'encastello,
A pèr courouno lis estello,
Lis oundo a pèr mirau, li pin a pèr ridèu...

Où les hommes sur des échasses — gardent les
bœufs et vont chasser, — cent villes, libres et fortes
et fières de leur sang — (le mien bouillonne à ce
récit), — vivaient contentes et loyales — sous la
protection de nos Comtes, — les Raimond-Bérenger
ou Raimond de Toulouse *.

Et, ivre de son indépendance, — jeune, plein de
santé, heureux de vivre, — lors on vit tout un peu-
ple aux pieds de la beauté, — et par leurs los ou
vitupères — cent troubadours faisant florès, — et,
e son berceau dans les vicissitudes, — l'Europe
souriante à notre gai-savoir...

O fleurs, vous étiez trop précoces! — Nation en
fleur, l'épée trancha — ton épanouissement! Clair
soleil du Midi, — tu dardais trop ! et les orages —
lourdement se formèrent : détrônée, — mise nu-pieds,
bâillonnée **, — la langue d'Oc, fière pourtant
comme toujours,

S'en alla vivre chez les pâtres — et les marins...
À son malheur, — nous gens de terre et gens de
mer, sommes restés fidèles. — Brune, aujourd'hui,
elle manie la rame et le râteau ; — mais la Nature
est son palais, — pour couronne elle a les étoiles,
et pour miroir les ondes, et pour rideau les pins...

Lengo d'amour, se i'a d'arlèri
E de bastard, ah! pèr sant Cèri!
Auras dóu terradou li mascle à toun cousta ;
E tant que lou Mistrau ferouge
Bramara dins li roco, — aurouge,
T'apararen à boulet rouge,
Car es tu la patrio e tu la liberta!

D'aquéu bon paire la dóutrino
Ansin gounflavo ma peitrino.
Entre tóuti lis autre un jour, à l'agachoun,
Soulet, moun fusiéu en bricolo
Anave cassa dins li colo ;
S'entendié rèn, que la picolo
De quauque bastidan fousènt soun adrechoun.

Sus la coustiero un baus doumino,
Es lou Gibau : d'en mar, a mino
Dóu crestau acciren d'un casco, e li Latin
D'aqui noumèron lou terraire
Cassis. Lou fauvi coulouraire,
Lou dous lentiscle, emé soun fraire
Lou petelin austrau, e, — poulit en autin,

Lou faveloun qu'a d'acinelio
E de floureto rouginello,
E la nerto óudourouso e la genèsto d'or,
Dins lou Vènt-Larg, que li counvido
Au pèd dóu ro, — bevon sa vido...
Vous sentès l'amo esbalauvido
En mountant, au soulèu, davans la mar que dor.

Langue d'amour, s'il est des fats — et des bâtards, ah! par saint Cyr*! — tu auras à ton côté les mâles du terroir; — et tant que le Mistral farouche — bramera dans les roches, — ombrageux nous te défendrons à boulets rouges, — car c'est toi la patrie et toi la liberté!...

De ce bon père la doctrine — ainsi gonflait mon cœur. — Un jour entre autres, à l'affût, — seul, mon fusil en bandoulière, — j'allais chasser dans les collines; — on n'entendait rien, si ce n'est la pioche — de quelque paysan qui cultivait son coin de terre.

Sur la côte un escarpement domine, — c'est le Gibal : de la mer, il ressemble — au cimier d'acier d'un casque, et les Latins — de là nommèrent le terroir — *Cassis*. Le sumac colorant, — le doux lentisque, avec son frère méridional le térébinthe, et, — charmant en berceau,

Le laurier-tin qui a des baies — et des fleurettes roses, — le genêt d'or et le myrte odorant, — dans la brise du large, — qui les convie au pied du roc, — boivent leur vie... L'âme est dans l'éblouissement, — lorsqu'on monte, au soleil, devant la mer qui dort.

Encimela dins un pinastre,
A l'agachoun, sus un encastre
Coume uno gàbi, doune, iéu veniéu espera
Li vòu de tourdre e de paloumbo
Que, fugissènt la nèu que toumbo
Dóu coustat d'aut, dins nòsti coumbo
S'acampon, vers l'Africo avans de s'amara.

Ère souto lou ro. Tout-d'uno,
Aussant la tèsto pèr fourtuno
Vers lou cengle dóu baus, — drecho dins lou trelus
Emé lou baus pèr escabello,
Vese uno femo jouino e bello
En plen azur... A mi parpello
Passe la man, iéu mai espinche : i' èro plus.

Mai aquéu lume incoumparable,
Lou subre-bèu e l'adourable
Que souvènt à vint an nous apensamentis,
Aquéu pantai que se figuro
Dins lis uiau de l'amo escuro,
Aquelo visto qu'asseguro
Dins l'eisservo d'ounour lou plus simple aprendis,

Carnalamen venié de naisse
A mi regard... Pèr me repaisse,
Emé la fèbre au cor, escale à perdre alen
L'aspre Gibau : courre, tabousque,
Dins li brusquiero cride, bousque,
Me despouténte, e noun destousque
Rèn autre que roucas, desert e desbalen.

Juché dans le faîte d'un pin, — à l'affût, sur un
assis — pareil à une hune, je venais donc attendre
les vols de grives et de palombes — qui, fuyant
s neiges du Nord, dans nos vallées — se rassem-
ent, avant de partir pour l'Afrique.

J'étais sous le rocher. Tout à coup, — levant la
te par hasard — vers la corniche de l'escarpement,
 debout dans la splendeur, avec le roc pour mar-
epied, — j'aperçois une femme jeune et belle —
 plein azur... A mes paupières — je passe la
ain, vite encore je regarde : elle avait disparu.

Mais cette clarté non pareille, — l'extrême beau
l'adorable — qui rend pensifs, bien des fois, nos
ngt ans, — ce rêve qui prend forme — dans les
 lairs de l'âme obscure, — cette vision qui enhar-
t — dans la voie de l'honneur l'apprenti le plus
 ple,

Venait de naître en chair — à mes regards....
ur m'assouvir, — avec la fièvre au cœur, à perdre
leine j'escalade — le Gibal escarpé : je fonds à
avers bois, — criant, quêtant dans les bruyères,
- et je m'excède et ne découvre — rien autre que
chers, désert et précipices.

Davalère malaut : semblavo
Qu'uno tempèsto bacelavo
Li veissèu de moun sang ; uno tèndro foulié
Me lancejavo de si giscle ;
Lis argelas e li lentiscle
M' enebriavon ; coume un viscle
Que s'encarno e flouris en un pèd d'amelié,

Sentièu l'amour dins ma courado,
Abrama de sèt, faire intrado...
— Hola! bòu! Calendau! vas bèn de-reviroun ?
Me demandèron li fousèire,
As perdu toun chin ? — E, risèire,
Me galejavon. — Poudès crèire
Qu'en tèsto ai un babot, ié respoundièu feroun,

Mai pau m'enchau! Adès cassave...
De-vers lou cengle coume aussave
La visto, mis ami, — drecho dins lou trelus
Emé lou baus pèr escabello,
Vese uno femo jouino e bello
En plen azur... A mi parpello
Passe la man, lèu mai espinche : i' èro plus!

Coume l'on cerco uno espingolo
Ièu l'ai bouscado : ni pèr colo
Ni pèr vau l'ai revisto... — E di travaiadou
Coumencè l'un : — Es quauco niéulo :
De-fes, — lou mai quand l'auro siéulo, —
Rason lou baus, blanqueto e fréulo,
A guiso d'angeloun que van au pausadou.

Je descendis malade : une tempête semblait battre
les vaisseaux de mon sang ; une tendre folie —
m'aiguillonnait de ses élancements ; — les ajoncs et
les lentisques — m'enivraient ; comme un gui — qui
s'enracine et qui pousse des fleurs sur un tronc
d'amandier,

Je sentais l'amour dans mon cœur — s'introduire,
brûlant de soif... — « Holà ho ! Calendal ! regardeur
en arrière, — me demandaient les laboureurs, —
est-ce que tu as perdu ton chien ? » — Et en riant
ils me gouaillaient. — « Croyez, si ça vous plaît, —
que j'ai un grain dans la cervelle, répondais-je
farouche,

Peu m'importe ! Voilà que je chassais... — Sou-
dain haussant la vue vers le rebord du roc, — oh !
mes amis, debout dans la splendeur, — avec le roc
pour marchepied, — j'aperçois une femme jeune et
belle — en plein azur... A mes paupières — je
passe la main, vite encore je regarde : elle avait
disparu !

Comme on cherche une épingle, — je l'ai quê-
tée : ni par monts — ni par vaux, je ne l'ai plus
vue... » — Et prenant la parole, l'un des travail-
leurs : — « C'est quelque nuée : parfois, surtout
quand le vent siffle, — elles rasent le roc, si blan-
ches et légères — que l'on dirait des anges allant
au reposoir. »

— *Èro uno femo, èro uno damo,*
Èro un soulèu! Pèr aquesto amo
Que porte dins moun cors, vous afourtisse iéu
Que de mis iue l'ai embrassado! —
Alor un vièi, de soun eissado
S'apouncheirant uno passado :
— *Sies un ome perdu, se noun t'ajudo Diéu!*

Escouto, dis, aro me mèmbre
Uno sourneto qu'en desèmbre,
Autre-tèms, au cagnard, fasien li peresous.
Rèino di loup e menarello
Dis escabot de sautarello,
Disien qu'uno fado Esterello
Trèvo eternalamen nòsti liò roucassous.

Noumado es Esterello, à causo
Que ferounejo e se tèn clauso
Dins l'Esterèu, o pèr amor que se coumplais
I rode esterle. Li faturo
Que l'ome douno à la naturo
Pèr avera sa nourrituro
Estrasson la paureto au founs de soun palais.

Coume li clas d'uno campano,
Lou clas di trenco ié trepano
Li mesoulo; e tambèn, quand li roumpèire dur
Van l'assali dins soun reiaume,
E jusqu' à ras de soun bescaume
Bousigon, estraion lou baume
Que lis erme à si pèd torron, verd o madur,

— « C'était bien une femme, une dame, un soleil ! Et par cette âme, dis-je, — que dans mon corps je porte, je vous atteste, moi, — que de mes yeux je l'ai étreinte ! » — Alors un vieillard, de sa joue s'étayant un moment : — « Tu es perdu, si Dieu ne t'aide !

Ecoute ! Maintenant, dit-il, il me revient — un vieux conte qu'en décembre — faisaient jadis, en prenant le soleil, les paresseux. — Reine des loups et conductrice — des grands troupeaux de sauterelles, — ils prétendaient qu'une fée Estérelle — hante éternellement nos lieux rocheux.

On la nomme *Estérelle*, parce — qu'elle vit sauvage et retirée — dans l'*Estérel**, ou parce qu'elle se complaît — dans les endroits *stériles*. Les façons que l'homme donne à la nature — pour aveindre un aliment — la désolent, la déchirent au fond de son palais.

Ainsi que les glas d'une cloche, — le glas des pyaux lui transperce — les moelles ; et aussi, quand les durs défricheurs — vont l'assaillir dans son empire, — et jusqu'auprès de son balcon, — partent, dispersent le baume que les landes torrent, vert ou mûr, à ses pieds,

Terriblo, subran s'encourrousse
La rèino di baus e di brousso..
Rebufelant d'esfrai li pin di coudenas
Cour à la mar clafi lis ouire..
Zóu! que l'aurige tout bourdaire!
E trono e plòu : adièu, bèn faire!...
Ah! que lou tron te cure, Esterèu roginas!

Davans sa terro, coutreiado
Pèr la furour dis ensarriado,
L'ome plouro, vincu : mai Esterello ris,
Car à si pèd, dins lis óuriero
Que tourna-mai soun de peiriero,
Tóuti li planto aventuriero
En foulo tournon mai e canton li pedris.

D'encaracioun l'ome s'escrido.
— Te doumtarai, Fado marrido!
E'mpielo li queirado e brandis la destau
E mounto au cèu li babilouno..
Mai, gran à gran, l'oundo acoulouno :
En Aigo-Morto e Magalouno
Esterello un matin meno paisse li brau.

Aro, à te dire co que sabe,
O Calendau! jamai arabe,
Ni crestian ni judièu, caressè de pououn
Plus bello femo qu' Esterello.
Vaqui lou las! La menarello
Dis escabot de sautarello,
De la vèire agués l'ur, vous clavo si istoun,

Terrible soudain se courrouce — la reine des
[bru]yères et des escarpements... — Ebouriffant d'ef[froi]
[?] les pins des monts arides, — elle court à la
[me]r remplir les outres... — Tonnez, pleuvez, orages,
[?] bouleversez tout : adieu, belles cultures !... —
[Ô] ! rougeâtre Estérel, que la foudre te cave !

Devant sa terre, labourée — par les ravines fu[rieu]ses, — l'homme pleure, vaincu : mais Estérelle
[rit] — car à ses pieds, dans les sillons — redevenus
[des] grèves, — toutes les plantes adventices — re[vien]nent vite en foule et chantent les perdrix.

[O]piniâtre, l'homme s'écrie : — « Je te dompterai,
[ô] méchante ! » — Et entassant les blocs et bran[diss]ant la hache, — il monte au ciel les babylones...
Mais grain à grain l'onde amoncelle : — dans
[Aigu]es-Mortes et Maguelonne — Estérelle un matin
[vient] paître les taureaux.

[Il me reste à] te dire maintenant ce que je sais, — ô Calen[dal :] jamais arabe, — ni chrétien ni juif, ne caressa
[de ses] baisers — plus belle femme qu'Estérelle...—
[Mais c'e]st le piège ! La conductrice — des grands trou[peau]x de sauterelles, — si de la voir vous avez
[l'heu]r, vous cloue ses deux prunelles,

Traite fió-grè que vous arrapo
E coumbouris fin-qu'à la grapo
Dis os. Li miserable aganta d'aquéu man,
Li curious, vole-iéu te dire,
Qu'an vist la Fado ié sourrire
A travès di pin, un delire
Li pren, e dins li bos, entre lis animau,

E dins li gres, entre li pèiro,
Fèbre-countunio, li champèiro...
Barrulon, desavia, vers li castelas rous,
Au founs di gorgo o sus li caumo,
Souto li peno que fan baumo,
Dins li sansouiro ounte la fraumo
S'agrapis, o de-long di bàuri secarous.

Cercon la Fado : jouï d'elo,
Acò 's lou vènt que tènd sa vèio.
An abourri lou mounde, amon que d'èstre soul.
D'uni soun ermitan : e quàsi,
Tau que sant Gènt o sant Crabàsi,
N'es tout soun tèms qu'un long estàsi,
E de l'arre desert soun front porto lou boul.

N'i'a que soun pastre dins li Mauro
Abouscassido : siegon l'auro
De colo en colo, emé si cabro, emé si chin...
Sa vido entiero, an l'iue dins l'aire,
E van e vènon, countemplaire..
E dins la foulo, li chiflaire,
Quand n'en descènd quaucun, n'en fan uun mato-c

Perfide feu grégeois qui vous saisit — et vous consume jusques à la rafle — des os. Les malheureux pris de ce mal, — je veux dire les curieux — qui ont vu la Fée leur sourire — au travers des pins, tombent dans un délire qui, dans les bois, parmi les animaux,

Et aux lieux graveleux, parmi les pierres, — sans répit les pourchasse... — Ils rôdent, dévoyés, vers les vieux châteaux roux, — au fond des gorges ou sur les hauts plateaux, — sous les surplombs des murailles de roche, — dans les terrains salés où le pourpier sauvage — se cramponne, ou sur le bord des précipices désolés.

Ils cherchent la Fée : jouir d'elle, — tel est le vent qui tend leur voile. — Ils abhorrent le monde, rien ne leur plaît que d'être seuls. — Quelques-uns sont ermites : et presque, — tels que saint Gent ou saint Caprais[*], — toute leur existence n'est qu'une longue extase, — et du désert aride leur front porte le sceau.

Il en est qui sont pâtres dans les Maures — boisées[**], et qui suivent le vent — de colline en colline avec leurs chèvres, avec leurs chiens... — Leur vie entière, l'œil dans l'air, — ils vont et viennent, contemplateurs... — Et dans la foule s'il en descend quelqu'un, des persifleurs il devient le jouet.

De la bèuta qu'an entre-visto
Aquéli qu'an perdu la pisto,
Rousiga dóu masclun, se fan bregand : vióulua,
Béure lou vin dins lou calice,
Rauba, tua, soun si delice;
E pèr lis afre dóu suplice
Em' un chale mourtau se laisson pivela..

Mai, — Calendau, Diéu t'acoupaggne! —
Lou mai de tout que soun de plignœ
Es li Fada : la Fado Esterello li tèn,
De bimbarolo lis amuso :
Davans sis iue, risènto e nuso.
Vint cop de la journado fuso,
E ié trais un poutoun, la crudèlo! en prtènt.

Perèu, vint cop de la journado,
Li vesès rire, i cantounado,
Sènso dire perqué, pièi tout-d'un-cop plara
E se descounsoula sèns causo...
— Pecaire! soun esprit repauso,
Pènso lou mounde. E degun aus
Se trufa d'èli, car an quicon de sacra !

Ié parlon plus d'espousarello
O d'autre afaire : en Esterello
De milo sounge d'or espèron trefouli
L'acoumplimen : mai la cativo
Lis atalènto, lis atrivo
Toujour que mai, e, fugitivo,
Dins lis ànci d'amour li laisso rèbouli..

De la beauté qu'ils entrevirent — ceux au contraire qui ont perdu la piste, — rongés d'hypocondrie, se font brigands : violer, — boire le vin dans le calice, — voler, tuer, sont leur délectation ; — et par les affres du supplice, — mortellement voluptueux, ils se laissent fasciner...

Mais (Calendal, Dieu t'accompagne !), — de tous les plus à plaindre, — ce sont les *Enféés**: Estérelle les tient, — d'illusions les amuse, — à leurs yeux, souriante et nue, — glisse, vingt fois de la journée, — et leur jette un baiser, la cruelle ! en partant.

Aussi, vingt fois de la journée, — les voit-on rire dans les coins, — sans dire le pourquoi, puis pleurer tout à coup — et se désoler sans motif... — « Pauvres gens ! pense le monde, leur esprit se repose ! » Et nul n'a le courage — de se moquer d'eux, car quelque chose est en eux de sacré !

Que d'épouseuse on ne leur parle plus — ni d'autre affaire : en Estérelle — de mille songes d'or ils attendent, affolés, — la réalisation ; mais la méchante — les affriole, les attire — de plus en plus, et fugitive, — aux tortures d'amour les laisse en proie... »

— Oh! teisas-vous, au vièi replique,
E faguès pas, vous n'en suplique,
Dansa davans mis iue li causo d'autre-tèms
Meravihouso! car, de crèire
Que m'an fada d'uue enclausèire,
Gaire es moun pensamen à rèire...
Mai di Fado lou règne a passa, i'a long-tèms. —

Aqui-dessus lou vièi cassaire
Trenco-Serp, de soun amusaire
Tirant un long quilet, derroumpè Calendau
E iè diguè : — Metes en doute
Que l'Estereu verdeje e broute
En vertu d'Esterello?... Boute
Trento sòu courouna, lè, que sies un badau!

Vers Draguignan quouro que trèves,
T'ensignaran, se te n'entrèves,
La Pèiro de la Fado : es un immènse blot
Entaula brut sus quatre lauso;
l'a de milo an qu'ansin repauso
Au front d'un mourre — mounte lauso
La pouderouso man que lou pausè tant clot.

E de la raço la plus forto
Qu' à l'ouro d'iuei la terro porto,
Autour d'aquèu marrò, s'acamparien cinq cènt,
Que, pèr lou boulega de plaço,
Recularien à l'armo lasso...
Quau l'a dounc messo, la taulasso,
Au bout d'aquèu touret? Es tu, paure innoucènt?

— « Oh! taisez-vous, répliquai-je au vieillard, —
et, je vous en supplie, ne faites pas — danser devant
mes yeux les choses merveilleuses d'autrefois! car,
le croire — que m'ont charmé des yeux ensorce-
leurs, — mon esprit n'est pas tant éloigné… —
Mais le règne des Fées est passé dès longtemps. »

Là-dessus le vieux chasseur — Trenco-Serp, tirant
de son appeau — un long coup de sifflet, inter-
rompit de cette sorte Calendal : — « Tu mets en
doute — que l'Estérel verdoie et pousse des bour-
geons — en vertu d'Estérelle?… Tiens je gage —
trente sols couronnés* que tu es un badaud!

Vers Draguignan si jamais tu voyages, — infor-
me-t'en, et l'on t'indiquera — la Pierre de la Fée** :
c'est un immense bloc — assis tout brut sur quatre
dalles; — il y a des mille ans qu'il gît ainsi — au
haut d'un mamelon, où il chante l'éloge — de la
puissante main qui le posa si bien d'aplomb.

Et de la race la plus forte — que la terre porte
aujourd'hui, — autour de cette masse, cinq cents
hommes se réuniraient-ils — pour la mouvoir, —
ils reculeraient efflanqués… — Qui a donc mis
l'énorme table — au haut de cette butte? Est-ce toi,
pauvre innocent? »

— I'a qu'un pescaire de sardino
(Que proun souvènt es tard quand dino),
Ajustè Veniabren, — un autre bracounié, —
I'a qu'un pescaire de civado
Pèr descounèisse la grand Fado
Que fai flouri d'uno boufado
Li brusquiero — e ferni lou trounc dis aglanié.

S'au-liò de vièure de rascasso,
Aviés viscu de noblo casso,
A la rèino Esterello auriés, e i'a long-tèms,
Douna ta fe! Poujant à l'orso,
Fendènt la mar, nadant à forço,
Auriés, de la neblouso Corso,
Vist veni pèr miracle, is abord dóu printèms,

De rai de porc-singlié; de mourre
Lis auriés vist grimpa li mourre
De la Napoulo, — o se vièuta touti coulant
Sus li lausibo riserello,
E landa pièi vers Esterello
Que ié bandis li coucarello
E dóu rouge Esterèu ié largo lis aglan.

— Messiés, penchinen pas la cato!
Au bout dóu fièu i'aura la pato...
Filen! respoundeguè lou brave pescadou.
E li dounzello tentativo
Se raproucheron, atentivo
Au gai dedu que li cativo.
E tournè Calendau à soun espandidou :

— « Il n'y a qu'un pêcheur de sardines — (dont le dîner bien souvent est tardif), — ajouta Ventaren, un autre braconnier, il n'y a qu'un pêcheur de crevettes — pour méconnaître la grande Fée — qui fait fleurir d'un souffle — les bruyères et frémir le tronc des chênes.

Au lieu de vivre de crapauds de mer, — si tu eusses vécu de noble venaison, — à la reine Estérelle tu aurais dès longtemps — donné ta foi! Tu aurais vu, s'élançant vers le nord, — fendant la mer, nageant à force, — miraculeusement, quand le printemps approche, — venir de la Corse brumeuse

Des hardes de sangliers; levant le groin, — tu les aurais vus grimper aux mamelons — de la Napoule*, ou se vautrer tout ruisselants — sur la grève aux bruyants galets, — et ensuite courir vers Estérelle — qui leur jette les pommes des pins — et du rouge Estérel leur prodigue les glands. »

Le brave pêcheur répondit: — « Messieurs, ne faisons pas la toilette du chat**! — Au bout du fil la bobine... — Filons! » Et les donzelles séduisantes — se rapprochèrent, attentives — au gai récit qui les captive. — Et Calendal revint à ses branchements:

— L'amour es la ribiero d'Asso :
Noun la counèis que quau la passo...
Vès, dis, aviéu perdu lou béure e lou manja;
De ma vanello e de moun lèdi
Li Cassiden fasien coumèdi,
E pèr moun mau n'aviéu remèdi
Qu'en regardant, alin, la mountagno oumbreja.

— Ai pòu, moun fiéu, que la tartano
Ague perdu la tremountano,
Moun paire me venié. Diéu nous garde, se dis,
Dóu rescontre de la Baleno
Emai dóu cant de la Sereno! —
Mai un navire que s'areno,
Au-mai lou gausouias, au-mai s'aprefoundis.

Fòu, retournère à la mountagno,
Tres jour après. Emé la cagno,
Emé l'amar segren de plus trouva degun,
Roucassejave à la perdudo,
Quand, o bonur ! d'uno escoundudo,
Vese mounta dins l'estendudo
La Fado qu'à moun cor jitè lou trassegun.

— Femo, belour, lume dóu mounde,
Fado, ié cride, à tu semounde
Ma vido, moun amour, mi joio e mi trebau ! —
La blanco vierge, uno minuto,
Me tèn d'à ment, feroujo e muto...
Coume un jougaire de flahuto
Pièi tout-d'un-cop me laisso en plant, e dóu Gibau,

— « L'amour, c'est la rivière d'Asse : — la connaît seul celui qui la traverse*... — J'avais, dit-il, perdu le boire et le manger ; — des Cassidiens, ma langueur, mon dégoût, étaient la comédie, — et pour mon mal je n'avais de remède — qu'en regardant au loin l'ombre de la montagne.

Et mon père : « J'ai peur, mon fils, que la tartane — n'ait perdu le pôle de vue !... — Dieu nous garde, ce dit-on, — d'une rencontre de baleine — comme du chant de la Sirène ! » — Mais un navire qui s'ensable, — plus vous le remuez, plus profondément il s'enfonce.

Fou, je revins à la montagne, — trois jours après. Languissamment, — avec l'amère appréhension de ne trouver personne, — dans les rochers je vaquais éperdu, — quand, ô bonheur ! d'un lieu caché — je vois monter dans l'étendue — la Fée qui sur mon cœur jeta le charme.

— « Femme, beauté, fée, lumière du monde ! — toi, criai-je, à toi — ma vie et mon amour, et mes joies et mes peines ! » — La blanche vierge, une minute, — m'observe, farouche et muette... — Comme un joueur de flûte — puis tout d'un coup Elle me campe là, et du Gibal

Ounte lou fóudre lou fendasclo,
S'avalis proumto dins lis asclo.
Ié courreguère après; furnère barbelant
Tóuti li trau e li badoco;
Ounte mi pèd dounavon toco,
Lou fió gisclavo de la roco,
Mai res, e res, e res! Plouravo en davalant.

Qu saup li fes que retournère
Ansin amount? Vesènt que n'ère
Toujour au meme tru, vène m'agamouti,
Un bèu vèspre, souto uno tousco,
E couche aqui. Tant-lèu la fousco,
Ma fe, davans lou jour tabousco,
A vint pas, tout-d'un-cop, Diéu! vese resplendi...

Perqué vous plais qu'ansin la noume,
De mi desir èro lou coume,
Èro Esterello! emé lou visage rousen,
En péu, en primo raubo blanco
Pèr un veloun sarrado is anco...
E, la courdello estènt de manco,
Uno espalo de nèu i'escapavo, em' un sen...

— Pesqueiròu, que toun vin se serme!
Piques sus lou tai! cridè ferme
Lou Comte Severan, pale coume la Mort.
Soun péu, coume èro? — Long e blounde.
— Sis iue? — Coume n'i'a ges au mounde,
Verdau! — E sa bouco? — Un abounde
De gràci que flouris e de chale que mord!

Lézardé par la foudre — en un clin d'œil se perd
dans les anfractuosités. — Je courus après elle; je
fouillai palpitant — dans tous les trous, dans toutes
les crevasses; — là où touchaient mes pieds, — le
feu jaillissait du roc, — mais personne, et personne!
En dévalant, j'avais des larmes plein les yeux.

Qui sait combien de fois je retournai — là-haut
de cette sorte? Voyant que j'en étais — toujours au
même heurt, un beau soir, je viens me tapir sous
une touffe d'arbres, — et je couche là. Or à peine
la brume — s'enfuit devant le jour, — à vingt pas,
tout à coup, Dieu! je vois resplendir...

Puisqu'il vous plaît que je la nomme ainsi, — de
mes désirs c'était le comble, — c'était, avec un
visage de rose, Estérelle ! — en cheveux, en mince
robe blanche — serrée aux hanches par un ruban
de fil... — Et, le lacet manquant, — s'en échap-
paient une épaule de neige et un sein... »

— « Petit pêcheur, dans ton vin mets de l'eau!
— Tu frappes sur le tranchant! avec force cria —
le Comte Sévéran, pâle comme la Mort. — Ses che-
veux, comment étaient-ils ? » — « Longs et blonds! »
— « Ses yeux ? » — « Comme il n'en est point au
monde, pers! » — « Et sa bouche ? » — « Un luxe
de grâce qui fleurit et de volupté qui mord! »

— Oh! maugrabiéu! vengué lou Comte,
Es drole acò, s'es pas de conte! —
Dòu regard enterin vesias lis estafié
Se faire signe... Causo facho,
Counsèu soun pres, e pèiro tracho
N'a gens de co, mai noun empacho
Noste ami Calendau de vuja l'escoufié :

— Sus la Fado Esterello, Comte,
Pèr escasènço, me bescomte?
Car i'a d'augo à la ret, parèis... Esbarluga,
I pèd de ma princesso nèco
Toumbe, en disènt : — Se moun cor pèco,
Tau que l'esclau que se rebèco,
Rèino, ti pèd divin me podon cauciga ;

Mai davans tu perqué m'atroves,
Vole que saches e que proves
De quent afougamen siéu abrasa pèr tu. —
A l'iue d'un ome elo endignado
De se moustra despeitrinado,
Elo, lèu-lèu, avergougnado
Coume un bèu cherubin tout flame de vertu,

Escoundeguè de sa carneto
Lou nus, mai noun lis arcaneto
De si gauto : — Afrounia, me respond à la fin,
Qu'auses, dins moun darrier alòdi,
Me secuta!... Vènon en òdi
E toun percas e toun senòdi...
Vai, noun sies proun famous, ni proun fort ni proun fin!

— « Oh ! maugrebleu ! le Comte murmura, — [c']est drôle, si ce n'est pas un conte ! » — Du regard, [e]n même temps, on voyait les estafiers — se faire [si]gne... A chose faite — conseil pris, et pierre lancée [n]'a point de queue ; mais en dépit de tout — [n]otre ami Calendal videra l'écuellée :

— « Sur la fée Estérelle, Comte, — ferais-je erreur, [pa]r aventure?... — Car il y a de l'algue au filet, [di]rait-il *... Ébloui, — aux pieds de ma princesse [stu]péfaite, — je tombe lui disant : « Si mon cœur est [en] faute, — comme l'esclave impertinent, — reine, [qu]e tes pieds divins me foulent !

Mais devant toi puisque tu me rencontres, — je [veu]x que tu connaisses et que tu mettes à l'épreuve [de] la fougueuse passion qui m'embrase pour toi. »
A l'œil d'un homme, elle, indignée — de se [mo]ntrer la gorge découverte, — elle, à la hâte, et [fur]ibonde — comme un beau chérubin tout flam[ban]t de vertu,

[c]acha sa nudité charmante, mais non pas les [rou]geurs — de ses joues : « Effronté, me répond-elle [do]n, — qui oses, dans mon dernier alleu, — me pour[ch]asser !... Tu deviens odieux — par ta poursuite [et] par ta psalmodie... — Va, tu n'es point assez [pieu]x, ni assez fort, ni assez fin ! »

Aquéu mesprés dins sa voues lindo
Me trafiguè coume uno oulindo,
E, me counsiderant, iéu me faguère escor;
Tau qu'uno traugno sus la duno
Palafica, restère en uno :
— *Bello esperanço, tè, degruno !*
Iéu me sounjave, e me sentiéu mouri lou cor.

Dins un eslu veniéu de vèire
Qu'elo èro tout, iéu rèn. Lou prèire
Tèn l'oustio à la man e nous dis : Adouras...
Nautre adouran. Acò dèu èstre :
Diéu es tout bèn, tout grand, tout mèstre,
Nàutri mourtau, nàutri terrèstre,
Noun sian, foro si doun, que rastegue e pauras.

Frisant de si péu blound la sedo
Emé soun det, vers la pinedo
Plan-plan s'esvaniguè l'auturenco vesioun...
E de la morno soulitudo
M'arrapè mai la languitudo...
Mai regnara quau s'avertudo !
Me revihe, grandi, mounta pèr la passioun,

E me proumete d'escouiscèndre
Lou nivo d'aquel astre, en cèndre
Deguèsse tout-d'un-tèms me crema soun trelus !
— *Ah ! pèr te plaire, fau que siegue*
Lou fort di fort, e vos que vegue
Passa lou vènt, e que boulegue
A l'entour de moun noum lou flus et lou reflus,

Un tel mépris de sa voix claire — me transperça comme une olinde, — et, me considérant, je me trouvai hideux; — ainsi qu'un grèbe sur la dune — immobile, interdit, je songeais : — « Tiens, belle espérance, tombe ! » — Et je me sentais défaillir.

Dans un jet de lumière je venais de voir — qu'elle était tout, moi rien. Le prêtre — tient l'hostie à la main et nous dit : Adorez !... — Nous adorons. Cela doit être : — Dieu est tout beau, tout grand et maître souverain ; — nous mortels, nous enfants de la terre, — hors de ses dons, ne sommes que chétifs et misérables.

Frisant la soie de sa chevelure blonde — avec son doigt, devers les pins — lentement disparut la vision des hauteurs... — Et de la morne solitude — me ressaisit l'ennui profond... — Mais le triomphe est à qui s'évertue ! — Grandi, monté par la passion, me réveille,

Et me promets de déchirer — la brume de cet être, dût me réduire en cendres, à l'instant même, en éclat ! — Ah ! pour te plaire, il faut que je devienne — le fort entre les forts, et tu veux que je die — passer le vent, et que j'émeuve — à l'entour de mon nom le flux et le reflux,

Eh! bèn, sièu toun ome! D'aqui-que
A moun amour lou tièu replique:
« Vène lèu, Calendau, que t'embrasse, n'i'a proun! »
V'ole que lou reiaume d'Arle
De Calendau parle e reparle...
E lou courrèire qu'escambarle
T'as vèire se respond, princesso, à l'esperoun.

Eh büen ! je suis ton homme ! Jusqu'à tant qu'—à mon amour le tien réplique : — « Viens vite, Calendal, dans mes bras : c'est assez ! » — je veux que le royaume d'Arles [*] — sur tous les tons parle de Calendal... — Et le coursier que mes jambes enfourchent, — tu vas voir s'il répond, princesse, à l'éperon. »

CANT CINQUEN

LA MADRAGO

Calendau vòu veni riche pèr courouna d'or sa mestresso. Bastis dounc uno madrago vers la calanco de Pormiéu. Arribado di toun; la matanço. Calendau n'en pesco douge cènt, uno fourtuno, — que vèn semoundre à-n-Esterello. Aquesto ié fai counèisse lou despoudé de la richesso sus la magnanimeta, e ié remostro di Troubadour ancian li prouësso amourouso. Lou calignaire, esperluca, s'enauro sèmpre mai vers l'amour veritable.

Malavalisco l'estrechesso!
Vivo l'amour! à iéu, richesso!
O magnifico mar, duerbe-me ti tresor!
Pèr la meissoun fau qu'escandihe,
Fau que la ciro brule e vihe
Sus li autar, e fau que brihe
Sus lou front de ma bello uno courouno d'or!

CHANT CINQUIÈME

LA MADRAGUE

Calendal veut devenir riche pour couronner d'or sa bien-aimée. Il construit donc une madrague vers le havre de Pormieu. Arrivée et massacre des thons. Calendal en pêche douze cents, une fortune, — qu'il vient offrir à Estérelle. Celle-ci lui fait connaître l'impuissance de la richesse sur la magnanimité, et lui remontre les prouesses des anciens Troubadours. L'amant, à cette lumière, s'exalte de plus en plus vers l'amour vrai.

Au diable soit l'étroite pauvreté ! — Vive l'amour ! à moi, richesse ! — O magnifique mer, ouvre-moi tes trésors ! — Pour la moisson doit darder le soleil, — la cire doit brûler et veiller — sur les autels ; et, radieuse, il faut sur le front de ma belle une couronne d'or !

Intre à Cassis, la tèsto ardènto :
— Hòu de l'oustau ! Qu rèn noun tènto,
Ièu vène à la famiho acampado, n'a rèn,
E soun tèms perd qu mau travaio...
Or, en pescant nòsti ravaio,
Clauvisso, e tàli gargavaio,
Gagnan pas soulamen pèr tenchura li rèm.

Sabès que i'a ? Lis auriòu dounon,
E d'èstre en gàrdi nous ourdounon :
Di toun van arriba li troupèu azuren...
Paire, venden noste ciretage
(Auren toujour pèr avantage
D'avé lèu fa noste partage),
E croumpen de fielat tant que n'en trouvaren.

Zòu ! bastissen uno madrago
Vasto e soulido : dins sa brago,
Paire, se lou bounur (e sant Pèire ajudant)
Vòu que s'embourse e que s'esquiche
Uno mato de toun, sian riche!
L'ome de bon, fau qu'aproufiche
Li gràndis óucasioun, o bèn, dins lou roudan,

Coume lou coumun, anouïdo,
Sèmpre tirassara sa vido...
— Brave ! digué moun paire, as resoun : bastissen,
Vasto e soulido, uno madrago.
Noun tires peno de la pago :
Vai, sabe mounte Jano amago...
Basto que vèngue bèn l'eissagage marsen !

J'entre à Cassis, la tête en feu : — « Ho du logis !
Qui rien ne tente, — m'écrié-je devant la famille
assemblée, n'a rien, — et perd son temps quiconque
mal travaille... — Or en pêchant notre fretin, — nos
coquillages et autres vilenies, — nous ne gagnons pas
même de quoi peinturer les rames.

Savez-vous la nouvelle ? Les maquereaux affluent,
— et nous ordonnent d'être sur nos gardes* : — par
troupeaux azurés vont arriver les thons... — Père,
vendons le patrimoine — (dans tous les cas, nous
aurons l'avantage — d'avoir promptement partagé),
— et achetons des rets, tant que nous en trouverons !

Sus ! construisons une madrague — vaste et solide :
dans sa bourse, — père, si le bonheur (saint Pierre
aidant) — veut qu'il se jette, à colonnes pressées,
— un banc de thons, nous sommes riches ! — Le
vaillant homme doit mettre à profit — les grandes
occasions ou sinon, dans l'ornière,

Mesquinement comme la foule, — toujours il traî-
nera sa vie... » — « Bravo ! tu as raison, dit mon
père. Construisons, — vaste et solide, une madrague.
— Ne te mets point en souci du payement : — va,
je sais la cachette de Jeanne** ... — Plaise à Dieu
seulement qu'au mois de mars la fraie vienne à mer-
veille !

Ai un queirat sus un navire :
Tè, l'abandoune à toun aubire...
E nous muniguerian de ret emai d'arpin.
 Vers lou boucau de nosto rado,
 I' a 'no calanco retirado
 Que ié dison Pormiéu : l'intrado
Fai orre, entre de baus rouiga pèr lou cherpin

 De la marino — que s'enfourno,
 En s'esbroufant, dins si cafourno.
Se ressarron li baus tout-d'un-cop, e cresès
 Que l'aspro gorgo aqui s'assouide...
 Noun! tout-d'un-cop fai un recouide,
 E, clar e blu, descato un ouide
Que s'estrèmo e s'alongo, alin tant que vesès.

 D'un tèms catiéu estènt la preso,
 Uno tartano genouveso,
Aqui de-long, un jour, èro à mand de peri,
 Quand, sus lou tai di cap coupaire
 Ausènt gemi lis esclapaire,
 Lou fiéu dóu capitàni : — Paire,
La barro pourgès-me, diguè, sabe un abri.

 Lou jouvenome pren la barro,
 Trauco l'aurige que l'embarro;
E coume, en d'àutri viage, avié treva Cassis,
 Enrego dre la calancolo
 De Pormiéu. Mai, dins l'entre-colo,
 La trounadisso e la bricolo
Espaventon que mai, e la seco lusis,

J'ai une *action* sur un navire : — tiens, je la livre à ton intelligence. » — Et de filets et de harpons nous nous munîmes. — Vers l'embouchure de notre rade — est une crique retirée — que l'on nomme Pormieu : l'entrée — en est horrible, au milieu d'escarpements rongés par la grattelle

De la mer, qui s'engouffre, — avec des ébrouements, dans leurs anfractuosités. — Les falaises se resserrent tout à coup, et vous croyez — que l'âpre gorge finit là... — Non ! tout à coup elle se coude, — et, claire et bleue, découvre une tranchée — qui, à perte de vue, s'enferme et se prolonge.

Aux prises avec un mauvais temps, — un jour, une tartane génoise — était dans ces parages, en danger de périr, — quand, sur l'arête des caps coupants, — entendant gémir les crabiers : — « Père, dit le fils du capitaine, — donnez-moi la barre, je sais un abri. »

Le jeune homme saisit la barre, — troue la tempête qui l'entoure ; — et comme, dans d'autres voyages, il avait fréquenté Cassis, — enfile droit le petit havre — de Pormieu. Mais, dans l'intervalle des roches, — le fracas des tonnerres et le roulis — redoublent encore l'horreur, et brille le récif,

Negro e pounchudo, quand uiausso.
Terriblo, dansant sus lis ausso,
Lou capitàni pale adounc veguè la Mort...
— Ah! scelerat, crido à soun drole,
Nous as perdu! Mai, moustre, vole
Que ma destrau avans s'afole
Sus lis os de toun cran! — E se barrant ou cor,

Mens pietadous que la tempèsto,
A soun bèu drole fènd la tèsto...
Anas vèire: enterin, la barco avié fila
Vers lou recouide, e l'oundo bravo
Tranquilamen la reviravo
Dins un port founs, clar, sènso grevo,
Abrigous de pertout, siau coume un ban de la.

L'enfant, o crime irreparable!
Avié resoun... Lou miserable
Aussant mai la destrau que rajo encaro à fiéu:
— More, dis, l'aubre que s'esbranca!
E dins lou front éu se la tanco...
De mounte dison: La calanco
De Pormiéu — perdeguè lou paire emai lou fiéu.

Es à Pormiéu (lou pèis qu'eissago
Amo aquéu lió) que la madrago
En mar fuguè bastido. Amarrerian d'abord
Au ribeirés la coumençanço
D'uno grand cencho — aguènt puisanço
D'apara ferme l'apreissanço
Dis erso; e pici, toujour que mai, fuguèt lou bord,

Anguleux et noir, au feu des éclairs. — Aux yeux
[du] capitaine pâle, lors apparut terrible, dansant sur
[les] vagues, la Mort!... — « Ah! scélérat, crie-t-il
[à] son fils, — tu nous as perdus! Mais, monstre, je
[veux] — que ma hache auparavant s'émousse — sur
[l']os de ton crâne! » Et, se fermant le cœur,

Moins pitoyable que l'orage, — à son malheureux
[fils] il fend la tête... — Vous allez voir: la barque,
[en] même temps, avait filé — vers le coude; et l'onde
[ad]oucie — tranquillement la retournait — dans un
[por]t clair, profond, sans grève aucune, — bien à
[l'ab]ri, et calme comme un bain de lait.

L'enfant, ô crime irréparable! — avait raison...
[Le] misérable — relève la cognée encore dégouttante,
[Et] et disant: « Meure l'arbre qui s'ébranche! » —
[la]isse la plante dans le front. — D'où le proverbe: *La
[ba]rque de Pormieu causa la perte du père et du fils.*

C'est à Pormieu, (car le poisson — aime à frayer
[par] là), que la madrague — dans la mer fut con[s]-
[tr]uite. Au rivage, d'abord, nous amarrâmes le com[men]-
[cement] — d'une vaste seine, assez puissante —
[pour] soutenir fermement la pression — des vagues;
[pui]s, de plus en plus, fuyant le bord,

En virouioun de cacalauso
Espandiguerian la reclauso :
E proumié, lis espans de la grand maio, après,
Lis ourdre mendre; pièi de-filo
Li maio estrecho e li sutilo,
Ounte s'arrapon à cha milo
Li peissounet ; enfin, pèr manteni l'arrès,

Emé de pèiro dicho baudo
A founs n'en calerian li faudo;
De gavitèu de sièure à flot porton lou tol...
Va! la barrado ansin coumplèto,
Coume un jougaire que delèto
Sa fe dins soun gasan, en bèto
M'alongue d'abouchoun, e d'agachoun... Au bout

D'uno pichoto quingenado,
O miraclouso vesprenado!
Uno liuencho, uno sourdo, uno immènso umour
Emplis l'espàci; lou vènt molo...
A travès l'oundo que tremolo
E s'amountiho à gròssi molo,
Entre-vese veni, counducho pèr l'Amour,

Uno coumpagno sènso noumbre
De toun ! Venien coume un encombre,
En triangle, pèr ordre apignela, fendèn
Tóuti d'un vanc l'azur liquide
E lou plus fort servènt de guide.
Pereilamount, quand dins lou vide
Lucho lou Vènt-Terrau 'mé lou Marin edènt,

En tournoiements de limaçon — nous dévelop-
mes l'enclos : — et premières, les nappes à grande
aille; après, — celles aux nœuds plus resserrés;
is à la suite — les mailles étroites et les fines —
 où par milliers se prennent — les petits poissons;
fin, pour maintenir le parc,

Avec des pierres nommées *baudes* — nous en
âmes les panneaux au fond; — bref, des bouées de
g à flot portent le tout... — L'enceinte complé-
, — tel qu'un joueur que berce — sa confiance
 gain, à bord — je me couche à plat ventre, et
il au guet...

Avant la fin de la quinzaine, — ô miraculeuse
sprée ! — une lointaine et sourde et immense
meur — emplit l'espace; le vent tombe... — Au
vers de l'onde qui tremble — et s'amoncelle par
eules énormes, — j'entrevois qui arrive, conduite
r l'Amour,

Une innombrable compagnie — de thons ! Ils
naient, encombrant la mer, — en triangle, par
dre agglomérés ainsi que les écailles d'une pomme
 pin, fendant — l'azur liquide d'un élan simultané,
 et le plus fort d'entre eux servant de guide : —
ns les hauteurs des régions éthérées, — quand
tte le Mistral avec l'Autan impétueux,

Tau se presènton à la visto,
Agroumela pèr lòngui listo,
Li milo nivouloun de l'Agrimoueno... D'aut!
Revihas-vous, patroun e mòssi!
Jaume, Nourat, Peiroun, Anfòssi,
Embarcas-vous, tòuti li sòci!
Vitòri pèr Cassis! aiudo à Calendau!

Li pescadou s'escarrabihon;
A nosto modo lèu s'abihon:
Encambon li grand braio, e li boutèu lusènt
Afronton, nus, li dardaiado;
D'uno taiolo entourtouiado,
Tres, quatre fes envertouiado,
Se refermon li loumb pèr lou travai toursèul;

Revertegon la roujo lano
De si bouneto çatalano:
Pèr, contro lou soulèu e soun brulant vistoun
Que pico sus la cabassolo,
Per ana fièr es la boussolo!
Cargon enfin la camisolo
De telo bluio, emé d'estaco e sèns boutoun,

Car, un boutoun que s'agantèsse,
Pourrié se faire qu'empourtèsse
L'oure au founs de la mar, quand jito soun fielat;
Anfos, Peiroun, Nourat e Jaume,
Se prenon gàrdi de l'espaume,
Bouton li rèm à sis escaume,
E vogon sus Pormiéu, batènt lou grand Valat.

Telles s'offrent à la vue, — engrumelées par longues bandes, — les mille houppes des nuages pommelés... Debout ! — debout, patrons et mousses ! — Jaume, Nourat, Peiroun, Anfos *, — en barque, tous les compagnons ! — Victoire pour Cassis ! et aide à Calendal !

Les pêcheurs se réveillent ; — vite s'habillant à notre mode, — ils passent les *grand'braies*, avec lesquelles la jambe nue, luisante, — affrontera les réverbérations ; — avec une ceinture tortillée — trois, quatre fois autour du corps, — ils fortifient leurs jambes pour le travail tordant ;

Ils retroussent la rouge laine — de leurs grands bonnets catalans : — pour, contre le soleil et sa prunelle ardente — qui tape sur le chef, — pour per fier, c'est le meilleur ! — Ils endossent enfin la camisole — de toile bleue, munie d'attaches et non pas de boutons,

Car un bouton qui s'accrochât, — d'aventure, pourrait emporter — l'homme au fond de la mer, quand le filet se jette ; — Anfos, Peiroun, Nourat et Jaume — au calfatage donnent un coup d'œil, — aux tolets mettent les avirons, — et voguent sur l'ermicu, battant le grand Fossé.

De-long di roco blanco e lisco
Dou ribas nus, ounte s'envisco
L'arapedo aplatido o lou muscle negroun,
La peissounouso bandalado
Escarpissènt l'oundo salado,
Coume farié 'no mistralado
Escoumouvié deja li gourg de l'environ.

Mau-grat la niue que l'enridello,
Tenèn d'à ment la barandello :
l'esèn passa li toun, ribejant, ribejant,
Entre dos aigo, à bèlli floto,
E countourna l'engen que floto,
Coume vesès li cavaloto,
I Lisso d'Arle, un jour de fiero, tournejant.

L'engen, cinq chambro lou partisson
Que d'uno à l'autro s'aboutisson,
Laberinte de maio ounte erro lou peissoun :
E de la primo à la segoundo
A proupourcioun que lou pèis boundo,
Se claus la porto em'uno boundo,
E za ! de mai en mai se restren la presoun.

Foundènt pamens la palo luno
Veici lou jour, e, pèr fourtuno,
Veici que l'escabot nadaire, tout entié,
S'èro abriva dins la madrago...
Diéu ! ma cabesso èro embriago !
Ah ! mis amour, n'aurés, de bago !
Aquest cop, noum de goi ! rouinan lis argentié !

Le long des roches blanches et polies — de la côtière nue, sur lesquelles se colle — le lépas aplati ou la moule noiraude, la poissonneuse horde, — ouvrant, trouant le flot salé, déjà, telle qu'une rafale, — frappait de commotion les gouffres d'alentour.

Malgré le rideau de la nuit, — nous surveillons la danse circulaire : — et nous voyons les thons, côtoyant, côtoyant, passer — entre deux eaux, par belles troupes, — et de l'engin flottant suivre le our, — comme on voit les jeunes cavales, — aux Lices d'Arles, un jour de foire, tournoyer.

Communiquant de l'une à l'autre, — cinq chambres divisent l'engin, — labyrinthe de mailles où erre le poisson ; — et à mesure qu'il s'élance — de la première à la seconde, — crac ! une vanne clôt la porte, — et la prison de plus en plus se rétrécit.

Devant le jour la pâle lune — fond cependant, et, quelle chance ! — voilà que, tout entier, le grand troupeau nageur — avait envahi la madrague... — Dieu ! mon cerveau en devint ivre ! — Ah ! mes amours, vous en aurez, des bagues ! — Pour le coup, ertubleu ! nous ruinons les orfèvres !

L'amour es rèi, l'amour souleio,
Escaufo, apàrio, emplis, coungrèio;
Au mounde rènd dès vièu en plaço d'un nourrènt,
Entre li vièu boufo la guerro,
Met la pas : es lou dièu sus terro
E lou pounchoun de sis esperro
Fai boumbi souto mar li moustre calourènt.

Li toun, mascle e femèu, calignon
Apetega, quouro s'alignon
E quouro en revoulun s'escavarton : creirias,
Sus la planuro clarinello,
Vèire uno armado blavinello
Que revouluno o s'apignello,
E, veirant de coulour, oundejo au souleias.

Van au bonur, van à la noço :
Quento preisso! que flamo! En feço
T'espelis sus lou cors, dins l'amourouso amour,
De bèlli taco vermeialo
Un beluguiè, cherpo reialo,
Liéurèio d'or, raubo nouvialo
Que desten e s'amosso emé li fiò d'amour.

Èro superbe! En farandoulo
Vesias parti lis arendoulo
Pèr se gara davans... Paure pèis fouligaud!
En escapant i toun alabre,
Dintre li bèto e li salabre
Toumbon de-plegoun, o d'un vabre
Van pica sus lou ro : de la febre au mau-caud.

L'amour est roi, l'amour est soleil ! — Il échauffe, accouple, il remplit, il procrée ; — il rend au monde dix vivants pour un mort ; — il souffle entre les vivants la guerre — ou met la paix : il est le dieu terrestre ; — et le dard de sa véhémence — fait bondir sous les mers les monstres en chaleur.

Les thons, mâles et femelles, brûlent. — Pétulants, tantôt ils s'alignent, — en tourbillon tantôt se dispersent : on croirait, — sur la transparente plaine, — voir une armée bleuâtre — qui tourbillonne ou s'agglomère, — et changeant de couleur, ondoie sous le soleil.

Ils vont au bonheur, ils vont à la noce : — quelle ivresse ! quelle flamme ! Sur le corps de beaucoup, dans l'amoureuse humeur, éclot, — splendide, de taches de vermeil — une scintillation : royale écharpe, — livrée d'or, robe nuptiale — qui déteint et s'éteint avec les feux d'amour.

C'était superbe ! En farandole — on voyait partir les arondes — pour se garer devant... Pauvre poisson folâtre ! — En échappant aux thons avides, — dans les bateaux ou dans les trubles — il tombe à l'aveuglette, ou d'un ravin — va heurter sur le roc : la fièvre en chaud mal.

Mai un regounfle d'espetacle
Se manifesto, e de l'oustacle
Estrementis subran lou darrié vironioun...
Hòu! es en gàbi la couvado!
E nòsti bèlo sóulevado
An lou respouse de l'abrivado...
D'aut e d'òli, jouvènt! es lèst lou court-bouioun.

A la vòuto! Nòstis espalo
Ensèn s'aclinon e, li palo
Dins l'oundo se plantant en silènci, vòutan
La resplendènto moulounado
Que, de se vèire empresounado,
Boumbo e soutejo, enferounado.
Adès, autant d'amour trefoulissien, autant

Aro tresanon de coulèro.
Coumpagnoun, vogo la galèro!
Vèngue d'ome avera lou corpo! Eiçò n'es pas
De figo bourjassoto! an, auto!...
Autour dóu corpo que ressauto
Avançan tóuti : l'on assauto
La vivènto meissoun dóu moubile campas;

Nous arrapan i brume, e saio!
Li loun, terriblamen en aio,
A dicho que dóu founs de la Chambro di Mort
La ret se tiro, fau, pecaire!
Li vèire estorse de tout caire,
Aspergissènt nòsti pescaire
De pouverèu amar, — e terriblamen fort,

Mais un regonflement, prodigieux, — se manifeste, et de l'obstacle — ébranle tout à coup le dernier cercle... — Ohé ! la couvée est en cage ! — Et nos bateaux sont soulevés — par la secousse de l'irruption soudaine... Du courage et de l'huile, jeunesse ! le court-bouillon est prêt.

A la volte ! Courbant nos épaules ensemble, et les rames — dans l'onde se plantant silencieuses, nous cernons — la resplendissante cohue — qui, de se voir emprisonnée, — bondit et plonge, furibonde. — Autant d'amour tantôt ils tressaillaient, autant

Ils se trémoussent maintenant de courroux. — — Compagnons, vogue la galère ! — Viennent des hommes pour relever la poche ! — Ce ne sont pas des figues à cueillir * ! en avant !... — Et autour de la poche grouillante — nous avançons tous : l'on assaille — la vivante moisson de la mobile plaine ;

Et l'on se prend aux cordes, et hisse ! — Les thons, dans un terrible émoi, — à mesure que du fond de la *Chambre des Morts* — se tire le réseau, pauvres bêtes ! — de toute part il faut les voir se tordre, — aspergeant nos pêcheurs — d'une rosée amère, et terriblement fort

S'entre-turtant! Bèn coumparable
A nautre, pople miserable!
Quand tronon li campano, au jour qu'es en dangié
La liberta vo la patrio,
L'avuglamen nous desvario,
Nous courrèn contro emé furio,
E triounflo enterin lou tiran estrangié...

Pesco valènto e magnifico!
L'un fichouirejo, e l'autre fico
Dins l'esquino di toun lou founne, dard alu
Que volo au bout d'uno courdeto :
Trepoun dins sa grasso bardeto,
Lou pèis cabusso, e dis oundeto
Pèr un draiòu de sang raio lou mirau blu.

Plan, e cafi, mounto lou corpo,
Mounto, esclatant coume uno gorbo
Ounte l'or e l'argènt à bèl èime, e l'azur
E lou roubin e l'esmeraudo,
Bouion, espouscant si bribaudo.
E, de sa maire sus la faudo
Que bònjo de grafioun e d'aubricot madur

Tau d'enfantoun se precepiton,
Sus la tounairo tau se jiton
Li pescadou. Li toun mourrejon em' esfors;
Mai pèr la co, mau-grat que tiro,
Un tour de man vous li reviro
Lou vèntre en aut : leva d'amiro,
Despoudera, lou pèis amaino. Cors à cors,

S'entre-choquant! Bien comparables — à nous, misérable peuple ! — Quand tonne le beffroi, au jour où périclite — la liberté ou la patrie, — l'aveuglement nous fait perdre la tête, — et nous nous courons sus avec furie, — et en ce temps triomphe le tyran étranger...

Pêche vaillante et magnifique ! — L'un frappe du trident, et l'autre lance — dans le dos des thons le *oume*, dard ailé — qui vole au bout d'une cordelle: — percé dans sa barde de graisse, — le poisson plonge, et des limpides flots — par un sentier de sang raye le miroir bleu.

Le filet monte, lent et plein jusqu'aux bords ; — monte, éclatante corbeille — où l'or à profusion, l'argent et l'azur — et le rubis et l'émeraude — bouillent, jetant mille étincelles. — Et, de leur mère sur le tablier — qui regonfle de guignes et d'abricots mûrs

Tels des enfants se précipitent, — sur la *thonaire* ils se ruent — les pêcheurs. Avec effort les thons gignent du mufle ; — mais par la queue, malgré leur résistance, — un tour de main vous les renverse, — ventre en haut: désorienté, — réduit à l'impuissance, le poisson se rend. Corps à corps,

N'i'a que li prenon à la lucho...
Mauno de Diéu! se coucoulucho
Lou plen dis amadié, plus aut qu'i bastimen
  Carga d'arange de Maiorco;
  Li pèd resquihon dins la morco,
  E l'argentin, coume uno entorco,
Escalustro lis iue d'un viéu belugamen.

  N'i'a que, dóu pèis fendènt la foulo,
  Ardidamen, en pleno goulo,
A la nado, à bras nus, ié van passa 'n marroun
  Entre li gaugno... Mi poulacre
  Pièi entamenon lou massacre:
  Zóu! sus li escaumo de nacre,
A grand cop de destrau, de rèm e de barroun!

  Es lou plus triste: li vitimo
  Fan d'estrambord jusqu'à l'artimo,
Pèr fugi la matanço; e, mescla, li dóufin,
  Ai! las! ami dóu navegaire,
  Plouron coume d'enfant, pecaire!
  Pièi tout acò, jasènt de-caire,
Esten, descoulouri, fai pietadouso fin.

  Paro-à-vira li paro-escaumo!
  Dis Isclo d'Or avèn la paumo,
En poupo lou Garbin, en pro lou dous Lugar,
  Emai douge cènt toun à vèndre!
  De la Ciéutat e de Port-Vèndre
  Li pescadou podon se pèndre:
Aquéli de Cassis an escoufia la mar!

Il en est qui les prennent à la lutte... — Manne du ciel! on comble — tout le plein des membrures, plus haut qu'aux bâtiments — chargés d'oranges de Mayorque; — et le pied glisse dans la viscosité, — et l'*argentin**, comme une torche, — d'une scintillation éblouissante vous aveugle.

Il en est qui, fendant la foule poissonneuse, — en pleine gueule, hardiment, — à la nage et bras nus, vont leur passer un lien — dans les ouïes... Mes bouacres — entament enfin la tuerie, — et sur les écailles nacrées — tombent à coups de haches, d'avirons et de perches!

C'est le plus triste : les victimes, — jusqu'au dernier soupir, se débattent désespérément — pour fuir le massacre; pêle-mêle, les pauvres dauphins, — amis du navigateur, hélas! — vagissent comme des enfants; — puis tout cela, gisant sur le côté, — suffoque, se décolore et fait piteuse fin.

Virez de bord, chasse-marée! — Des Iles d'Or à nous la palme! — Le Garbin souffle en poupe! Douce Vénus, tu luis sur notre proue**, — et nous avons douze cents thons à vendre! — De la Ciotat et de Portvendre — peuvent se pendre les pêcheurs : — ceux de Cassis ont dépeuplé la mer!

Quento afecioun, quand acò rounflo!
Dins noste port, à velo gounflo,
Rintran coume de rèi qu'an lou front enrama
De la vitòri mounte aspiron,
Sus nòsti bèto que treviron
E qu'en remou, superbo, tiron
Li majourau dóu vòu pèr li gaugno embruma.

Tambourinié, batès la Targo!
Dimenche Calendau s'alargo :
Fau que i'ague tres jour de voto, e pago tout,
La raito, la poumpo à l'anchoio,
E lis aubado, emai li joio!
I'a de senepo uno mount-joio!
Zóu! sus li tambourin, d'aqui-que siegon rout!

Iéu enterin croumpave à jabo
De que daura la rèino Sabo,
D'anèu, de brassalet, de pendènt!... E valoun,
Colo e coulet, zóu mai esbrande;
A moun entour lis èr abrande;
Moun cor, vès, dansavo lou brande,
E moun amo, aurias di, jougavo dóu vióuloun.

Quouro, soünjant de l'apercebre
Sus lou Gibau, e de recebre
Un poutoun de sa man, iéu cujave escala
En paradis! o 'n souvenènço
De sa feroujo countenènço,
Pièi tremoulave de cregnènço
Que dóu nis l'aucèu blanc se fuguèsse envoula...

Quelle jubilation, quand cela va ronflant ! — Dans notre port, à pleines voiles, — et pareils à des rois qui ont le front lauré — de la victoire, objet de leurs désirs, — nous rentrons, sur nos barques surchargées — qui, superbes, traînent à la remorque — les chefs de la phalange attachés par les ouïes.

Tambourins, battez l'air des Joutes ! — Dimanche Calendal fait largesse : trois jours de fête ! et c'est lui qui paie tout, — la matelote, la fouace aux anchois, — et les aubades, et les prix des Jeux ! — Voici une mont-joie d'écus*... — Sus donc aux tambourins, jusqu'à tant qu'ils se crèvent !

Moi, cependant, à foison j'achetais — de quoi dorer la reine de Saba, — anneaux, pendants d'oreilles, bracelets !... — Et d'ébranler encore vallons, cols et collines ; — et d'embraser les airs autour de moi ; — mon cœur dansait un branle, voyez-vous, — et mon âme, à vrai dire, jouait du violon.

Rêvant parfois d'apercevoir ma belle — sur le Gibal, et de recevoir — un baiser de sa main, moi, je croyais monter — en paradis ! ou bien, en souvenir — de son maintien farouche, puis je tremblais de crainte — que du nid l'oiseau blanc ne se fût envolé...

Mai i'èro encaro : — Sies dounc ladre?
Me diguè 'nsin. — Emai qu'encadre
L'image dins moun cor, pau m'enchau di clavèu!
Respoundeguère. E vos la provo
Que moun amour noun se desnovo?
Tè, rèino! tè, Lauro de Novo!
Tè, sóuvagello Diano, amo di brout nouvèu!

Tè, vejaqui ço que t'aduse! —
A pléni man alor fau luse
Un garnimen nouviau, mai rous e mai grana
Qu'un amanèu de passaribo
Arabicado sus la tribo,
Anèu de det, anèu d'auribo,
En grun de gai courau dous brassalet trena;

Uno malteso endiamantado
E que de blanc èro esmautado;
Un tour de còu en or; un clavié d'argènt fin
Ounte penjavo proun article;
Uni capelet de bericle
Dins un coucounet de relicle,
Venènt dóu Sant-Pieloun, e tout d'un art divin.

Mai Esterello despichouso:
— Ha! la cresènço vai couchouso...
Lèu, dis, e vanamen, enfant, te rouinaras...
Quand lou proumié de Mai bresibo,
Lando à Touloun, courre à Marsibo:
Cencho de flour, tenènt sesibo,
A la crous de camin, li Maio trouvaras...

Il y était : « Tu es donc insensible ? » me dit-elle.
— « Pourvu, lui répondis-je, que j'encadre l'image —
dans mon cœur, peu m'importent les clous ! — Et
tiens, veux-tu la preuve — que mon amour est tou-
jours neuf ? — Tiens, reine ! tiens, Laure de Noves* !
— sauvage Diane, âme du renouveau !

Vois ce que je t'apporte ! » — A pleines mains je
fais reluire alors — une parure nuptiale, plus rousse
et mieux grenée — qu'une poignée de grappes —
desséchées sur la treille, — bagues de doigts, boucles
d'oreilles, — deux bracelets en grains de gai corail ;

Diamantée, émaillée de blanc, une croix de Malte ;
— un tour de cou en or ; un clavier d'argent fin —
auquel pendaient nombre de choses ; — un chapelet
de béryl — dans un reliquaire ovale, — venant du
Saint-Pilon**, et tout d'un art divin.

Mais Estérelle dédaigneuse : — « Ha ! la présomp-
tion va vite... — Dans peu, dit-elle, et bien en vain,
tu te ruineras, enfant... — Quand le premier de mai
gazouille, — cours à Toulon, gagne Marseille : —
couronnées de fleurs, et posant, — aux carrefours tu
trouveras les *Maies****...

Vai ! pèr un sòu bèlli chatouno
Se laisson faire uno poutouno...
Mai quau pèr soun sejour se countènto d'un baus,
Pèr soun dourmi d'un lié de fueio,
Pèr soun béure d'aigo de plueio,
E de la frucho di bambueio
Pèr soun manja, de tout lou rèsto es en repaus...

— Noun te fai orre, dounc, ié criáe,
Aquéu desert, soulas, aride!...
Vène à Cassis! auras ma maire pèr ta mai;
Saras en vilo prouvesido
E 'n terro sauvo e benesido...
Oh! se, divino estralusido,
Sus nosto ribo d'or aparèisses jamai,

Li vergo que porton li velo
Se curbiran de flour nouvello :
Lou mòssi, qu'es perdu sus li aubre nivous,
Cantara lèu coume uno ourgueno :
« Vese eilalin, que se permeno,
La fiho dóu Rèi sus l'areno,
E lou tèms s'esclargis : marin, alegras-vous! »

Vène, sarai toun barquejaire...
Se dins ma barco vos te jaire,
Lamparai sus la mar plus fièr qu'un amirau;
E dins lou tèms que moun alèuge
Endourmira, se n'as, li grèuge,
Te farai vèire li cros blèuge
Ounte greion li perlo e flouris lou courau. —

Va! pour un sou, belles fillettes — se laissent là
faire un baiser... — Mais qui pour son séjour se con-
tente d'un roc, — pour son dormir d'un lit de feuilles,
— pour son boire, de l'eau des pluies, — et du fruit
des broussailles — pour son manger, de tout le reste
n'a cure... »

— « Quoi! m'écriai-je, il ne t'épouvante pas — ce
rocher solitaire, ce désert aride ?... — Viens à Cassis!
pour mère tu y auras ma mère; — tu y seras en ville
pourvue, — en lieu sûr, en terre bénie... — Oh! si,
divine apparition, — sur notre rive d'or tu te mon-
tres jamais,

Les vergues qui portent les voiles — se couvriront
de fleurs nouvelles ; — et le mousse, perdu sur les
mâts nébuleux, chantera tôt, harmonieusement : —
Je vois là-bas, là-bas se promener — la fille du
roi sur l'arène, — et le temps s'éclaircit : réjouissez-
vous, marins ! »

Viens, je serai ton nautonier... — Si tu veux
dans ma barque t'asseoir, — plus fier qu'un amiral,
je glisserai sur mer ; — et tandis que mon allége —
dormira, si tu en as, tes peines, — je te ferai voir
les éblouissantes grottes — où germent les perles,
où fleurit le corail. »

Elo diguè : — Se la coumpagno
M'èro de bon, farien baragno
Cènt jouvènt, autant bèu e mai noble que tu,
A moun entour... Mai abourrisse
Ta malo raço, e preferisse
Que dóu ferun la dènt me trisse,
Pulèu que de bóula vòsti camin batu !...

— Eh ! bèn, iè fau, d'abord, ingrato,
Que toun cor dur ansin me trato
E que de mi presènt noun t'enchau mai qu'acò,
Vagon au Diable ! — E li bandisse,
Pataflòu ! dins lou precepice...
D'un iue 'no brigo mai proupice
Adounc me regachant, me parlè coume eiçò :

— Èro bèn paure de magagno
Quau t'a fa crèire que se gagno
L'amour d'uno amo fièro em'un flo d'auripèu..
Ah ! mounte soun li bèu Troubaire,
Mèstre d'amour ! Fièu acabaire,
Fièu relenqui d'ilustri paire,
Dóu grand fougau d'amour noun vous soubro un coupèu

Au brul de sa bèuta requisto,
Meraviha, sèns l'agué visto,
De la jouvo Coumtesso, alin, de Tripouli,
Jaufret Rudèu, prince de Blaio,
Prenié la mar. Èu noun s'esglaio
Dóu long travès o di neblaio :
En mar toumbo malaut, arribo anequeli ;

— « Au cas, dit-elle, où j'aimerais la compagnie, autour de moi feraient la haie — cent jeunes hommes, non moins beaux et plus nobles que toi... Mais j'abhorre — ta méchante race, et je préfère — que des bêtes féroces la dent me broie — plutôt que de fouler vos chemins battus !... »

— « Eh bien ! repris-je, ingrate, puisque — ton cœur dur ainsi me traite — et que de mes présents il ne te chaut pas plus, — qu'ils aillent au diable ! » Et je les jette — brusquement dans le précipice... — Elle, d'un œil quelque peu moins sévère — alors m'examinant, m'adressa ces paroles :

— « Il était bien pauvre d'astuce — celui qui te fit croire que l'on peut conquérir — l'amour d'une âme fière avec quelques oripeaux... — Ah ! où sont-ils, les beaux Trouvères, — maîtres d'amour ! Fils dissipateurs, — fils dégénérés d'illustres pères, — il ne vous reste, du grand foyer d'amour, pas un copeau !

Au bruit de sa beauté exquise, — émerveillé, sans avoir vue, de la jeune Comtesse, là-bas, de Tripoli, — Geoffroy Rudel, prince de Blaye, — prenait la mer. Lui ne s'effare — ni de la longue traversée ni des brumes ; — en mer tombé malade, il arrive défaillant,

Es pourta mort vers la Coumtesso ;
Entre li bras de soun oustesso
Fai un darrié belu, disènt : — Me benuras,
Moun Diéu! Aro vous rènde gràci,
Car demandave pèr soulàci
Que de la vèire un cop en faci !...
E, countènt de sa vido, espiro dins si bras.

Gaubert de Pue-Cibot, un mounge,
Amourous d'uno que pèr sounge
Entre-vesié de-longo à travès di veiriau,
Roumpié di clastro la grasiho ;
Pèr contro, Fouquet de Marsiho,
Dins l'atahut clauso li cibo
De soun Alazaïs, intravo couventiau.

Pèire Vidau, lou de Toulouso,
De quinto modo espetaclouso
Cremè pas soun encèns à sa dono ? Afouga
D'uno que ié disien la Loubo,
Que fai ? en loup-garou s'adoubo,
E di mountagno sus la loubo
Pèr li pastre e li chin se laisso ablasiga.

Guihèn de Baluün, pèr dire
Qu'èro abrasa fin qu'au martire,
Se faguè derraba l'ounglo dóu pichot det ;
E de soun amourouso, alabre,
Beisant dès jour lou fre cadabre,
Au voungen n'en petè lou mabre
Don Guihèn de la Tourre... Aqui miraio-te ! —

Vers la Comtesse est porté mort, — entre les bras de son hôtesse — jette un dernier éclair, disant : « Vous me comblez, — mon Dieu ! Ores merci, — car je ne demandais pour grâce — que de voir son visage une fois !... » — Et, content de sa vie, dans ses bras il expire.

Gaubert de Puy-Cibot, un moine, — amoureux d'une que son rêve — entrevoyait sans cesse à travers les vitraux, — rompait la grille de son cloître ; — par contre, Foulquet de Marseille, — dans le cercueil une fois clos les cils — de son Alazaïs, entrait dans un couvent.

Pierre Vidal le Toulousain, — en quel mode extraordinaire, — lui, ne brûla-t-il pas son encens à sa dame ? Affolé — d'une qu'on appelait la Louve, — que fait-il ! il se grime en loup-garou, — et sur la crête des montagnes — par les chiens et les pâtres se laisse maltraiter.

Guillaume de Balaün, pour exprimer — que sa ferveur allait jusqu'au martyre, — se faisait arracher l'ongle du petit doigt ; — et de sa bien-aimée, Guillaume de la Tour, sous ses baisers avides, retint pendant dix jours le froid cadavre, et le onzième devint fou... Mire-toi là ! »

E lèu, e lèu, coume uno bicho,
Gratè pinedo après sa dicho.
Mai sa dicho, messiés, coume un bro d'aigo-fort
Toumbè sus ma flamado : un èstre
Mounte se viéu toujour en dèstre,
Un mounde nòu pèr un celèstre
Enlumina, subran se duerbon à moun cor.

Pèr satisfaire moun ouracle,
Me sènte d'òubra de miracle ;
Iéu vese moun bonur lusi sus li trecòu
E trelusi dins la mar founso...
L'anarai querre ounte s'anounço ;
Moun cors me peso plus uno ounço,
Ai mis alo espandido, e rèn me fai plus pòu !

— Terro de Diéu cridè Bèl-Aubre,
Moun pescadou, te fau assaupre
Que, sèns te n'en douta, dòu Comte Severan
Auras counquist la bèn-voulènci,
Se pesques au bout de ta lènci
La Fado Esterello... — Silènci !
Bèl-Aubre parlara, quand l'interrougaran...

E tu, jouvènt, diguè lou Comte,
Lèu, desembouio toun raconte :
Plais à-n-aquéli bello, e iéu... m'entrais assas. —
E, pèr s'estèndre mai coumode,
Lou Cassiden chanjant de rode :
— Un moumenet : dis, que m'amode ;
Pièi après, metren mai à la velo... Escusas.

Et leste, leste, ces paroles dites, — comme une biche, elle gagna les pins. — Mais ses paroles, telles qu'un broc d'eau-forte, messieurs, — tombèrent sur ma flamme : une existence — où l'on vit jour et nuit dans le ravissement, — un monde neuf, par une vue céleste *, — illuminé, soudain à mon cœur se révèlent.

Pour satisfaire mon oracle, — je me sens d'opérer des merveilles; — mon bonheur, je le vois luire sur les cimes, — et transluire dans la mer profonde... — Où il s'annonce, là j'irai le chercher : — mon corps ne me pèse plus une once, — j'ai mes ailes étendues, et plus rien ne me fait peur ! »

— « Terre de Dieu ! cria Bel-Arbre, — mon pêcheur, je te fais savoir — que tu auras conquis, sans t'en douter, la bienveillance du comte Sévéran, — si tu pêches au bout de ta ligne — la Fée Estérelle... » — « Silence ! Bel-Arbre parlera, lorsqu'on l'interrogera...

Et toi, jeune homme, dit le Comte, — vite, débrouille ton récit : — il agrée à ces dames, et moi... il m'intéresse. » — Et pour s'étendre plus commodément, — le Cassidien, changeant de place, — dit : « Un petit moment! que je me remue; — après, nous remettrons à la voile... Excusez. »

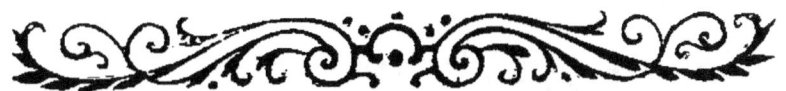

CANT SIEISEN

LA TARGO

Lou pescaire afourtuna regalo Cassis d'uno fésto : li jo e li joio; li danso prouvençalo, Courdello, Triho, Ouliveto, etc. La Targo. Negrèu e Rousselino : Nosto-Damo de la Ciéutat. Calendau vitourious. Auferan soulèvo lou pople. Esterello à soun fringaire fugitiéu e mau coura retrais un grand eisèmple. La bataio dis Aliscamp; la Coumtesso d'Aurenjo e Guihèn dou Court Nas : es dins li revirado que la valour se mostro. La Tèsto dou Puget.

S'avias vist li divertissènço,
Midamo, qu', en rejouïssènço
Dóu grand bòu, larguerian au pople de Cassis,
Jamai pourrias vous metre en tèsto
L'ingratitudo qu'à la lèsto,
En pagamen de tàli fèsto,
An facho à Calendau li gènt de soun païs.

CHANT SIXIÈME

LA JOUTE

L'heureux pêcheur régale Cassis d'une fête : les jeux et les prix ; les danses provençales, Cordelles, Treilles, Olivettes, etc. La joute sur mer. Nègrel et Rousseline : Notre-Dame de la Ciotat. Calendal victorieux. Alphéran soulève le peuple. A son amant fugitif, découragé, Estérelle rappelle un grand exemple. La bataille des Aliscamps ; la Comtesse d'Orange et Guillaume au Court Nez : dans les revers se montre la valeur. La Tête du Puget.

« Si vous eussiez vu les divertissements — dont, mesdames, en réjouissance — du grand coup de filet*, nous régalâmes le peuple de Cassis, — jamais vous ne pourriez concevoir — la soudaine ingratitude — de laquelle, en retour de ces fêtes, — ont payé Calendal les gens de son pays.

Aqui i' avié tóuti li joio
Que tènon gaio emai revoio
Nosto Prouvènço; aqui i' avié Saut-sus-lou-Bout
Que fai tant rire li badaire,
Quand l'ouire gounfle e reboundaire
Au sòu margasso li sautaire;
Aqui i' avié Tres-Saut, ounte, à franqui li bout

D'un long espàci, la jouinesso
Lucho de vanc e de finesso
Dins lou cop d'iue: lou pres èro, pèr se cencha,
Uno taiolo di coussudo,
Tramado en sedo, en fièu teissudo...
Chasco valour recouneissudo
Avié sa recoumpènso: i Courrèire acoucha,

Uni braieto cremesino,
Tencho de vermeioun d'éusino,
A la grand cavaliero e 'n velout genouvés;
E 'n bon coutèu 'mé soun estaco
Pèr li Courrèire dins la Saco;
Un biòu d'Auvergno emé sa vaco,
Pèr l'ounour de la Lucho, is ome èron proumés,

E d'estam uno bello plato
I miech-ome. Jusquo li chato!
D'aquéli — qu'en landant sus la dougo dóu port,
Em' un bro d'aigo sus la tèsto,
N'en gardarien lou mai de rèsto, —
Èro semoust à la plus lèsto
Nòu pan de cabeliero em' uno espinglo d'or.

Là étaient proposés des prix pour tous les jeux — qui tiennent gaie, alerte et vigoureuse, — notre Provence ; là se faisait le Saut sur l'Outre* — qui en si belle humeur met l'assistance, — lorsque la peau de bouc, enflée, rebondissante, — jette par terre les sauteurs ; — là les Trois-Sauts, où, pour franchir les deux extrémités

D'un long espace, la jeunesse — lutte d'élan et de finesse — dans le coup d'œil : le prix était, pour se ceindre les flancs, — une riche *taillole* — traînée de soie, tissée de fil... — Chaque valeur bien reconnue — avait sa récompense : aux rapides Coureurs

Un caleçon cramoisi, — teint en vermillon d'yeuse, — taillé à pont-levis et en velours de Gênes ; — aux Coureurs en Sac — un bon couteau pendant ; — un bœuf d'Auvergne avec sa vache, — pour honneur de la Lutte, était promis aux hommes,

Et un beau plat d'étain, — aux demi-hommes**. Voire les jeunes filles ! — De celles qui en courant, sur le quai du port, — avec un broc plein d'eau sur la tête, — en garderait le plus de reste, — on offrait à la plus légère — neuf empans de faveur pour nouer les cheveux, et une épingle d'or.

Cadun, à la divertissènço
Que iè plasié, pagavo cènso.
Dóu tèms que li Palet volon de-rebaloun,
Dóu tèms que l'un, d'un bras de ferre,
Jito de-pouncho lou Pau-ferre,
Coume s'anavo clava 'n verre,
Que d'autre fan bounda la Paumo o lou Baloun,

Li renouma tambourinaire
De noste endré (pèr batre un air,
Se dis, volon un sòu e cinq pèr se teisa),
Meton lou bal en boulegado.
I salo-verdo bèn eigado
La foulo cour, embriagado...
La danso di Courdello èro pèr coumença.

Dóu gaiardet, que l'on paufico
Au bèu mitan coume uno pico,
Un flo de veto pènjo; e cadun agantani
Uno di veto variado,
En li tenènt apareiado
Formon uno tèndo raiado,
E viron li balaire à l'entour en cantant,

E croson aro li courdeto
En mescladisso poulideto,
O li descroson pièi... Basto, aquén jour de Diéu,
Se dansè tout : li Pastourello,
Ounte li chato, fielarello,
Fan si bestour e si marrello,
Enterin que di fus li chat torson lou fiéu ;

Chacun, au divertissement — qui lui plaisait, payait tribut. — Pendant que les Palets volent, rasant le sol, — pendant que l'un, d'un bras de fer, — jette par pointe le Levier, — comme s'il le lançait pour percer un verrat, — que d'autres font bondir la Balle ou le Ballon,

Les tambourinaires fameux — de notre endroit (pour battre un air, — dit-on, ils demandent un sou, mais bien cinq pour se taire), — mettent le bal en mouvement. — Aux salles vertes dûment arrosées — la foule court, enthousiaste... — La danse des Cordelles était pour commencer.

Du mâtereau des prix, que l'on plante — au beau milieu comme une pique, — pend une pluie de tresses : les tresses variées, dont chacun saisit une, — ensemble s'apparient — en forme de tente rayée, — et tournent les danseurs alentour en chantant,

Et croisent tantôt les cordons — en gracieux mélange, — et tantôt les décroisent... Bref, en ce jour de Dieu, — on dansa tout : les Pastourelles — où, en filant, les jouvencelles — font leurs zigzags et leurs figures, — tandis que des fuseaux les jouvenceaux tordent le fil ;

E li Mouresco, ounte lou drole,
Coume sabès, à tour de role,
Semound à dos drouleto un arange, entremen
Qu' emé de cascavèu i braio
Ris, vai e vèn, sauto e cascaio;
Pièi, de la Jarretiero gaio
Li galant nous d'amour e lis enlassamen;

E pièi li Tribo, de l'autouno
Gènt simulacre, emé li touno
Ounte vendemiarello e caucaire de truei
Se cousseguisson, dins de plecho
Fugènt, trepant, à gaucho, à drecho,
Sèmpre d'uno maniero adrecho...
Toulouso e Mount-Pelié n'en fan mostro qu'i rèi.

Enfin lis Ouliveto. Oulivon.
Nòsti jouvènt se recalivon,
Jougant, menant si brande au pèd dis oulivié.
Desbarcon tout-d'un-cop li Mouro;
Dis oulivado un crid s'aubouro;
Li femo, li fiho, li chouro,
Tau que lucre e tarin; quand toumbo l'esparvié,

Parton à vòu: la Farandoulo
S'abrivo, boumbejo, redoulo,
Varaio, quouro eici, quouro eila, pèr fugi;
En cacalaus aro s'agroupo,
Bàrri de car ounte agouloupo
Li vierge; aro touto la troupo
Souto li bras leva di menaire, arregi

Et les Moresques, où le garçon, — à tour de rôle, comme on sait, — offre une orange à deux fillettes, pendant — qu'il rit, qu'il va et vient, qu'il saute, et qu'il agite — les grelots de ses grègues ; — puis, de la Jarretière gaie — les jolis nœuds d'amour et les enlacements ;

Et puis les Treilles, de l'automne — simulacre charmant, et les tonnelles — où vendangeuses et fouleurs de vendange — se poursuivent, fuyant dans des cerceaux, et gambadant à droite, à gauche, — mais avec adresse toujours... — De cette danse Toulouse et Montpellier ne font montre qu'aux rois.

Enfin les Olivettes. On cueille les olives. — Pour s'échauffer, nos jeunes gens — s'ébattent, font leurs rondes au pied des oliviers. — Débarquent tout à coup les Mores ; — de la cueillette un cri s'élève ; — les femmes, les filles, les gars, — ainsi que tarins et linottes, quand s'abat l'épervier,

Partent par bandes : la Farandole — s'élance, bondit et tournoie, — et d'ici, et de là, vagabonde pour fuir ; — et tantôt en spirale se noue, — rempart de chair enveloppant — les vierges ; tantôt la troupe entière, — sous les bras relevés des meneurs, immobiles

Coume un pourtau de fourtaresso,
Intro, bouiènto d'alegresso...
An sauva la meinado; e lis ome dòu bourg
Contro lou Mouro estraio-braso
Courron : se croso lis espaso,
Ferre sus ferre se tabaso,
Tabasant au resson dòu fifre e dòu tambour.

Lis espasian se destroupellon;
Ome contro ome, alor s'apellon
Lou Conse prouvençau e lou Rèi sarrasin;
Lou sarrasin darbouno e bramo,
De Maboumet renegant l'amo:
Lis espasian jougnon si lamo
En téulisso lusènto, e, sóulevant ansin

Lou capitàni triounflaire,
De milo crid fan brounzi l'aire...
O glòri d'aquest mounde! un marrit arlequin
Ié vai darrié, qu'arlequinejo,
D'escambarloun se barounejo
Sus la ligousso, o moulinejo
En se trufant dòu Conse emai de sis arquin.

Mai tout acò n'es rèn : la Targo
Duerb i coumbatènt e relargo
Uno autro areno. Es plen lou port, e lou dougan,
E la peirado que s'enarco,
Plen de bandiero e plen de barco
Negro de pople; se remarco
La di Prudome, arbitre e tenèire dòu camp.

Comme un portail de citadelle, — entre bouillante d'allégresse... — La famille est sauvée; et les hommes du bourg — contre le More fanfaron — accourent : on croise les épées, — le fer frappe le fer, — au son retentissant des fifres et du tambour.

Les hommes d'épée se séparent; — alors s'appellent en combat singulier — le Consul provençal et le Roi sarrasin; — le sarrasin mord la poussière et hurle, — reniant l'âme de Mahom; — tous les guerriers joignent leurs lames — en toiture luisante, et soulevant ainsi

Le capitaine triomphant, — de mille cris font bruire l'air... — O gloire de ce monde! un méchant arlequin — vous l'accompagne de ses arlequinades, — se carre à califourchon — sur la rapière, ou fait le moulinet — en se gaussant et du Consul et de ses filles *.

Mais tout cela n'est rien : la Joute — ouvre aux combattants une arène plus large. Le port, et le rivage, — et la jetée courbée en arc, — sont pleins de pavillons et de barques — noires de monde; on distingue — celle des Prud'hommes, arbitres et jugeurs du camp.

Emé l'espaso, la mountiero,
La negro capo travessiero,
E la medaio au còu, moun paire, entre éli, fièr,
Segnourejavo. Uno courouno
Ero la joio, e qu'esperouno
Coume un sourrire de barouno,
Emai siegue pamens qu'un brout de baguié fèr.

D'ome, de touto la coustiero
N'èro vengu: dis Isclo d'Iero,
E dóu Gou de Grimaud e dóu Gou dóu Lioun.
Sacrejant de la tiro-laisso,
Brulant de se tasta la saisso,
Aquito vesias, fort de maisso,
Li gouepo marsihés; — à soun ten mouriboun,

Couneissias li de Vilo-Franco,
De Mourgue e de Niço la Blanco,
Ounte lou fru madur vèi espeli la flour:
E, contro lis enfant de Berro
Qu'emé lis iue noun perdon terro,
Di Toulounen, marin de guerro,
Ausias cacaleja la galoio valour...

E 'n atendènt, li jo noun muson;
E di droulas lis un s'amuson
A courre lou Penoun, tentant de se gandi
Subre la bigo sabounado
Que d'uno barco sort, clinado;
D'autre s'estiron à la Nado
Per avé d'anedoun qu'à l'aigo soun bandi.

Avec l'épée, le tapabor, — la noire cape jetée sur une épaule, — et la médaille au cou, mon père, au milieu d'eux, fièrement — présidait. Une couronne — était le prix, éperonnante — comme un sourire de baronne, — encore que ce ne soit qu'un rameau de laurier sauvage.

De tout le littoral étaient venus des hommes : des Iles d'Hières, — et du golfe de Grimaud, et du Golfe du Lion. — Maugréant contre les lenteurs, — brûlant de se tâter le flanc — et forts en gueule, on voyait là — les lurons Marseillais; à leur teint moricaud

On reconnaissait ceux de Villefranche, — de Monaco et de la blanche Nice — où le fruit mûr voit éclore la fleur; — et à côté des fils de Berre — qui ne perdent jamais terre de vue*, — des Toulonnais, belliqueux marins, — on entendait jaser la gaillarde valeur...

En attendant, les jeux ne chôment guère; — et les garçons les uns s'amusent — à courre le Penton, tâchant de cheminer — sur le mât frotté de savon — qui sort, incliné, d'une barque; — d'autres s'allongent à la Nage — pour attraper des canetons fichés à l'eau.

Li chato quilon, se desmarro,
E li partego à l'oundo amaro
Buton li nègo-chin cafi de pescadou ;
Gafant dins l'augo que li groupo,
Li marinié pousson d'à poupo
E li trabauco e li chaloupo
Engloutido à mita pèr li regardadou...

Mai li batèu prenon carriero.
En dos floutiho, despariero
Pèr la coulour di nau, bandeirolo e drapèu,
Se desseparon li justaire :
De chasco eissaugo li mountaire,
En cors de camiso e pourtaire
D'un prim capèu de paio, au flouca lou capèu

De la coulour de sa bregado ;
En chasco eissaugo bèn cargado
I'a vue remaire fort pèr fèndre lou gourg blu ;
E, dòu batèu sus la culato,
Sort la quintaino, uno charlato
Pourtado en foro pèr dos lato,
Ounte soun aplanta li champioun espalu.

En gàrdi, segound l'abitudo,
Cadun tèn sa lanço moutudo,
Sus lou pies tèn cadun soun pavés carrela ;
A bóudre sus l'oundo azurino
Cascaion la lus e l'oumbrino...
Oh! Diéu! uno troumpo marino
Tout-d'un-cop, en signau de partènço, a rounfla :

Les jeunes filles crient, on démarre, — et les gaffes à l'onde amère, — chassent de force les esquifs surchargés de pêcheurs; — se guéant parmi l'algue qui les lie, — les mariniers poussent la poupe — des chaloupes et des trabacs — engloutis à moitié sous le poids des spectateurs...

Et les bateaux prennent du champ. — En deux flottilles, différentes — par la couleur des nefs, drapeaux et banderoles, — se séparent les jouteurs : — les concurrents de chaque *eissaugue* * — sont en corps de chemise, et le chapeau qu'ils portent, léger chapeau de paille, ils l'ont enrubanné

De la couleur de leur brigade; — dans chaque *eissaugue* équilibrée — sont huit rameurs robustes pour fendre le gouffre d'azur; et sur l'arrière du bateau — sort la *quintaine* **, madrier — porté en dehors par deux lattes, — où les champions larges d'épaules sont debout.

En garde, selon la coutume, — chacun tient sa lance mornée, — chacun sur la poitrine a son pavois à carrelure; — pêle-mêle sur le flot bleu — miroitent la lumière et l'ombre... — Oh! Dieu! une trompe marine, — en signal de départ, tout à coup a ronflé :

Li rèm de frais au cop s'amourron,
Pièi se relèvon, — e se courron,
Vite coume lou vènt, dos bèto à l'endavans :
En barco lou tambourin jogo,
Di vougaire reglant la vogo,
Di targaire abrasant la fogo,
E meme au cor di vièi esmouvènt l'enavans.

Or, coume passon li dos fusto
Uno contro l'autro, la justo
Courtesamen se duerb : li pico, au meme tèm,
Dins li pavés fan sa picado ;
E, tóuti dos palaficado,
Buton, d'aqui, feble d'ancado,
Que soute dins la mar un di dous coumbatènt.

E cadun prègo Diéu que vire
Pèr soun païs... I'a pas de dire !
Quand sus l'estré pountin agrafa 'mé l'artéu,
Sus lou pountin de l'autro barco
Vesès veni, fasènt bèn targo,
Vosto aversàri que se pargo,
Li cambo e li bras nus, dre coume un pinatéu,

Emai la glòri vous esquihe,
Emai vosto ome vous desquihe,
S'èu cabusso peréu, es un chale aboundous
De faire un trau à l'aigo tousco ;
Dins l'cigagnado que respousco,
Barbelant, óublidas la mousco,
Barbelant e nadant, vous embrassas tout dous !

Ensemble les rames de frêne s'inclinent, — puis se relèvent, et deux bateaux se ruent, — vites comme le vent, au devant l'un de l'autre : — en barque le tambourin joue, — des vogueurs cadençant la vogue, — des jouteurs embrasant la fougue, — remuant le cœur même et l'entrain des vieillards.

Or à peine se frôlent les deux embarcations, courtoisement s'ouvre la Joute : au même temps, les piques — frappent dans les pavois ; — et toutes deux butées, — elles s'aheurtent, jusqu'à ce que, vaincu, — plonge au fond de la mer un des deux combattants.

Et chacun fait des vœux — pour ses compatriotes… Il n'y a pas à dire ! — Quand, sur l'étroit ponceau, par l'orteil cramponné, — sur le ponceau de l'autre barque — on voit venir, présentant bien la targe, — son adversaire qui se campe, — droit comme un jeune pin, nu-jambes et nu-bras,

Bien que la gloire vous échappe, — bien que votre homme vous renverse, — s'il plonge aussi, c'est une immense volupté — que de faire un trou au flot tiède ; — et dans l'ondée qui éclabousse, — pantelant, on oublie le point d'émulation, — pantelant et nageant, on s'embrasse tous deux !

Li bèu proumiè que s'avancèron,
Dóu vanc, ambedous cabussèron...
Erian de chasque bord cinquanto : avans la fin,
Coume, pèr èstre nouma fraire,
Tres ome à l'aigo falié traire,
A l'ouro ounte quiton l'araire
Li biòu, de chasque bord n'en soubravo pas vint.

Ère d'aquéli que restavon
Pèr l'endeman : me trespourtavon
L'aubencho de la fèsto e l'amourous ourguei,
Quand l'endeman fangué revèire
Quint, de tóuti lis empegnèire,
Finalamen sarié vincèire.
Fasié 'n tèms de calandro, un soulèu coume vuei,

La molo mar semblavo d'òli...
E gisclas dounc, papo-manòli !
Toucan li cinq sardino emai lou vèire ensèn :
Lou bièu brounzis, la mar blanquejo
Souto li rèm, e beluguejo
Darrié la nau que nous barquejo...
Tourna-mai, un contro un, ardit nous bandissèn.

Sus la quintaino que balanço
Nous desfreiran ; li cop de lanço
Entendès restounti sus li tablèu de bos,
Boum! à l'agrat que lou cor s'ascle!
Rajo lou sang di pitre mascle ;
E, gemissènt coume de rascle,
A la mar, de-revès, n'i'a noumbre que fan cros.

Les beaux premiers qui s'avancèrent, — d'impétuosité, plongèrent tous les deux... — De chaque bord nous nous trouvions cinquante : — avant la fin, — comme il fallait, pour être nommé *frère*, — avoir jeté à l'eau trois hommes, — à l'heure où quittent la charrue — les bœufs, de chaque bord il n'en restait pas vingt.

J'étais de ceux qui demeurèrent — pour le jour suivant : oh ! j'étais enivré — par l'entrain de la fête et l'amoureux orgueil, — quand il fallut revoir, au jour suivant, — lequel serait de tous les émules, — finalement vainqueur. — Il faisait un temps d'alouette, un soleil comme aujourd'hui ;

La molle mer semblait de l'huile... — Et versez donc, bouteilles ventrues ! — Ensemble nous touchons les *cinq sardines** et le verre ; — le buccin gronde, la mer blanchit — sous les rames et scintille dans le sillage du bateau... — Hardiment, au duel nous fondons de plus belle.

Sur la *quintaine* qui balance — nous luttons entre frères : on entend retentir, sur les plastrons de bois, les coups de lance, — boum ! au risque de nous crever le cœur ! — Le sang ruisselle des poitrines mâles ; et gémissant comme des râles d'eau, — beaucoup, à la renverse, font en mer le plongeon.

Un capitàni de Ceirèsto,
— Bèu païs: qu ié vai ié rèsto! —
Capitàni de mar, e jouine, e bèn plantu,
Just revenié di coulounio
Ounte, enemi di tirannio,
S'èro ana batre en Vierginio
E contro lis Anglés e pèr la liberta.

Di coulounio, em'uno balo
Que s'estremè dins soun espalo,
Lou capitan Negrèu s'èro envengu blessa...
Un jour, entènd souto soun èstro
Dóu tambourin la voues campèstro...
A sa mouié que s'enfenèstro
Demando qu'es acò... — Van, respond, coumença

La Targo de Cassis... — La Targo?
Oh! bélli Santo de Camargo!
N'en sian! cridè Negrèu. — E sauto de soun lié,
Lou paure! e de sa gènto femo
I'a ni brassado ni lagremo
Que lou retèngon; elo-memo,
Rousselino ié lampo après, de sa foulié

Ardènto lou charpant e tèndro...
Mai grand peril grand cor engèndro:
Negrèu coume un lioun èro intra dins li rèng;
E d'enterin qu'à mort se justo
E que se boumbo e que se tusto,
Rambado sus la ribo adusto,
Rousselino e si sorre, emé lou cor mourènt,

Un capitaine de Ceyreste* — (beau pays, ce dit-on : *quiconque y va y reste!*) — capitaine de mer, et jeune et bien planté, — à peine revenait des colonies — où, dans sa haine contre les tyrans, — en Virginie il était allé se battre — et contre l'Angleterre et pour la liberté.

Des colonies, par une balle — qui se logea dans son épaule, — Négrel le capitaine était revenu blessé... — Un jour, sous sa fenêtre, il entend — la voix agreste du tambourin... — A son épouse qui regarde — il demande ce que c'est... — « A Cassis, répond-elle,

On va commencer la Joute... » — « La Joute ? Oh! belles Saintes de Camargue**! — nous en sommes! » crie Négrel. Et de son lit il saute, — le malheureux! et de sa gente femme — ni pleurs ni embrassades — ne le peuvent retenir; elle-même, — Rousseline, lui court après, ardente

Le querellant pour sa folie et tendre... — Mais grand péril engendre grand courage : — Négrel, comme un lion, s'était mis dans les rangs ; — et pendant que l'on joute à mort, — et que l'on heurte et que l'on choque, — rencognées sur l'aride plage, — Rousseline et ses sœurs, prêtes à défaillir,

Disien lou cant de Nosto-Damo
De la Ciéutat : vous fendié l'amo!
— Soun tres fiho, *disien*, soun tres de la Ciéutat
    Que de-matin èron anado
    Prega la Vierge courounado...
    Mai sus l'autar l'an pas trouvado...
Pièi, au reboumb di cop, muto, de s'arresta.

    E peralin, touto bagnado,
    Veson la Vierge courounado
Que venié sus la mar, *li femo reprenien...*
    Mai la publico bramadisso
    Curbié subran sa cantadisso,
    Car un terrible, dins la lisso,
Acoursavo Negrèu *coume un brau espagnen :*

    Èro Auferan, un indoumtable
    Pèr la vigour, — e redoutable
Pèr l'abus desleiau que n'en fasié : li gènt,
    A l'ourdinàri, sus lou pitre
    Coton sa lanço... Éu, l'ase fitre!
    A la moustacho dis arbitre,
Au bout de soun pougnet, d'uno man la riegènt,

    De liuen butavo à la barrulo
    Tóuti li fraire, court d'abulo.
Uno tarabastado avié dèja begu
    Lou salabrun : d'abord Gantèume
    Qu'avié proumés, dre sus lou tèume,
    Un barquihoun au grand sant Èume,
Se lou voulié sauva dóu noumbre di vincu,

Disaient le chant de Notre-Dame — de la Ciotat*;
c'était navrant! — « *Trois filles*, disaient-elles, *de la
Ciotat trois filles — étaient allées de bon matin —
prier la Vierge couronnée...* — *Mais sur l'autel elles
ne l'ont pas trouvée...* » — Et puis de s'arrêter, au
bruit des chocs, muettes.

« *Et elles voient, toute mouillée, au loin, — au loin,
la Vierge couronnée — qui venait sur la mer,* » re-
commençaient les femmes... — Mais les clameurs
du peuple — soudain couvraient leur chant, — car
un terrible, dans la lice — courait sus à Négrel
comme un taureau d'Espagne;

C'était l'indomptable Alphéran, — aussi fort que
redoutable — pour l'abus déloyal qu'il faisait de sa
force : les jouteurs, — sur la poitrine, d'ordinaire —
appuient la lance... Lui, parbleu, non ! — lui, à la
barbe des arbitres, — d'une main, au bout du poing,
la tenant en arrêt,

De loin précipitait à l'eau — tous les *frères*, courts
de mesure. — Une foule avait déjà bu — l'onde
salée : Ganthelme d'abord — qui, droit sur le tillac,
avait promis — une nacelle au grand saint Elme**,
— s'il voulait le sauver du nombre des vaincus,

Mai que tambèn i'anè; Remèsi
Lou Troupezen; Mitre e Genèsi,
Dous Martegau trop vièu; l'Infernet de Touloun,
Un tron, que, de se vèire atenge
E cap-vira sènso revenge,
Furious, jitavo d'escoumenge;
E tant d'autre, espanta de crèisse lou mouloun.

Lou bras en cherpo, s'avançavo
Lou bon Negrèu. Quau se pensavo
La malemparado?... Ah! sa nòvio lou sentiè:
O bello Vierge courounado,
Fasien li femo acantounado,
D'ounte venès, que sias bagnado?
— *Vène dis àuti mar, ounte se prefoundiè*

Un bastimen que me pregavo...
Franc lou nauchiè que renegavo,
Lis ai tòuti sauva... Renegavo moun Fiéu!
Li cantarello fan calanço...
Auferan sus Negrèu se lanço;
D'Auferan lou ferre de lanço
Esclapo lou blouquiè de Negrèu... Part un quièu:

Ai! bello Vierge courounado!
Cambo-vira, toumbo à la nado
Lou capitàni; mai, doulènt e matrassa
Pèr tal acip, au founs s'aploumbo
Coume un cadabre dins la toumbo.
D'esfrai, talo qu'uno couloumbo,
Veguerian Rousselino à mand de trespassa...

Mais qui tout de même tomba; Remési — de
Saint-Tropez; Genez et Mitre, — deux Martégaux
trop vifs; l'Infernet de Toulon, — un tonnerre, qui,
de se voir atteindre — et sans revanche culbuter, —
furieux, jetait des maudissons; — et tant d'autres,
churis d'accroître le monceau.

Le bras en écharpe, arrivait — le bon Négrel. Qui
eût prévu — la malencontre?... Son épousée, ah!
l'avait pressenti : — « *O belle Vierge couronnée,* —
faisaient les femmes, dans leur coin, — *d'où venez-*
vous, ainsi mouillée? » — « *Je viens des hautes mers,*
où s'allait engloutir

Un navire invoquant mon aide... — *Excepté le*
nocher qui reniait, — *je les ai sauvés tous... Il re-*
niait mon Fils! » — Et les chanteuses font silence...
— Alphéran sur Négrel se rue; — le fer de la lance
d'Alphéran — brise le bouclier de Négrel... Un cri
part :

« *Aïe! belle Vierge couronnée!* » — Jambes en l'air,
tombe à la nage — le capitaine; mais, douloureu-
sement, grièvement meurtri — par un tel heurt, il
s'enfonce du coup — comme un cadavre dans la
fosse. — D'effroi, telle qu'une colombe, — nous
vîmes Rousseline au point de trépasser...

Li cabussaire lou pesquèron;
Èro avani, lou revenguèron...
Elo vesiè plus res, elo vouliè peri,
Ai! èro folo e dessenado...
Mai passè pas la quingenado
Que la Viergeto courounado
Iè rendeguè lou sèn e soun nòvi gari.

Aro, Auferan, à iéu! e quicho,
Que ma resoun es panca dicho!
Adounc parte d'un caire, éu partiguè d'eila;
De l'afecioun e de l'empencho,
Au proumiè cop, foro d'atencho
Nous passerian. Touto la cencho
Reteniè soun alen pèr nous vèire voula.

Tron de pas Diéu! pres de piquiero,
Nous arramban... Di dos renguiero
Li remaire susant, brounzi, despeitrina,
Replegon si rèm à la lèsto;
Iéu jite en l'èr uno cridèsto...
Moun Auferan perd de la tèsto
La forço de pougnet que lou fasiè gagna;

Pariè de lanço e de mesuro,
Proumte, cadun, zóu! atesuro
Dins lou pitre de l'autre un fourmidable cop:
Li bèto brandon e fan àrri;
Ensèn li bos se giblon... Arri!
Cracinon... Quicho, tuerto-bàrri!
Se roumpon à la fes coume dous brout d'isop...

Les plongeurs le pêchèrent; — évanoui, on le fit revenir... — L'infortunée ne voyait plus personne, elle voulait périr, — elle était folle, las! et insensée... — Mais la quinzaine n'était point passée encore — que la Vierge couronnée — lui avait rendu le sens et son fiancé guéri.

Maintenant, Alphéran, à moi! et cogne ferme, — je n'ai pas dit encore mon mot! — De mon côté, aussitôt je m'élance, lui s'élance du sien; — dans notre ardeur et dans notre impulsion, — au premier coup, nous nous passâmes hors d'atteinte. Le cercle tout entier — retenait son haleine pour voir notre essor.

D'émulation, morbleu! piqués au vif, — nous nous accostons : les rameurs des deux rangs, — les rameurs tout en nage, hâlés et débraillés, — replient leurs rames lestement; — je pousse en l'air une clameur... — Mon Alphéran perd de la tête — la force de poignet, cause de ses triomphes;

Egaux de lance et de mesure, — chacun, avec promptitude, assène — dans la poitrine adverse un formidable coup : — les bateaux branlent et s'écartent; — les deux hampes fléchissent... En avant! — Elles craquent... Va, bélier de rempart! — Ensemble elles se rompent comme deux brins d'hysope...

Iéu, me rampouné à l'escaleto...
Hopc! éu fai la toumbareleto.
Sus-lou-cop tambourin e cimbalo d'acié
Pèr Calendau sonon vitòri;
Dins sa barco, souto un pantòri,
Li tres Prudome, en counsistòri,
(Moun paire entre-mitan e plourant), de lausié

Me courounèron; e, de-filo,
Tóuti li fraire, pèr la vilo,
En mountant après iéu, cantèron enaura:
— Calendau a gagna la Targo!
E s'en poupo quand éu se pargo,
O jouvènt, degun lou desmargo,
O jouvènt, en amour qu lou desmargara! —

Èro trop bèu! Touto escalado
A, pèr malur, sa davalado.
Auferan, councevès, avié garda 'n coudoun
Sus l'estouma; boufre de ràbi,
Cour, en badant coume uno fàbi:
— Oh! crido au pople, vòu de bàbi,
Astra pèr lou mourrau, la bardo e lou bridoun,

Zóu! lipas-ié li pèd! Que sache
Vosto bassesso e que l'escrache!
Ah! taifo d'abesti! coume lou caragòu,
Canton, quand soun oustau se brulo!
Vous fai de fèsto? Soun de bulo!
E vous avalara de gulo,
Car es un manjo-paure, un traite, un pènjo-còu! —

Moi, je me cramponne à l'échelle... — Houpe là
là ! lui fait la culbute. — Tambourins, sur-le-champ,
et cymbales d'acier — pour Calendal sonnent vic-
toire ; — dans leur barque, à l'ombre d'un foc, —
les trois Prud'hommes, en séance, — (mon père au
milieu d'eux et pleurant), de laurier

Me couronnèrent ; et de suite, — les *frères* tous
ensemble, avec enthousiasme, chantèrent par la ville,
en montant après moi : — « Calendal a vaincu aux
Joutes ! — Et en poupe lorsqu'il se campe, — jeunes
gens, si nul ne l'évince, — jeunes gens, en amour
qui donc l'évincera ? »

C'était trop beau ! Toute montée — a sa descente,
par malheur. — Alphéran, sur le cœur avait gardé
une rancune : on le conçoit. De rage suffoquant, —
il court, la gueule bée comme une jarre : — « Oh !
crie-t-il à la foule, tas de pleutres, — prédestinés au
mors, à la muselière, au bât.

Léchez-lui donc les pieds ! Qu'il sache — votre
bassesse et qu'il l'écrase ! — Tourbe stupide, va !
ainsi que l'escargot — ils chantent, quand leur mai-
son brûle* ! — Il vous donne des fêtes ? C'est de la
poudre aux yeux ! — Et il vous dévorera, — car
c'est un exploiteur, un traître, et un cou tors ! »

Iéu sourrisiéu. La moulounado
Èro entre dous, mudo, estounado.
Auferan countuniè : — T'esés pas, tron de Diéu !
Que vai encaparra la pesco
Dins sa madrago?.. Mourdès l'esco :
Aura lou méu, vautre li bresco,
Eu li troupèu de toun, vautre lou péis catiéu.

Avés nouma soun paire juge...
Ounte sara voste refuge ?
An la terro, la mar, la baleno... An tout pres...
— A la mar ! uno voues s'aubouro.
— An, dis, tout pres ; e d'aquesto ouro,
Noste païs se desounouro
En l'ounour d'un marrias que m'a rauba lou pres !

— A la mar ! se bramè, que fuge !
Vague en palun pesca d'iruge !
Zòu ! sus lou madraguié ! — Coume un moulin de vèn
Virè la foulo mouvedisso ;
Vouliéu parla, la cridadisso
Coupè ma voues : — A la mar ! isso !...
Tentant à tout lou mens de mouri carivènd,

D'ami, — lou Diable lis emporte ! —
Me derrabon dóu bourjoun ; sorte,
Mandant au sacrebiéu e patrio e destin...
Oh ! lou silènci di mountagno
Coume èro bon ! Avau la lagno,
Lou brut, l'ensiè, li malamagno !
Amount la pas de Diéu e l'amour celestin !

Je souriais. La multitude — hésitait, en silence
et dans l'étonnement. — Alphéran continua : « Ne
voyez-vous pas, tonnerre! — qu'il va, dans sa ma-
drague, accaparer la pêche?... Mordez à l'appât : —
Il aura le miel, vous autres les gaufres; — à lui les
bancs de thons, à vous la poissonnaille.

Son père, vous l'avez nommé juge... — Votre
recours, où sera-t-il? — Ils ont tout pris, la terre,
la mer, la baleine... » — « A la mer! » s'écrie une
voix. — « Ils ont tout pris, vous dis-je, et à cette
heure, — notre pays se déshonore — en l'honneur
d'un grigou qui m'a volé le prix! »

— « A la mer, hurla-t-on, ou qu'il fuie! — Qu'il
s'en aille pêcher des sangsues aux marais! — Mort,
mort au *madraguier!* » Comme un moulin à vent
— la foule mobile tourna; — je veux parler, mais
les clameurs — « A la mer! hue! » coupent ma
voix... — Essayant, tout au moins de vendre cher
ma vie,

Des amis (que le diable emporte!) — m'arrachent
à la presse; je sors, — furieux, maudissant et patrie
et destin... — Oh! le silence des montagnes, — qu'il
fait bon! Là-bas l'inquiétude, — le bruit, l'envie,
les divisions! — Là-haut la paix de Dieu, l'amour
céleste!

Tau qu'uno font refrescarello,
Sentièu lou baume d'Esterello
Trespira plan-pianet dins moun cor; e moun cor
N'avié besoun, car èro en oundo
Coume un peiròu su 'n fió de broundo.
— Vuei, ié diguère, o Fado bloundo,
Agues pieta de ièu! Vuei, noun t'aduse d'or...

Ai soulamen uno courouno
Ounte l'espino s'envirouno
Em'un brout de lausié... M'assète au pèd d'un broucs;
Aqui ié conte ma vitòri,
Las! e lou rèsto de l'istòri.
Emé la bauco pèr estòri,
Atentivo, Esterello escoutavo ma voues.

E sa peitrino, vesièu meme
Qu'à moun recit vougavo seme,
Enterin que vougave e targave sus mar,
E si dos gauto, aro enrougido,
O de palour aro aspergido.
Au rode enfin de ma fugido
Venènt, aguènt tout di, lou dous emai l'amar,

La regardère, li man jouncho,
E li lagremo quàsi espouncho...
Ah! que ièu, voulountous, me sariéu endourmi,
E pèr toujour, sus li coupello
D'aquéu sen pur que reboumbello!
Mai elo, sàvio autant que bello,
A sounda lou mau-cor ounte vau m'achaumi:

Ainsi que le frais d'une source, — je sentais d'Estérelle le baume — pénétrer doucement dans mon cœur ; et mon cœur, — bouillonnant comme une chaudière sur un feu de branches, en avait besoin. — « Aujourd'hui, blonde Fée, lui dis-je, — aie pitié de moi ! Aujourd'hui, ce que je t'apporte, ce n'est pas de l'or...

Je n'ai qu'une couronne — où l'épine s'entoure — d'un rameau de laurier... » Et m'asseyant sous un buisson, — je lui raconte mon triomphe, — las ! le reste de l'histoire. — Sur le gramen, qui lui servait de natte, — Estérelle attentive à ma voix, écoutait.

Je voyais même sa poitrine, — à mon récit, vouer d'accord, — pendant que je voguais et combattais sur mer, — et ses joues, tantôt rougissantes, — tantôt de pâleur aspergées. — Enfin, à l'endroit de la fuite — venant, ayant tout dit, et le doux et l'amer,

Je la regardai, les mains jointes — et les larmes prêtes à sourdre... — Ah ! comme, de grand cœur, je me serais endormi, — et pour toujours, sur les coupelles — de ce sein pur et bondissant ! — Mais elle, sage autant que belle, — a sondé vite le découragement où je me laisse aller :

— Duerbe à toun amo! dis... Souto Arle,
I tèms de l'emperaire Carle,
Cènt milo Sarrasin e cènt milo Crestian
Se coumbatien: lou vaste Rose
Dóu rai de sang èro tout rose...
Diéu preserve que mai s'arrose
D'un ruscle tant afrous la terro mounte sian!

Pèr sèt rèi lou Comte d'Aurenjo
Environna, dóu tèms que venjo
La mort de soun nebout, pèr sèt rèi barbarin
Acoussegui, cavauco e chaucho,
Trencant, taiant, à drecho, à gaucho...
Dóu chaple, soun pouguet s'enfaucho;
Di cop, soun brand d'acié trais d'uiau fouscarin.

Franquis lis Aliscamp: li Mouro
Ié fourniguejon... Bourro-Bourro,
Ventre à terro, fugis lou bon Comte Guihèn,
E s'enmountagno e s'empaluno;
Mai au soulèu, mai à la luno,
Vèi l'enemi que revouluno...
A la porto d'Aurenjo arribo tout bouient:

— Guibour! Guibour! ma gènto damo,
Siéu, dis, Guihèn, aquéu que t'amo!
A Guihèn dóu Court Nas, Guibour, vène durbi:
Souto li bàrri de la vilo
Li Sarrasin soun trento milo
Que me secuton... L'auro quilo,
Duerbe lèu! de la mort iéu me vese encoumbi.

— « Ouvre, me dit-elle, à ton âme!... Sous Arles, — aux temps carlovingiens — cent mille Sarrasins et cent mille Chrétiens — étaient aux prises: le vaste Rhône — était rouge du sang qui ruisselait... — A Dieu ne plaise qu'aussi affreuse averse jamais arrose encore la contrée où nous sommes!

Le Comte d'Orange, par sept rois — entouré pendant — qu'il venge la mort de son neveu, par sept rois barbaresques — poursuivi, et chevauche et piétine, — tranchant, taillant, à droite, à gauche... — A tuer, son poignet se foule; — des coups que rappe son espadon d'acier jaillissent des éclairs blafards.

Il franchit les Aliscamps*: les Mores — y fourmillent... Précipitamment, — et ventre à terre, fuit le bon Comte Guillaume, — il fuit dans les montagnes, il fuit dans les marais; — mais au soleil, mais à la lune, — il voit les ennemis tourbillonner... — A la porte d'Orange, il arrive tout bouillant :

— « Guibour! Guibour! ma gente dame, — je suis, dit-il, Guillaume ton ami! — A Guillaume au Court Nez viens ouvrir, ô Guibour: — sous les remparts de la cité — les Sarrasins sont trente mille — qui me pourchassent... Le vent crie, — ouvre tôt! car la mort de toute part m'assaille. »

La Coumtesso d'Aurenjo, prouinto,
Sus lou cresten di bàrri mounto :
— Chivalié, dis Guibour, noun pode vous durbi :
Emé li femo tremouleto,
Lou clerc qu'abro li candeleto,
E lis enfant, çai siéu souleto...
Batènt li Maugrabin e Marran aloubi,

Moun bèu Guibèn e soun barnage
En aquesto ouro fan carnage
Au claus dis Aliscamp, eilalin... — O Guibour,
Es iéu que siéu Guibèn : mis ome
(Dins soun repaus Diéu lis endrome!)
Soun tóuti mort, o souto un come
Van rema sus la mar. Ai vist, à l'escabour,

Arle cremant, e lis Areno
De crid d'espaime tóuti pleno...
De si cors caste e bèu fasènt d'espaventau,
Li mourgo, dins un sant foulige,
Pèr escapa dóu brutalige,
Se descaravon; à l'aurige,
Avignoun, mort de pòu, a dubert si pourtau...

Douço mouié, lou cor me manco;
E, se fas pas leva la tanco,
Toun Guibèn vai plega souto lis estramas
Di Maugrabin... — N'as menti ! crido
Guibour, de la raço abourrido
Bessai que sies, lengo marrido !
Mai tu noun sies Guibèn lou Comte dóu Court Nas.

Promptement la Comtesse d'Orange — gravit au faîte des remparts : — « Chevalier, dit Guibour, je ne puis vous ouvrir : — avec les femmes tremblantes, — le clerc qui allume les cierges — et les enfants, me voici seule... — Battant les Mograbins et les Marrans féroces*,

Mon beau Guillaume et ses barons — font carnage à cette heure — au cimetière des Aliscamps, là-bas... » — « O Guibour, ton Guillaume c'est moi : mes hommes — (Dieu les endorme dans sa paix !) — sont tous morts, ou sous un comite — vont ramer sur la mer. J'ai vu, au crépuscule,

Arles brûlant, et les Arènes — toutes remplies de cris d'horreur... — De leurs corps chastes et beaux faisant des épouvantails, — les nonnes, dans un saint délire, — pour échapper à la brutalité, — se défiguraient**; à l'orage — Avignon, mort de peur, a ouvert ses portes...

Douce épouse, le cœur me manque ; — et si tu ne fais pas ôter la barre, — ton Guillaume va plier sous les terribles coups des Mograbins... » — « Tu as menti ! s'écrie Guibour, de la race abhorrée — tu es peut-être, ô calomniateur ! — mais tu n'es pas Guillaume, le Comte au Court Nez.

Guibèn, à vòsti chourmo vilo,
Cafèr, noun laisso brula vilo;
Si sòci, pres o mort, Guibèn noun quito ansin;
Contro l'audàci di coursàri
Guibèn aparo miéus qu'un bàrri
L'ounour di vierge; e Guibèn, àrri!
Noun a jamai fugi davans lou Sarrasin! —

Lou Comte d'Aurenjo tresano :
De soun courrèire la caussano
Arrapo emé li dènt; souto soun èume verd
Plourant d'amour e de vergougno,
Subre, emé li dos man empougno
L'espaso, à soun courrèire cougno
Dous bon cop d'esperoun, e part, escalabert.

Es un demoun, es uno aurasso
Que rounflo, emporto, arranco, estrasso :
E toumbo sus lou vòu, e coumparablamen
A quand s'acano lis amelo,
Li tèsto mouro coume grelo
Plovon, curbènt l'erbo que grelo;
Li coucho, broco-au-quièu, fin-qu'à si bastimen,

E di sèt rèi n'en perfènd quatre.
Mai, esto fes, quand de se batre
Lou guerrié revèn mai : — Aro, bèu segne franc,
Dis la Coumtesso fièro e forto,
Poudès intra pèr la grand porto...
Sus lou pont-levadis se porto,
E ié lèvo soun èume e l'embrasso en plourant. —

Guillaume, par vos viles hordes, — mécréant*, ne laisse point brûler les villes ; — ses compagnons, prisonniers ou morts, Guillaume ne les quitte point ainsi ; — contre l'audace des corsaires, — Guillaume défend mieux qu'un rempart — l'honneur des vierges ; et Guillaume, fi donc ! — n'a jamais fui devant le Sarrasin ! »

Le comte d'Orange tressaille : — de son coursier il prend la bride avec les dents ; et, sous son heaume vert — pleurant d'amour, de honte, — soudain, à deux mains il empoigne — l'épée, à son coursier il pique — deux bons coups d'éperon, et part à corps perdu.

C'est un démon, un vent impétueux — qui ronfle, qui emporte, et arrache et déchire : — et il tombe sur la masse ; et pareilles — aux amandes que l'on gaule, — les têtes mores, comme grêle, — pleuvent, couvrant l'herbe qui germe ; — il les chasse, l'épée dans les reins, jusqu'à leurs navires.

Et par lui, des sept rois, quatre sont pourfendus. — Mais cette fois, quand de se battre retourne le guerrier : — « Maintenant, beau sire loyal, — lui dit la fière et vaillante Comtesse, — par la grand'-porte vous pouvez entrer... » — Et sur le pont-levis elle se porte, — et lui ôte son heaume et l'embrasse en pleurant**. »

A Calendau, l'enfant de l'oundo,
Ansin parlè la Fado bloundo...
Plouravo, iéu tambèn: — Aro, fiho de Diéu,
O, lou coumprene, siéu qu'un verme,
Un vermenoun! Mai dins moun erme
O toun bon gran faudra que germe,
O brularai moun sang, iè repliquère... Adiéu!

Leissant Cassis, patrio amaro,
Autant que terro adounc s'esmarro
Moun arèbre desden; e di roucas pela
Me revirant contro li bougno:
— Ah! me sounjave dins ma fougno,
Estatuaire à duro pougno
Que sentiés davans tu lou mabre tremoula,

Espeiandrado e mercantilo,
Quand óufriguères à ta vilo
De la vesti de nòu dins l'ordre courintian,
E que Marsiho, avaro maire,
Te rebufè comme un gastaire,
Ah! grand Puget, quente desaire
Deguè frounsi toun front, nebla toun souleiant!

Mai quand, pèr aureja ta pimo,
Anères, dins l'azur di cimo,
Batre à cop de martèu la roco d'un puget,
E que taières à la bruto,
Furiousamen, tout d'uno buto,
Aquelo grand figuro muto
Que nouman desempièi la Tèsto dóu Puget,

A Calendal, l'enfant de l'onde, — ainsi parla la
onde Fée... Je pleurais, moi aussi : — « Ores, fille
 Dieu, — oui, je comprends que je ne suis qu'un
 r, — un vermisseau ! Mais dans ma lande — il
 ut que germe ton bon grain, — ou j'y brûlerai
on sang, lui répliquai-je... Adieu ! »

Laissant alors Cassis, amère patrie, — âprement
daigneux, je m'en vais tant que terre ; et des rocs
nudés — me retournant contre les bosses : —
Ah ! pensais-je en moi-même dans mon froisse-
ent, — vieux statuaire à dur poignet, — qui sen-
is devant toi trembler le marbre,

A ta ville en haillons et mercantile — quand tu
offris pour la vêtir à neuf dans l'ordre corinthien,
— et que Marseille, mère avare, — te repoussa
mme un gâcheur, — ah ! grand Puget, quel décou-
gement — dut contracter ton front et voiler ton
leil !

Mais quand, pour donner l'air à ton ressentiment,
— quand tu vins, dans l'azur des cimes, — battre
coups de marteau le flanc rocheux d'un pic, — et
ue tu taillas brut, — avec furie et tout d'un heurt,
— cette grande figure muette — que nous nom-
ons, depuis, la Tête du Puget.

Ah! que sabour e que delice
Deguè raja dins lou calice
De toun rufe pegin, en vesènt treluca
Dins la mountagno escalabrouso
Lou mounumen, provo auturouso
De toun audàci pouderouso
E de l'ingratitudo ounte avié trabuca!

Ah! quelle saveur délicieuse — dut ruisseler dans le calice — de ta rude mélancolie, en voyant profilé — dans la montagne abrupte — le monument, preuve hautaine — de ta puissante audace — et de l'ingratitude où elle trébucha*! »

CANT SETEN

LI MÈLE

Lou Comte Severan crèbo de jalousié: es ço que demandavo Calendau. Lou tantost. Au bout d'uno pauseto, lou Cassiden repren. Dis que, baten l'antifo, se bouto dins la tèsto, pèr faire parla d'éu, de cabussa li mèle dóu Ventour. E li desbausso. D'aqui ven dins la Nesco; i'estubo li brusc dóu Roucas dóu Cire, e adus pèr troufèu à-n-Esterello un raioulet de mèu. Mai elo duramen ié reprocho lou chaple de la bouscarasso.

Lou Comte Severan escouto:
A, dins soun cor, deja pres mouto
La negro jalousié; deja vèi soun rivau
Acaligni pèr Esterello;
Deja soun iro couvarello,
Entre li brusc è li caurello,
Vèi flouri, vèi grana l'amour de Calendau.

CHANT SEPTIÈME

LES MÉLÈZES

Le Comte Sévéran crève de jalousie : or c'est le but de Calendal. L'après-midi. Au bout d'une courte pause, le Cassidien reprend : en quête d'aventures, dit-il, il se met dans la tête, pour faire parler de lui, d'abattre les mélèzes du Ventoux. Et il les déjuche. De là, venu dans la Nesque, il étouffe les ruches du Rocher du Cire, et pour trophée apporte à Estérelle un petit rayon de miel. Mais celle-ci lui reproche durement la destruction de la futaie.

Le Comte Sévéran écoute : — déjà dans son cœur s'enracine — la noire jalousie ; déjà pour son rival — il sent l'attraction d'Estérelle ; — déjà sa haine en couvaison, — à travers les bruyères et les valérianes, — voir fleurir, voir grener l'amour de Calendal.

E s'èro pas que vòu tout saupre,
I'a proun de tèms qu'au pèd d'un aubre
L'aurié revessa mort em'un cop de fusiéu.
Mai, envejouso d'Esterello
Tout au countràri, e mirarello
De Calendau, li cassarello
Em'éu voudrien se perdre is oumbro dóu cassièu.

— S'esventravian uno pastèco ? —
Ié vèn Quinge-Ounço, un marrit quèco,
Mai que, tout gribet qu'es, a bessai escoufi
De fouranaire uno escarrado. —
As proun parla, moun cambarado,
Pèr avé la courniolo abrado...
— Es verai, ié respond Calendau, siéu rafi !

Messiés, fai un bèu jour de cauco...
Pèr cabussa coume uno plauco
Dins quauque gou marin, plagneiriéu pas cinq sòu.—
E d'uno citro barbaresco
Se fan passa li rougi lesco ;
E cadun mord e se refresco,
Franc lou Comte amudi que regardo lou sòu.

Coume es l'usanço mountagnolo,
Pièi, martelado en boussignolo,
Cadun tiro em'ourguei uno tasso d'argènt
De soun pouchoun, e bagnon l'encho
Em'un coupet d'andaio tencho.
Mai lou soulèu, dins soun aubencho,
Toumbo pamens un pau, e dardaio indulgènt.

Et n'était qu'il veut tout savoir,—depuis longtemps au pied d'un arbre — il l'aurait renversé mort, d'un coup de fusil. — Mais, envieuses d'Estérelle, — bien au contraire, et admiratrices — de Calendal, les chasseresses — voudraient avec lui s'égarer sous les ombres du parc de chasse.

— « Éventrons-nous une pastèque ? » — lui dit Quinze-Onces, un mauvais drôle — et un criquet, mais qui peut-être, à lui tout seul, a tué de douaniers un bataillon. — « Tu as assez parlé, camarade, — et ton gosier doit être en feu... » — « En effet, Calendal répond, je suis havi !

Pour dépiquer les gerbes, messieurs, c'est un beau jour... — Et pour plonger comme un colymbe* — dans un golfe de mer, je ne plaindrais pas cinq sols. » — D'un melon d'eau de Barbarie — lors ils se font passer les tranches rouges ; chacun mord et se rafraîchit, — excepté le Comte, qui regarde à terre, silencieux.

Selon l'usage montagnard, — ensuite chacun tire avec orgueil de son gousset une tasse d'argent bosselée au marteau, et ils s'humectent le palais — avec un petit coup d'eau-de-vie colorée. — Cependant le soleil, quelque peu moins incandescent, darde ses traits avec plus d'indulgence.

Di mousco lou vounvoun s'acalo;
Molo lou cant de la cigalo,
E dins l'èr mens fougous naisson de brut nouvèu:
Es quauque chi dins la vernedo,
La cardelino i penchinedo,
O dóu cibot de la pinedo
L'esquiròu beluguet rousigant li cruvèu.

Alin, lou couguièu soulitàri,
Au meissounié coume au bestiàri
Anóuncio la beliero, amaga dins li flour;
Emé soun crid, entre li branco
L'agasso fuso, negro e blanco;
E dins si formo puro e franco,
La colo richamen se cargo de coulour.

— An! lou vènt de soulèu aleno:
Aproufichen soun auro leno,
D'aise recoumencè noste ami Calendau,
E sus lou mast larguen bouneto
E parrouquet! — E la jouineto
Qu'èro noumado Fourtuneto:
— O, dis; emai, se vos, mete-iè moun faudau.

— Quand, dins moun pensamen que brulo,
Iéu me repasse que barrulo,
Adounc faguè lou drole, avau dins lou desert
Uno persouno ansin coumplido;
E, tant senado e tant poulido,
Quand iéu me sounge que s'óublido
En coumpagno di loup, di chot e di lesert,

Des mouches le bourdonnement s'apaise ; — de la cigale le chant se ralentit, — et dans l'air moins ardent naissent des bruits nouveaux : — c'est quelque bruant dans l'aunaie, — ou le chardonneret sur les chardons, — ou bien de la pomme des pins — l'écureuil sémillant qui ronge les écailles.

Au lointain, et tapi dans les fleurs, le coucou solitaire annonce le beau temps au moissonneur ainsi qu'aux bêtes ; — en jacassant, et blanche et noire, la pie vole à travers les branches ; — et dans ses formes franchement accusées, — la colline se charge des plus riches couleurs.

— « Allons! le vent solaire soupire : — profitons de son souffle léger, — reprit tout doucement notre ami Calendal, — et sur le mât déferlons les bonnettes — et le perroquet! » — « Oui, dit la jouvencelle — dont Fortunette était le nom, — et, si tu veux, ajoutes-y mon tablier. »

— « Lorsque dans ma tête embrasée, — fit alors le garçon, je réfléchis que là-bas est errante, dans le désert, — une personne aussi parfaite; — et si gentille et si sensée, — quand je pense qu'elle s'oublie — au milieu des hulottes, des loups et des lézards,

E que souleto aqui sejourno,
En tèsto, mau-grat iéu, me tourno
Lou dire dóu vièi masc que rescountrère un cop
E que parlavo d'Esterello,
Aquelo grando encantarello
Que dins li séuvo escalarello
Triounflo, e que di baus canto dins lis ecò.

Soio! Fado Esterello, mounte
Que dites léi, fau que te doumte!...
Is uba dóu Ventour, la damo de Mount-Brun
Avié 'n bouscas, di bèu que i'ague...
Fau bèn que la lambrusco fague
De gau à l'ome, pèr que vague,
A la cimo di ro, n'en rapuga li grun!

Entre tant de colo ounte sauto
Nosto Prouvènço, la plus auto
Belèu es lou Ventour: vesès, d'eilamoundaut,
Li mountagnolo Dóufinenco,
E Coumtadino e Gardounenco,
Talo que d'erso peirounenco,
E lou Rose menu coume un fiéu argentau.

De l'Auro, lou Ventour esfraio:
Coume dirian uno muraio
Se drèisso, fieramen taia de cap à pèd;
Negro courouno de verduro,
Un bos de mèle, ligno duro,
Èro la machicouladuro
Dóu bàrri fourmidable, e pourtavo respèt.

Et que seulette elle séjourne là, — à l'esprit, malgré moi, me revient — le dire du vieux sorcier que je rencontrai une fois, — et son propos sur Estérelle, — cette grande enchanteresse — qui triomphe dans les forêts grimpantes et va chantant dans les échos des monts.

Fée Estérelle, soit! où que tu règnes, il faut que je te dompte !... Au septentrion du Ventoux, la dame de Montbrun * — avait une futaie des plus belles... — Quel est, pour l'homme, quel est donc cet attrait de la vigne sauvage, pour qu'il aille, — à la cime des rocs, en grapiller les grains!

Entre tant de montagnes où bondit — notre Provence, la plus haute, — c'est le Ventoux peut-être : de ce sommet, on voit — les collines du Dauphiné, — du Comtat et du Gard, — telles que des vagues pétrifiées, — et le Rhône menu comme un filet d'argent.

Du nord, le mont Ventoux fait peur : — comme on dirait une muraille — il se dresse, taillé superbement de pied en cap ; — noire couronne de verdure, — un bois de mélèzes, arbres de fer **, — au rempart formidable — servait de crénelure et d'imposants mâchecoulis.

Avié bèn cerca de cepaire
La damo de Mount-Brun : li paire
Nimai li fiéu, degun voulié s'eicervela...
Batènt l'antifo, aqui passère...
A-n-Esterello en iéu pensère...
De l'ine mesure lou grand serre,
Acampe uno destrau, e vague d'escala !

Or, talamen la rancaredo
Èro aspro e resquihouso e redo,
Qu'i racino di bouis, em' i mato d'espi,
Falié manda lis arpo : quouro
Souto mi piado se labouro
La roucassiho, e dindo e plouro
En degoulant avau, dins lou toumple atupi ;

Quouro la roco èro tant drecho,
O la mountado tant estrecho,
Que falié redescèndre e cerca li countour.
E se, pecaire ! d'un lourdige
Ère esta pres, o d'un aurige
Se desboundèsse lou gounflige,
M'espòutissiéu la tèsto au pèd dóu mount Ventour.

Mai lou bon Diéu gardè ma vido.
Quauco esmarrado bedouvido
Sus iéu, de lüen en lüen, s'envoulavo d'un piue :
Après, tout mut ! L'ome qu'escalo
Vèi que la mort : cant de cigalo
Ni de grihet, rèn lou regalo...
Es de liò mounte Diéu n'a passa que de-niue.

Elle avait beau, la dame de Montbrun, chercher
des bûcherons : des pères — ni des fils, nul ne vou-
lait se broyer la cervelle... — En battant le pays, je
passai là... A Estérelle je pensai... — Et de l'œil
mesurant le grand pic, — je ramasse une hache et
monte à l'escalade !

Or la masse rocheuse — était si âpre et glissante
et ardue — qu'aux racines des buis, ainsi qu'aux
touffes de lavande, — il fallait s'accrocher : tantôt,
— labourée sous mes pas, — en tintant et pleurant,
la pierraille — là-bas se précipite, dans l'abîme en
stupeur ;

Tantôt la roche était si raide, — ou bien la rampe
si étroite, — qu'il fallait redescendre et chercher les
détours. — Et par malheur, si un vertige — m'a-
vait pris, ou d'un orage — si le gonflement eût
crevé, — je me brisais la tête au pied du mont
Ventoux.

Mais le bon Dieu garda ma vie. — Quelque mau-
viette, égarée de sa route, — sur moi, de loin en
loin, s'envolait d'un piton : — après, vaste silence !
L'homme qui grimpe — ne voit que mort : ni de
grillon ni de cigale, aucun chant qui l'égaie... —
Lieux sinistres, où Dieu ne passa que de nuit !

Tóuti li fes qu'au founs d'un vabre
Vesiéu d'un liéu lou vièi cadabre :
— *Arribaras ! veniéu... Arribave jamai.*
Amount pamens, di grándi tousco
Vesiéu grandi lis oumbro fousco,
E sus ma tèsto que la bousco
L'enmascado fourèst s'aubouravo que mai.

D'un soulèu à l'autre escalère;
Li pèd, li man me desounglère.
Enfin, à la perfin, rampau de Diéu ! lou su
Tout regoulant, ié sian ! Embrasse
Lou proumié mèle, me tirasse
Dins uno borno, e m'embardasse,
Li cambo routo, mort, e pas un fiéu d'eissu.

Hòu ! un bon som lèu vous restauro.
L'alen, lou fres alen de l'auro.
Me revihè tout gai, l'endeman de-matin :
Aviéu un sa de pan, de viéure
Pèr nòu jour, un ouire de béure,
E ma picosso pèr escriéure
Dins lou vèntre di trounc l'istòri dóu festin.

La Ventouresо matiniero,
En trespirant dins la sourniero
Dis aubre, fernissié coume un pur cantadis
Ounte di colo e di valado
Tóuti li voues en assemblado
Mandavon sa boufaroulado.
Li mèle tranquilas, li mèle mescladis,

Toutes les fois que je voyais d'un if le vieux cadavre au fond d'une ravine : — « Tu arrives ! » disais-je... Je n'arrivais jamais. — Là-haut, des grandes touffes — je voyais cependant grandir les ombres noires, — et sur ma tête qui la cherche — l'ensorcelée forêt se rehaussait de plus en plus.

D'un soleil à l'autre, je gravis ; — de mes pieds, de mes mains j'usai les ongles. — Bref, à la fin des fins, palme de Dieu ! le front — tout ruisselant, nous y voici ! J'embrasse — le premier mélèze, je me traîne — dans une cavité, et je me jette à terre, — les jambes rompues, mort, et trempé de sueur.

Mais un bon somme vous restaure vite. — Le souffle, le frais souffle du vent, — le lendemain matin, m'éveilla tout gaillard : — j'avais un sac de pain, des vivres — pour neuf jours, une outre de boisson, — et puis ma hache, pour écrire — dans le ventre des troncs l'histoire du festin.

La brise matinale du Ventoux, — en respirant dans le fourré — des arbres, frémissait comme une pure symphonie — où des vallées et des collines — toutes les voix en assemblée — auraient envoyé leurs haleines. — Dans un calme grandiose les mélèzes confondus,

Souto la ramo, orro e bouscasso,
Qu'enmantelavo si brancasso,
Vivien, impenetrable au regard dòu soulèu,
Sourd, imbrandable au vènt que boufo.
De mòusiduro emé de moufo
N'i'a qu'èron blanc, e la pinoufo
Amagavo pèr sòu li pège toumbarèu.

Ai! bèu gigant, vièi soulitàri,
Que d'un segren iuvouloutàri
Me boulegas lou cor, perdoun, emai salut!
E tu, Ventour, que sènso crento
As encapa tant de tourmento,
Ourlo vuei dins ti foundamento :
Vas aro pèr toujour perdre toun capelut!

E zóu! coumenço la bataio.
A grand balans, la destrau taio,
Destressounant lou baus que i'a milo an que dor;
Lou ferre, à grand balans, s'encarno
Dins l'aubre dur que s'esbadarno;
E l'escourrau, pouisoun dis arno,
Enterigo lou ferre e plouro en degout d'or.

Tout-en-un-cop l'aubre cracino :
Dòu cabassòu à la racino
Gemis de branco en branco un sourne rangoulun,
E de soun trone, dins la coumbo,
L'aubre de tèsto-pouncho toumbo...
Pereilavau, es uno troumbo
Que trono, e reboumbis en un long tremoulun.

Sous l'effroyable et sauvage ramée — qui servait de manteau à leurs branches énormes, vivaient, impénétrables au regard du soleil, — sourds, inébranlables à la bise. — De moisissures et de mousses — quelques-uns étaient blancs, et par terre, les feuilles mortes recouvraient les troncs caducs.

O superbes géants, vieux solitaires, — qui, d'une involontaire crainte, — me remuez le cœur, oh! pardon! et salut! — Et toi, Ventoux, qui, sans effroi, — as sur ton front subi tant de tourmentes, aujourd'hui hurle dans tes fondements : maintenant, pour toujours, tu vas perdre ta huppe!

C'en est fait! la bataille commence — et brandie à grands coups, la cognée entre, — éveillant en sursaut le sommeil millénaire du rocher à pic ; — et à grands coups brandi, le fer s'implante — dans l'arbre dur qui s'entr'ouvre de force ; et — la térébenthine, poison des teignes, — agace le tranchant et pleure en gouttes d'or.

Tout à coup l'arbre craque : — du faîte à la racine — gémit, de branche en branche, un sombre râlement; et de son trône, l'arbre, au fond de la vallée, tombe, la tête la première... — Aux profondeurs, c'est une trombe — qui roule son tonnerre en longue commotion.

Eh! bèn, majestous coume un papo,
Dins soun emperialo capo
Quand reguère aquéu mèle agouloupa, qu'ansin
Precepitave de l'empèri,
A vous lou dire sèns mistèri,
Un frejoulun de cementèri
Me passè dins lou cors, coume s'ère assassin !

La souvertouso bouscarasso
S'estrementiguè, touto en raço,
D'ourrour !.. Mai, despietous, iéu me pènje i casèr,
E pique dur : di trounc que souscon
I nivo lis astello espouscon ;
Li loubatas alin tabouscon ;
Lis aiglo en gingoulant s'enauron dins lis èr.

De vèire la séuvo descèndre
Coume un glavas, e s'escouiscèndre
E trestoumba, de baus en baus, en brounzissènt
Que fasié pòu, d'aquéli mourre
Lis estajan, vague de courre,
Cresènt que lou Ventour s'amourre...
Li bouscatié de Branto e de Mount-Brun, ensèn

Bramavon : — Quau es lou massacre,
L'abandouna de Diéu, lou sacre,
Qu'avalanco li mèle, amount au tron de l'èr !
Fau avé sauna paire e maire,
Avé 'no fado pèr coumaire,
O s'èstre vist pèr desmamaire
Li chamous banaru, lis ourse e li cat-fèr !

Eh bien, majestueux comme un pape, — dans son manteau impérial — quand je vis ce mélèze enveloppé, qu'ainsi — je précipitais de l'empire, — à vous le dire franchement, — un frisson de cimetière — me passa dans le corps, ainsi qu'aux assassins!

La futaie formidable — s'ébranla tout entière — d'horreur!... Mais au gradin je me suspends impitoyable — et frappant dur : des troncs qui geignent — les éclats jaillissent aux nues ; — au loin les vieux loups déguerpissent ; — et dans les airs en glapissant montent les aigles.

De voir descendre la forêt — comme un déluge, et s'écharper — et rebondir de roc en roc avec fracas, — épouvantés, les habitants de ces montagnes fuient au plus vite, — croyant que le Ventoux s'écroule... — Les bûcherons de Brantes* et de Montbrun ensemble

S'écriaient : « Quel est le massacre, — l'abandonné de Dieu, le maudit, — qui déjuche les mélèzes, du tonnerre, là-haut ! — Il faut avoir égorgé père et mère, — avoir pour commère une fée, — ou bien s'être vu pour sevreurs — les ours, les chats sauvages et les chamois cornus ! »

Nòu jour à-de-rèng tabassère
Coume un perdu : di flanc dòu serre
Cènt cop en resquihant manquère cabussa ;
E di vipèro entre-nousado
Cènt cop veguère li nisado
A moun entour esfoulissado.
Franc d'auvàri pamens, Diéu n'en fugue lausa !

Acaberian lou chaple. E d'uno.
Gai coume un pèis, bouscant fourtuno,
Alargue tourna-mai : la damo de Mount-Brun,
A soun castèu, coume qu'anèsse,
Voulié qu'em'elo festinèsse
E que restèsse e que regnèsse...
Noun, noun ! vivo Cassis, l'amour e lou pan brun !

Quand sias à Saut, i'a'no valado
Que s'espandis en davalado,
A l'oumbro di nòuguié, di blacho e di faiard.
Au desneva, di couladuro
Que regoulejon dis auturo
Entre li flour e la pasturo
S'acampo un rajeiròu, la Nesco... Siéu gaiard,

Ai la jouinesso, ai lou courage,
E la fatigo ni l'oubrage,
Boutas, me fan pas pòu !... Eh ! bèn, se me falié
Remetre à l'obro gigantesco
Qu'entre-prenguère dins la Nesco,
Vès, d'uno princesso mouresco
Amariéu mai, sèt an, coumplaire li foulié.

Neuf jours consécutifs, je frappai — comme un perdu : des flancs du pic — je faillis cent fois, en glissant, plonger dans l'abîme ; — et entortillées entre elles, cent fois je vis les nichées de vipères — se hérisser autour de moi. — Franc d'encombre pourtant, Dieu soit loué,

Nous achevâmes l'abatis. Et une... — Et gai comme un poisson, et cherchant aventure, — au large de nouveau ! La dame de Montbrun, — dans son château, à toute force, — voulait me faire festiner, — et séjourner, et régner même... — Non, non ! vive Cassis, l'amour et le pain brun !

A Sault* commence une vallée — qui s'élargit en pente — à l'ombre des noyers, des chêneaux et des hêtres. — Quand les neiges fondent, les écoulements — qui des hauteurs ruissellent, — parmi les fleurs et le fourrage, — s'y rassemblent en un cours d'eau, la Nesque... J'ai quelque vigueur,

J'ai la jeunesse, j'ai le courage, — et la fatigue ou le travail, — allez, ne m'effraie point !... Eh bien ! s'il me fallait — remettre à l'œuvre de géant — que dans la Nesque j'entrepris, — j'aimerais mieux, durant sept ans, complaire en ses folies une princesse more.

Aquelo Nesco s'encafourno
Dins uno coumbo arèbro e sourno;
E vèn pièi un moumen que la roco subran
S'enarco amount qu'es pas de dire...
Vous parle dóu Roucas dóu Cire :
Ni cat, ni cabro, ni satire,
N'en responde segur, jamai l'escalaran !

Soulet, lou barbajòu lou rasclo
De soun aleto. Dins lis asclo,
Lis abiho sóuvajo aqui fasien de mèu,
Despièi d'annado emai d'annado,
Sèns jamai èstre destournado;
E de la ciro amoulounado,
Se n'en sarié carga vint couble de camèu!

Talo rejouncho de melico
Proun se sabié, mai lico-lico !
Falié trouva 'n camin... E lou baus es tzia,
Ma fe de Diéu! en roucassouiro
Que fai ferni! Dins li sansouiro,
Sus li pounchoun de la fichouiro
Un tau souvènti-fes mourrejo, amalicia ;

E iéu peréu. La fam de glòri,
L'envejo que, lusènt e flòri,
Moun noum de bouco en bouco anèsse resclanti,
Fin-qu'is auriho de la damo
Que segnourejo sus moun amo,
M'aurié fa traire dins li flamo !
De tout lou necessàri adounc bèn alesti,

Cette Nesque s'engouffre — dans une gorge anfractueuse et sombre ; — et vient ensuite un point où le roc brusquement — et incroyablement se cabre...
— C'est du Rocher du Cire qu'il s'agit : — ni chat ni chèvre, ni satyre, — je vous en réponds bien, jamais n'y grimperont !

Seule l'hirondelle de roche le rase — de son aile. Dans les fentes, — les abeilles sauvages faisaient là du miel, — depuis des années innombrables, — sans être jamais dérangées ; — et de la cire amoncelée, — vingt paires de chameaux en auraient eu leur charge !

Un tel amas de miel — était connu sans doute, mais, bernique ! — Il fallait trouver un chemin..... Et le roc est taillé, — ma foi de Dieu ! à pic — et à faire frémir ! Dans les landes salées, — sur les pointes du trident — un taureau maintes fois se rue avec colère :

Et moi aussi. La faim de gloire, — l'envie de voir mon nom, brillant et triomphant, aller de bouche à bouche retentir — jusqu'aux oreilles de la dame souveraine de mes pensées, — m'aurait fait jeter dans le feu ! C'est pourquoi, bien nanti de tout ce qu'il fallait,

Parte pèr lou Roucas dòu Cire.
M'ère avisa, d'abord fau dire,
D'un genèbre nascu vers lou cengle dòu ro...
Bon! Un droulas m'acoumpagnavo;
Lou seren de la niue bagnavo
Nòsti camisolo; regnavo
Pas lou mendre souspir de Rau o d'Eisserò.

Pèr un countour, emé proun peno,
Gagnan la cimo de la peno.
Au trounc de moun genèbre estaque un long traiau;
A moun traiau pièi me pendoule,
Souto lou bàrri pièi me coule
Em'uno gorbo, e me ventoule
Dins l'empèri dòu vènt, dòu tron e de l'uiau.

E tout-d'un-cop sènte qu'embaumo!
E souto ièu vese uno baumo,
E contro la paret m'arrape emé l'artèu,
E que trove?... Uno meraviho!
Messiés, belèu cènt brusc d'abiho,
Rejoun, famiho pèr famiho,
Coume un poulit vilage au pèd de soun castèu.

La pichouneto republico
N'avié qu'uno obro : la melico.
E tóuti li matin, à drapèu desplega,
La republico touto entiero
Prenié lou vanc sus la cousticro;
Pièi au tremount, di genestiero
Entournavo à l'oustau ço qu'avié rapuga...

Vers le Rocher du Cire je dirige mes pas. — J'avais remarqué, dois-je dire, — un genièvre sorti vers la corniche du roc... — Très-bien ! Un gars m'accompagnait ; — le serein de la nuit mouillait nos vestes ; — et dans l'air, pas le moindre soupir de Rau ou de Siroc*.

Par un circuit, assez péniblement, — nous gagnons le sommet de la croupe. — Au tronc de mon genièvre j'attache un long câbleau ; à mon câbleau puis je me pends ; — sous le rempart puis je me coule — avec une corbeille, et me voilà flottant — dans l'empire du vent, et de l'éclair, et de la foudre.

Or tout à coup je flaire une odeur embaumée ! — Et au-dessus de moi j'aperçois une grotte, — et contre la paroi cramponnant mon orteil, — qu'est-ce que je trouve ?... Une merveille, messieurs ! Peut-être cent ruches d'abeilles, — groupées, famille par famille, — comme un joli village au pied de son château.

Et la petite république — n'avait qu'une occupation : le miel. — Tous les matins, enseignes déployées, — la république tout entière — prenait l'essor sur les coteaux ; — puis au logis, à la tombée du jour, elle rentrait le suc qu'elle avait picoré dans les genêts...

Èro pecat, me n'en counfèsse,
Qu' entre-dourmido l'estoufèsse,
O gènto, o praticouso e freirouso nacioun !
E que ma man, traito e crudèlo,
Crebant ta blouindo ciéutadello,
Dins li boudousco muscadello
Escampèsse la rouino e la desoulacioun !

Mai èro escri !... Lou sóupre tubo,
Li gros eissame dins l'estubo
Toumbon en vounvounant, e zóu! mete à bassa
Li bresco d'or. E d'aquéu baume
Fasèn arlaud, fasèn guihaume...
Un counquistaire de reiaume
En ardour, m'es avis, noun m'aurié sarpassa !

Malo crebado lis abiho !
Di bresco d'or aquelo piho
Durè tant que la niue nous dounè de frescour
E de sournuro... Mai quand l'Aubo,
Sèmpre enemigo de qu raubo,
Espandiguè sa blanco raubo
Sus li serre, e que tout lusiguè de blancour,

Ai ! lis abiho encaro vivo,
O li que l'Aubo recalivo,
Dis asclo dóu roucas, em' un aigre vounvoun,
Desboundon, m'agarrisson... Dire
Lou reboulimen, lou delire,
L'orre e desespera martire...
Cresiéu qu'ère fouita d'ourtigo e d'agavoun !

Oui, je l'avoue, c'était un crime — que de t'étouffer endormie, — ô nation fraternelle, charmante, industrieuse ! — un crime d'effondrer, traitreusement, cruellement, ta citadelle blonde, — et, dans tes gaufres odorantes, — de répandre la ruine et la désolation !

C'était écrit !... Le soufre fume, — les lourds essaims dans l'épaisse fumée — tombent en bourdonnant, et nous mettons à sac — les rayons d'or ! Et ce baume — nous voici au pillage et au transbordement... — Un conquérant d'empires, — vraiment ne m'aurait pas surpassé en ardeur !

La malepeste les abeilles ! — Des gaufres d'or cette fraude — dura tant que la nuit nous prêta sa fraîcheur — et ses ténèbres... Mais quand l'Aube, éternelle ennemie des larrons, — fit luire sur les monts sa blanche robe, et que tout se vêtit de blancheur,

Aïe ! les abeilles encore vives, — ou celles que l'Aube réchauffe, — aigrement bourdonnantes, des fentes du rocher — font irruption, m'assaillent..... Comment dire — la torture, la démence, — le martyre inouï, désespéré ?... — Je crus qu'on me fouettait d'épines et d'orties !

Qu'es l'agavoun e qu'es l'ourtigo,
A respèt d'acò ? De coutigo !..
Cènt milo dardaioun me pougnon à la fes
  Emai demoron dins la plago...
  Ai! entre li cènt milo dago,
  Iéu, à la cordo que m'embrago
Pènje, despoutenta, coume uno armeto qu'es

Au Peiròu d'òli coundanado...
  E pèr fugi la verinado,
Enrabia de doulour, la tèsto coume un bro,
  Arpatejant di quatre mèmbre, —
  Ai! Nosto-Damo-de-Setèmbre,
  Quéntis angouisso! — en destinèmbre,
Vole em' un cop de pèd me bandi lieun dòu ro :

La cordo que buto lou Diable,
Emé de bound espaventable
Trigosso dins lis èr moun cadabre... Se iéu
  (O grant saint Crist, quand m'ensouvène !)
  Se iéu, tóuti li fes que vène
  Contro lou baus, noun me retène
Em' un cop de taloun, m'escrachave tout viéu !

La Nesco, peravau, afrouso,
Durbié sa gorgo tenebrouso...
— Moustre ! diguère enfin, de la fièro Bèuta
  Pèr óuteni l'auto councòrdi,
  O dòu mens la misericòrdi,
  Auras soufert coume un pan d'òrdi
Souto lou four brulant ! e pièi, deseireta,

Et qu'est-ce que l'ortie, et que sont les épines — après de cela? Des chatouillements!... — C'est cent mille aiguillons qui à la fois me piquent — et restent dans la plaie... — Aïe! entre les cent mille dagues, — à la corde qui m'enchevêtre, — moi, je pends impuissant, et tel qu'une âme en peine

Au Chaudron d'huile condamnée*..... — Pour échapper à ces jets de venin, — enragé de douleur, la tête boursouflée, — me démenant de tout mon corps, — aïe! Notre-Dame-de-Septembre, quelles angoisses! — par mégarde, je veux d'un coup de pied me lancer loin du roc:

La corde, poussée par le Diable, — avec d'épouvantables bonds — agite dans les airs mon cadavre... même, — (ô grand saint Christ, quel souvenir!) — si chaque fois que j'arrivai — contre le mur, je ne m'étais garé — par un coup de talon, je m'écrasais tout vif!

Et là-dessous la Nesque affreuse — ouvrait sa ténébreuse gorge... — « Maugrebleu! dis-je enfin, de fière Beauté — pour obtenir les hautes grâces, — ou tout au moins la commisération, — j'aurai souffert comme un pain d'orge — sous la fournaise ardente! et puis déshérité,

Faudra mouri ! — La despaciènci
Me dounè forço, cor e sciènci :
Auto! de mi det boufre, apoustemi, doulènt,
Arpie la cordo que me nouso ;
Dis abiho revoulunouso
Fènde la nèblo verinouso ;
Auto! e vers lou cresten me guindant, tout vióulènt

Sorte dóu cros coume sant Ladre.
Pougnès, abiho, aro siéu ladre !
Aro respire l'èr di mountagno e di brusc...
Anas, mousqueto ! anas, eissame,
Dire à ma rèino que iéu l'ame !
A ma rèino digas tout flame
Que dóu Roucas dóu Cire ai desnisa li brusc !

Mai iè fuguère pulèu qu'éli...
Mi bèlli damo, coume aquéli
Qu', entre leissa la ribo, au lou mau dóu retour,
Noun poudièu plus teni sesiho ;
Avièu moun sang sus la grasiho,
E bevièu l'auro de Marsiho,
L'aureto de la mar, coume un vas de sentour.

A moun coulègo d'aventuro
Abandounant, dounc, la caturo,
Dins un canoun de cano un raioulet de mèu,
Garde pas mai, adièu !... I cimo
De la Prouvènço maritimo,
Coume, pèr acampa si bimo,
De-vèspre li cabrié sonon dóu calaméu,

Il me faudra mourir ! » L'impatience — me donna force et courage et engin : — en avant ! de mes doigts tuméfiés, endoloris, — je saisis vivement la corde qui me noue, — des abeilles tourbillonnantes — je fends le brouillard venimeux; — en avant ! et vers la crête me guindant avec furie,

Tel que Lazare, je sors de la fosse. — Piquez, abeilles, je suis insensible, à présent ! — A présent, je respire l'air des montagnes et des bruyères... — Allez, petites mouches ! allez, essaims — dire à ma reine — que du Rocher du Cire j'ai déniché les ruches !

Mais j'arrivai plus vite qu'elles... — Mes belles dames, comme ceux — qui, à peine embarqués, ont le mal du retour, — je ne pouvais durer en place; — j'avais mon sang sur le gril, — et de Marseille je humais la brise, — la brise de la mer, ainsi qu'un vase de senteur.

A mon compagnon d'aventure, — aussi, laissant tout le butin, — sauf un rayon de miel que j'emporte avec moi dans un tuyau de canne, en route !... Sur les hauteurs — de la Provence maritime, de même que, le soir, pour rassembler leurs chèvres, les chevriers sonnent du chalumeau,

Ansinto ma troumpo marino
Boumbavo li coumbo azurino...
La rèino dóu Gibau, de soun aspre sejour,
L'entendeguè; di verd pinastre
Fasènt sourtido coume un astre:
— T'ai, me diguè, pres pèr un pastre...
— E lou pastre, iéu fau, t'a presso pèr lou jour!

Fado Esterello, en toun palegue
Nous veici mai, e Diéu çai siegue!
Pèr toun bouquet de noço, aquesto fes, moun bras
Te vèn óufri touto la brueio
D'un bos de Mèle, trounc e fueio,
E d'un reiaume la despueio
Qu'avié pèr defensour tres cènt milo matras! —

E de la sèuvo espalancado
Alor iè conte l'abracado;
E dóu Roucas dóu Cire alor conte l'ancoues...
Mai, la calaumo de soun brinde
Trefoulissènt, un rire linde
Que i'a, tant clar, gens d'or que dinde,
Sus si bouco esclatè coume uno flour d'aloues.

— Sabes que sies? dis, un bèu nèsci!...
Oh! n'i'a pas dous de toun espèci!...
As merita, bregand! de vèire à toun entour
La terro maire se prefoundre
E dóu bon Diéu l'obro s'escoundre,
E que ta caro se desoundre
Coume as desounoura la caro dóu Ventour!

De même ma trompe marine — frappait les échos des gorges d'azur... — La reine du Gibal, de son scabreux séjour, — l'entendit; et des pins, des pins verts et sauvages — faisant sa sortie comme un astre : — « Je t'ai pris, me dit-elle, pour un pâtre... » — « Et le pâtre, lui dis-je, t'a prise pour le jour !

Fée Estérelle, dans les lieux que tu hantes — nous voici de nouveau, et céans Dieu soit-il ! — Pour ton bouquet de noces, cette fois-ci, mon bras — te vient offrir toute la végétation — d'un bois de Mélèzes, troncs et feuilles, — et la dépouille d'un royaume — qui, pour défenseurs, avait trois cent mille dards ! »

Et de la forêt croulante — je lui conte le chablis; — et du Rocher du Cire je lui conte l'angoisse... — Mais son calme d'allure, — Dieu! tressaillant soudain, un rire limpide, — rire plus clair que tous les tintements de l'or, — éclata sur ses lèvres comme la fleur d'un aloès.

— « Sais-tu ce que tu es? dit-elle, un beau naïf !... — Oh! il n'en est pas deux de ton espèce !... — Tu as mérité, drôle! de voir autour de toi — la terre mère s'engloutir — et se cacher l'œuvre divine, — et de perdre l'honneur de ta face — comme tu as déshonoré la face du Ventoux!

Santo di Baus! que l'ome es bèsti!
D'ana, crudèu, gasta lou vièsti
Qu', ufanous, èro tra subre l'osso di mount,
E de pas vèire qu'uno brigo
Se fourviant, quau noun poussigo
Dins soun draiòu uno fournigo,
Fai obro de vertu mai valènto eilamount!...

Pièi, reprenènt soun èr cirège:
— Engendramen de sacrilège,
Dins lou vaste univers, dis, creson tout de sièu!...
Avès di baisso la pourtagno,
Avès l'óulivo e la castagno
Dóu pendoulié... Mai di mountagno
Li cresto parpelouso aparténon à Diéu!

Que vautre, pevoulin e verme,
Pèr d'interès ountous e merme,
Afera, vous chaplès de-longo, se coumpren:
Viéure, pèr vautre, es uno cargo;
L'amour, l'ourrour, tout vous desmargo;
Peitrino d'ome es pas proun largo
Pèr caupre lou grand èr e lou bonur seren.

Mai èli, lis aubre di serre,
Èli que, siau, rege, sincère,
Mau-grat li quatre vènt, enauron si capèu;
Èli sus quau peson lis age
Mens que l'aucèu qu'es de-passage;
Èli que, contro voste usage,
Lou vieiounge aboundous rènd plus fort e plus bèu;

Saintes des Baux! que l'homme est bête! — d'aller, cruel, gâter le vêtement — qui, superbe, était jeté sur l'ossature des monts, — et de ne pas voir que celui qui se biaise, pour ne pas écraser, — dans son chemin, une fourmi, — fait œuvre de vertu plus méritoire en haut!... »

Puis, reprenant son mauvais air : — « Génération sacrilège, dit-elle, — dans le vaste univers ils croient tout à eux!... — Vous avez la moisson des plaines, — vous avez la châtaigne et l'olive — du coteau... Mais des montagnes — les crêtes sourcilleuses appartiennent à Dieu!

Que vous autres, insectes et vers, — pour de honteux, d'infimes intérêts, — hagards, vous vous hachiez sans trêve, on le comprend : — c'est pour vous une charge que vivre; — l'amour, l'horreur, tout vous égare; — poitrine d'homme n'est point assez large — pour tenir le grand air et le bonheur serein.

Mais eux, les arbres des sommets, — eux qui, sincères, calmes, rigides, — malgré les quatre vents, portent hautes leurs têtes; — eux sur qui pèsent les ans — moins que l'oiseau de passage; — eux qu', à l'inverse de vous autres, — la vieillesse plantureuse rend plus forts et plus beaux;

Éli, soulènni calamello
Que l'auro, à plen de gargamello,
Fai canta coume d'orgue; éli, richas e bon,
Que largon la fresquiero e l'oumbro
Despièi tant d'an que noun se noumbro;
Éli, cabeladuro soumbro
De la terro, e peirin dis eissourg e di font,

Leissas-lèi viéure! car a jabo
Sourgènto dins si trounc la sabo,
Car soun li nourrigat, li fiéu ameirassi,
La gau, la glòri couloussalo
De la nourriço universalo!
Leissas-lèi viéure, e de sis alo
Peréu vous recatant, de joio vai clussi

La grando clusso!... Ah! la Naturo,
S'escoutavias sa parladuro,
Se la calignavias, en-liogo malamen
De i'ana contro, de si pousso
Dos mousto de la, mai que douço,
Rajarien sèmpre, e dins li brousso
Regoularié lou mèu pèr voste abalimen...

Oh! mai, se ié fasès d'óutrage,
Se i'esplouras soun bèu carage
En ié desverdegant e cepant e roumpènt
Si bouscarasso vierginello,
A la terriblo reganello
De soun implacablo prunello,
Oh! noun, cresegués pas d'escapa! Dis apènd

Eux, solennels pipeaux — que la bise, à plein larynx, — fait chanter comme des orgues; eux, opulents et bons, — qui versent la fraîcheur et l'ombre — depuis des années innombrables; — eux, chevelure sombre — de la terre, et parrains des sources et des fontaines,

Laissez-les vivre! car à profusion — sourd dans leurs troncs la sève, — car ils sont les fils aimés, les nourrissons inséparables, — la joie, la colossale gloire — de la nourrice universelle! — Laissez-les vivre, et de ses ailes — vous recouvrant aussi, va glousser d'allégresse

La grande couveuse!... Ah! la Nature, — si vous écoutiez son langage, — si vous la courtisiez, au lieu de la combattre méchamment, de ses mamelles — deux flux de lait, souverainement doux, — jailliraient sans tarir, et dans les brandes — ruissellerait le miel pour votre nourriture...

Oh! mais si vous l'outragez, — si vous mettez en pleurs son beau visage — en lui violant et coupant et brisant — ses grandes futaies vierges, — à la terrible fixité — de son implacable prunelle, — oh! non, ne croyez point échapper! Des contre-forts

E di deliéure de si colo,
Fara boumbi lis aigo folo,
E crebaran li flume, e sabes que veirés?
De brès d'enfant flouta sus l'oundo,
Li mas blanc, li terrado bloundo
Souto lis avalanco broundo
S'aclapant, e pertout un orre coumpeirés!

Ah! lis Abibo de la Nesco
Sus lou raubaire de si bresco
An bèn venja li Mèle, e me fai bèn plesi!... —
Èro esfraiouso : li coulèro
De la Naturo austrouso e fèro
Entrounissien sa voues sevèro,
Dins soun iue venjatièu pareissien trelusi...

Autour de ma tèsto esglariado,
Li guèspo entendièu, enrabiado,
Brounzi, revouluna tourna-mai; e vesièu
Lis aubre mort, tau qu'uno armado
Espeloufido, abrasamado,
Alin secoutre sa ramado
E de-mourre-bourdoun s'avança contro ièu.

La Maire-Grand, touto en lagremo,
Semblavo aguè si terro-tremo...
E dins li garagai pèr la flamo rafi,
E dins li coupo founso e blavo
De la mountagno, me sèmblavo
Que la cendrado emé la lavo,
Furiouso, jusqu'i nivo anavon s'esclafi...

Et des brèches de ses collines — elle fera bondir les eaux folles, — et crèveront les fleuves, et sais-tu ce qu'on verra ? — Des berceaux d'enfants flotter sur l'onde, — les maisons blanches, les blondes terres, — sous la raideur des avalanches — s'effondrant, et partout un empierrement horrible !

Ah ! les Abeilles de la Nesque — sur le ravisseur de leurs gaufres — ont bravement vengé les Mézes, et tant mieux !... » — Elle était effrayante : les colères — de la Nature orageuse et sauvage — faisaient tonner sa voix sévère, — et dans son œil vindicatif paraissaient luire...

Autour de ma tête effarée, — j'entendais le guêpier, avec rage, — bourdonner, tourbillonner encore ; et je voyais — les arbres morts, tels qu'une armée — échevelée, ardente, inexorable, — au loin secouer leur ramure, — et, rampant sur leurs têtes, s'avancer contre moi.

La grande Aïeule tout en larmes — semblait avoir des tremblements... — Et des abîmes par la flamme calcinés — et des cratères livides et profonds — de la montagne, il me semblait — que la cendre et la lave, — furibondes, allaient jusqu'aux nues rebonder...

Èro esfraiouso. L'escoutave,
Iéu, tèsto souto, e m'amatave,
Repentous de moun crime, e de moun impieta
Tout vergougnous... Mai Esterello
Véi lou remors que me bourrello;
E, de moun cor gouvernarello
Coume la maire l'es dóu fiéu que fai teta :

— De toun desfèci me regale;
Ta penitènci m'es un chale,
Apound, e dins acò, te perdoune belèu...
Car la fourèst sus lis auturo,
Pèr la vertu de la Naturo,
Redreissara soun estaturo,
E tu, mort, plus jamai reveiras lou soulèu.

Adounc, vai-t'en en pas! E s'ome
Tournes enfin e gentilome,
Te dirai s'èro dous lou mèu que m'as adu. —
Oh! parauleto claro e gènto!
Lou cèu se duerb, l'oundo s'argènto,
Di roco lou lauroun sourgènto
Entre li flour!... Cantas, roussignòu escoundu!

— L'as dounc agudo, au bout dóu comte?...
An! coupen court, diguè lou Comte...
A la fin, pièi, nous fas iraisse, rebabèu!...
— Noble segnour, aguès paciènci!
Car lou restant, sarié counscïènci
De n'en priva Vosto Eicelènci,
Ié respond Calendau, es bessai lou plus bèu!

Elle était effrayante. Moi, je l'écoutais, — la tête basse, humble, — repentant de mon crime, et tout honteux — de mon impiété... Mais Estérelle — voit le remords dont je suis bourrelé ; — et de mon cœur maîtresse, — comme la mère l'est de l'enfant qu'elle allaite :

— « De ton déboire, ajouta-t-elle, je jouis, — ta pénitence me délecte, — et malgré que j'en aie, peut-être bien je te pardonne... — Car la forêt sur les hauteurs, — par la vertu de la Nature, — se redressera tôt ou tard, — mais toi, une fois mort, tu ne reverras plus le soleil.

Va donc en paix ! Et à la longue, — si tu retournes homme et gentilhomme, — je te dirai s'il était doux le miel que tu m'as apporté... » — Oh ! parole suave et claire ! — Le ciel s'ouvre, l'onde s'argente, — des roches la source jaillit — entre les fleurs !... Chantez, ô rossignols mystérieux ! »

— « Tu l'as donc possédée, somme toute !... — Voyons, coupons court, dit le Comte... — A la fin, tu irrites, avec ton rabâchage !... » — « Noble seigneur, veuillez patienter ! — car ce serait conscience que de priver Votre Excellence du restant, — lui répond Calendal, c'est peut-être le plus beau ! »

CANT VUECHEN

LI COUMPAGNOUN

Calendau, repentous de la destrucioun di Mèle, s'envai en roumavage au bos de la Santo-Baumo. Pèr cop d'astre, li Coumpagnoun dóu Tour de Franço — qu'avien jouga entre éli li vilo de Marsiho — se i'èron rendu pèr se batre. Lou Tèmpl de Salamoun. Mèste Jaque e Soubiso. Lou pescadou, pres pèr arbitre, arresouno poulidamen li coumbatènt. Lou Pont d' Sant Benezet. Pretouca i lagremo, li mesteirau s'embrasso sus lou prat-bataié.

  D'aqui, — pèr espia moun crime.
  Lou chaple di Mèle sublime, —
Vouguère, à pèd descaus, me rèndre en de voucioun..
  Ounte? Au bos de la Santo-Baumo.
  Anen! A Gèmo, entre dos caumo,
   Dins un valoun, messiés, qu'embaumo,
Intre dounc, m'espassant en douço ravacioun...

CHANT HUITIÈME

LES COMPAGNONS

Calendal, repentant de la destruction des Mélèzes, va en pèlerinage au bois de la Sainte-Baume. Par aventure, les Compagnons du Tour de France — qui avaient joué entre eux la ville de Marseille — s'y étaient rendus pour se battre. Le Temple de Salomon. Maître Jacques et Soubise. Le pêcheur, pris pour arbitre, harangue galamment les combattants. Le Pont de Saint Bénézet. Les ouvriers, touchés aux larmes, s'embrassent sur le champ de bataille.

« De là, pour expier mon crime, — l'abatage des Mélèzes grandioses, — en pieux pèlerin, savez-vous où, nu-pieds, je voulus me rendre! — Au bois de la Sainte-Baume. — Allons! A Gémenos, entre deux croupes, — dans un vallon qui embaume, messieurs, — j'entre donc, m'égarant en douce rêverie*.

Caminen plan : belli viergeto
Que dins Sant-Pous èron moungelo,
Encaro, pèr li frais e li pibo, segur
Dèvon treva ! L'auro óudourouso,
L'ecò dóu baus, l'aigo amourouso,
De soun istòri souloumbrouso
Encaro, ivèr-estièu, animon si murmur,

E vous racounton à la chuto
Ço que veguèron : d'uno buto
L'Amour ounnipoutènt crebant lou mounastiè,
La roumpeduro dóu cilice,
E lou festin e li delice,
E pièi l'escande e lou suplice,
E la Glèiso en courrous aclapant l'abadiè...

Anen toujour ! De la mountagno
Arribe au còu nouma Bartagno...
Mai qu vous a pas di que, de la man d'eila,
Ièu vau entèndre uno brounzido,
Orro e counfuso à moun ausido,
Coume d'ourlado enrauquesido
E de bram bestialen e de crid esquila...

Moun camina devenguè pigre :
Me demandave se li tigre,
Lis ieno, li pantèro e lioun african,
Èron vengu, roumièu sóuvage,
Au Sant-Pieloun en roumavage,
O se, roumpènt soun esclavage,
Li demòni d'infer menavon tau boucan.

Cheminons lentement: les belles jeunes vierges — qui dans Saint-Pons étaient nonnains, — encore parmi les frênes et les peupliers, bien sûr — doivent errer! La brise balsamique, — l'écho du roc abrupt, le flot énamouré, — de leur histoire nébuleuse — encore, hiver, été, animent leurs murmures,

Et ce qu'ils virent, à voix basse — vous le racontent : d'une poussée — le tout puissant Amour enfonçant le monastère, — et la rupture du cilice, — et le festin délicieux, — puis le scandale et le supplice — et l'Église en courroux effondrant l'abbaye.

Allons toujours! De montée en montée — j'arrive au col nommé Bartagne... — Mais ne voilà-t-il pas que, de l'autre côté, — un bourdonnement sourd, effrayant et confus, vient frapper mon ouïe, — comme on aurait dit des hurlements rauques, — des beuglements de bêtes et des cris glapissants!...

Mes pas se ralentirent: — je me demandais si les tigres, — les hyènes, les panthères, les lions africains, — étaient venus, sauvages voyageurs, — en pèlerinage au Saint-Pilon*, — ou si, rompant leurs chaînes, — les démons d'enfer menaient ce vacarme.

O soulitudo incoumparablo!
La Santo-Baumo venerablo
Se moustravo eilalin à mis iue; lou Plan d'Aup
  A mi pèd s'estendié; la peno,
  Ounte dis Ange la man leno
  Vengué bressa la Madaleno,
Au mitan d'un grand bos bluiejavo amoundaut.

Dóu bos tranquile sus li cance
I'a quaucarèn... Au-mai avance,
Vese mòure au soulèu un negre fourniguié;
  Au-mai regarde, recounèisse
  Qu'es de ma raço e de moun sèisse;
  Finalamen, vese aparèisse
La bataio en furour e soun caud beluguié.

Que, tron-de-milo, eiçò pòu èstre ?...
Hòu! siegue lou diable! Escaufèstre,
Esglàri, tramblamen, zóu! Vèngue peiròu rout!
  Estùrti quau se desaleno
  Pèr rabaia 'no pauro gleno!
  I gràndi mar i'a li baleno,
E, sènso navega, degun vai au Perou!

Èro uno bourjounado folo
De fièr jouvènt: pèr li draiolo
E rapidi valat d'uno coumbo, quand plòu
  A brassado, lis aigo aurivo
  Qu'emé lou tron gisclon di nivo
  E que la davalado abrivo,
Mens afrouso, à la mar toumbon di degoulòu:

O solitude sans seconde! — La Sainte-Baume
vénérable, — au lointain, se montrait à mes yeux;
le Plan d'Aups — à mes pieds s'étendait; et le rem-
part de roche, — où la douce main des Anges —
vint bercer la Magdeleine, — au milieu d'un grand
bois, s'élevait bleuissant.

Il y a, sur l'orée du bois tranquille, quelque
chose... En avançant, — je vois se mouvoir au
soleil un noir fourmillement; — en regardant, je
reconnais — et ma race et mon sexe; — à la fin,
je vois apparaitre — la bataille en fureur et sa bouil-
lante agitation.

Mille tonnerres! qu'est ceci?... — Après tout,
que ce soit le diable! Suées, — alarmes, tremble-
ments, bah! arrive qui plante! — Sot est celui qui
se met hors de souffle — pour ramasser une chétive
glane! — Aux grandes mers sont les baleines, —
et sans navigation, nul ne va au Pérou!

C'était une enragée cohue — de jeunes hommes
fiers : par les sentes — et rapides ravins d'une
gorge, lorsqu'il pleut — à brassées, les eaux farou-
ches — qui avec le tonnerre jaillissent des nuages,
et qu'accélère la descente, — à la mer, moins
creuses, tombent des précipices;

Mens fèr, mens encagna, boudrejon
Li cabrian, e voulastrejon
E guignon soun fissoun dins l'aire que fernis,
E boumbounejon, quand i tepo,
Varage, róumi e cauco-trepo,
Qu'envirounavon uno cepo,
Un cepaire a mes fió pèr besuscla soun nis.

Li coumbatènt de la mesclado,
Arma de cano mouscoulado,
De grand coumpas de ferre e d'óutis assassin,
Se massacravon! — Fau que duerbe,
Cridavo l'un, emai qu'esbuerbe
Tóuti li Loup! — Iéu, fau que cuerbe
Lou sòu, cridavo l'autre, emé de pèu de Chin!

— Au boio li Gavot! Ah! raço
De Loup capoun! Ah! tartarasso,
Ourlavon, pagas-nous, pagas lou sang d'Iram!
— I, Loup-garou! Chin! i, fulobro!
Pausas nòsti coulour, manobro,
Senoun, bramavon, en coulobro
Vous lis anan chanja! Zóu sus li Devourant!..—

E s'estripavon li dos bando.
La fernetego lis abrando,
Lis avuglo: achini, se lardon lou coumpas,
E moron, la brego escumouso...
Mai la Patrio lagremouso
Que, dins la guerro aspro e fumouso,
Di sóudard enlusis la mort, la veson pas!...

Moins féroces, moins irrités, les frelons pêle-mêle s'agitent voletant, — et dans l'air qui frémit dardent leur aiguillon — en bourdonnant avec strideur, lorsqu'aux gazons, — broutilles, ronces et chausse-trapes, — qui environnaient une souche, — un bûcheron a mis le feu pour flamber leur nid.

Les combattants de la mêlée, — armés de cannes à bouterolles, — de grands compas de fer et d'outils assassins, se massacraient. — « Il faut que j'ouvre, criait l'un, et que j'étripe tous les Loups! » — « Moi, il faut, criait l'autre, que je couvre le sol avec des peaux de Chiens! »

— « Au bourreau les Gavots! Ah! race — de Loups capons! d'oiseaux de proie! — Payez-nous, hurlaient-ils, payez le sang d'Hiram! » — « Hue, Loups-garous et Chiens! hue, fainéants! — Déposez nos couleurs, manœuvres, — sinon, braillaient-ils, en serpents — nous vous les changerons! Mort aux Dévorants!... »

Et les deux bandes s'éventraient. — La frénésie les brûle, — les aveugle: acharnés, ils se plongent le compas dans le corps, — et meurent, la lèvre écumante... — Mais la Patrie en pleurs, — qui, dans la guerre âpre et fumeuse, — des soldats illumine la mort, ils ne la voient pas!

E lou bos vierge, aut e pasible,
Murmurejavo, à peno ausible ;
E l'umble figueiroun, lou féuse dindoulet,
E lou garou, — qu'aqui trouvère, —
Creissien en pas, m'apercevère,
Au pèd di plai, di tuei sevère,
Di roure espelaclous, di grand fau verdoulet.

Veniéu entre lis aubre ; contro
Lou trounc d'un fau, moun pèd rescontro,
Pecaire ! un jouvenas d'uno segeno d'an,
Qu', em' un cop de martèu, la tèsto
I'avien creba dins la batèsto.
Avié, coume pèr uno fèsto,
Lou péu long e trena ; mai de soun front badant

La sanguinado rouginello
Embrutissié péu e trenello...
— Ai ! ma maire ! diguè dins soun darrié badai.
Me penetrè fin-qu'à la molo :
— Gènt miserablo, molo ! molo !
L'amo dóu cors noun vous tremolo ?
Cridère en me jitant, subit, en plen dardai,

Au noum de Diéu ! uno paraulo !...
Faguèron tóuti la cadaulo,
Pèr vèire l'asardous qu'ausavo ié veni
Parla de trèvo : — Laisso ! laisso !
Me repliquèron. E se baisso
Caduu vers terro, e d'uno raisso
De cop de roucassoun m'anavon esterni...

Et du bois vierge, haut et paisible, — on entendait à peine le murmure ; — et l'humble arum, et la fougère grêle, — et le sainbois (que je trouvai par là), — croissaient en paix, comme je m'aperçus, — au pied des sycomores, des ifs sévères, — et des rouvres prodigieux, et des grands hêtres à la verdure tendre.

Je venais à travers les arbres; contre — le tronc d'un hêtre, voilà que mon pied heurte — un pauvre adolescent, de seize ans environ, — dont un coup de marteau avait crevé la tête, dans la rixe. — Il avait les cheveux, comme pour une fête, — longs et tressés; mais de son front béant

Le sang qui coulait rouge — souillait et chevelure et tresses. — « Ah ! ma mère ! » dit-il dans son dernier soupir. — Il me navra jusqu'à la moelle : — « Arrêtez, misérables, arrêtez ! — L'âme du corps ne vous tremble-t-elle pas ? — m'écriai-je, en me jetant soudain en plein foyer,

Au nom de Dieu ! une parole !... » — Ils lâchèrent tous prise — pour voir le téméraire qui osait leur venir parler de trêve : — « Attends ! attends ! » me répliquèrent-ils. Et vers la terre chacun d'eux se baissant, sous une grêle — d'éclats de roche ils allaient m'accabler...

Bèn vai qu'aviéu ma vedigano :
Contro l'assaut de la chavano,
Em' elo sus moun cap fusènt lou viroulet,
Rudo, tant que plóuguè la rousto,
Rude, me boutère à la sousto.
— Fraire, aquéu pan a bono crousto,
L'entamenaren pas, vèuguè l'un. Tout soulet,

S'aparo de tóuti... Ma fisto,
Es lou pu flame bastounisto
Que jamai agnen vist : respeten-lou ! Que vòu ?
— Que vòu ? diguèron... — Vole saupre
Perqué vous lias à cop d'escaupre
E de coumpas. Tuei, roure e caupre,
Lou gréule di mourènt fai crussi... Mai sias fòu ?

Arregardas la sanguiniero
Qu'ensaunousis li cadeniero !
Que ràbi despietouso, ami, vous coumbouris
E vous destrus ? — Arregardèron...
Un brigouloun s'aprivadèron ;
Pièi de tout caire s'escridèron :
— Soio ! soio ! perqué l'arbitraire s'óufris,

Avans de segre la batèsto,
Soumeten-iè nòsti countèsto ;
Juren pèr Mèste Jaque, Iram e Salamoun,
D'óubeï tóuti la sentènci ;
E se quaucun fai resistènci,
Malavalisco ! A la poutènci
Lou mau-toustèms lou couche e d'avau e d'amount !

Par bonheur, j'avais mon bâton de vigne : —
contre l'assaut de la tempête, — avec lui sur mon
front faisant le moulinet, — rudement tant que plurent les coups, — rudement je me mis à couvert. —
« Frères, dit l'un, ce pain a bonne croûte, — nous
ne parviendrons pas à l'entamer. Tout seul,

Contre tous il se pare... Ma foi, — c'est le plus
crâne bâtonniste — que l'on ait jamais vu : respectons-le ! Que nous veut-il ? » — « Que nous veut-il ? » — « Je veux savoir — pourquoi vous vous
tuez à coups de gouges — et de compas. Aux ifs
eux-mêmes, aux rouvres et aux charmes, — le râle
des mourants fend le cœur... Mais vous êtes fous !

Regardez la traînée de sang — qui ensanglante
les genévriers ! — Quelle rage impitoyable, amis,
et vous consume — et vous détruit ?... » Ils regardèrent, — s'apprivoisèrent tant soit peu, — de toute
part puis s'écrièrent : — « Eh bien, soit ! eh bien,
soit ! puisque l'arbitre s'offre,

Avant de poursuivre la lutte, — soumettons-lui
l'objet de nos débats ; — jurons par Maître Jacques,
Hiram et Salomon, — d'obéir tous à la sentence ; —
et si quelqu'un résiste, — qu'il soit maudit ! et
qu'au gibet — le mauvais sort incessamment le
chasse, et d'aval et d'amont ! »

Em' uno ourlado à brando-bàrri
Adounc mountè lou crid : Macàri !
Tout-d'uno, à moun entour, de pertout boumbissènt,
Fourmèron rodo, afera, brounde,
Coume de gènt d'un autre mounde...
Lou mal-auvàri me counfounde,
S'èron pas, lou plus pau, quatorge o quinge cènt !

Forço pourtavon à l'auriho,
En argènt blanc, en or que briho,
Pourtavon pendoula d'óutis de mesteirau,
Coumpas, escaire vo tibleto,
Quau marteletquau destraleto,
La besagudo, la rascleto,
De ferre cavalin, de rèsso e de taraud.

Se n'en vesié, la caro morno,
Qu'avien perdu, sanglènto escorno,
L'auriho e lou pendènt : renavon, escarta
E brandissènt l'armo que tuio;
Forço, pereu, en coulour bluio,
Sus li bras nus pounà l'aguïo,
Avien, misterious, d'entre-signe pinta.

Un capoulié de la batèsto, —
Ié flamejavo sus la vèsto
Un long flo de riban de tóuti li coulour, —
Prengué la paraulo : — Me gripe
Lou gèu de la mort, se m'acipe
A la messorgo ! De-principe,
Vau dire ounte es lou dre, lou devé, la valour.

Avec un hurlement effroyable — alors monta le cri : « Amen ! » — Aussitôt, bondissant de toute part, autour de moi — ils firent cercle, hagards et rogues, — comme des gens d'un autre monde... — Le malencombre me confonde, — s'ils n'étaient pas, au moins, quatorze ou quinze cents !

Beaucoup d'entre eux à l'oreille portaient, — en argent blanc, en or qui brille, — portaient pendus des outils d'artisan, — compas, équerre ou truelle en miniature, — petit marteau ou petite cognée, — la besaiguë, la ratissoire, — des scies ou des tarauds ou des fers à cheval.

On en voyait avec la face morne, — qui avaient perdu, sanglant effort, — l'oreille et le pendant : ils grognaient à l'écart, — en brandissant l'arme homicide ; — beaucoup aussi, en couleur bleue, — sur leurs bras nus à l'aiguille piqués, — mystérieusement avaient des signes peints.

Un des chefs du combat, — sur la veste duquel flamboyait, — multicolore, une touffe de longs rubans, — prit la parole : « Que m'étreigne — le froid de la mort, si je me heurte — au mensonge ! Où en principe — se trouvent la valeur, le droit et le devoir, je vais le dire !

Quand Salamoun lou magnifique, —
Diéu en tout tèms lou glourifique! —
A Diéu aguè basti lou tèmple subre-bèu,
E quand aguè dòu tabernacle
Vist lou ramèu sus lou pinacle,
En recoumpènso dòu miracle
Que venian de counccbre e de faire au simbèu,

I fièu de l'Art lou fièu de Dàvi,
Qu'èro savènt entre li sàvi,
Dounè, souto lou porge, un digne pagamen :
— De l'univers, dis, enfant libre,
Que sias li letro dòu grand libre
E coustrusès miéus que lou vibre
A l'ome de palais, à Diéu de mounumen,

Pèr li planuro e pèr li colo
Avans qu'eissamon vòsti colo,
Coume un vòu d'iroundoun bastissèire de nis,
De pòu que l'auro vous emporte,
Vole que res dòu Tèmple sorte
Sènso qu'un liame lou counforte,
Sèns touca dins sa man la man que reünis.

Dins l'aveni qu'à mis iue greio,
La drudo terro alin coungreio,
Bramo-set, bramo-fam, milo pople divers :
Regardés pas s'es d'aversàri,
De mescresènt o de coursàri...
La ciéuta libro es necessàri...
Bastissès à l'Adré, bastissès à l'Avers.

Quand Salomon le magnifique — (d'une éternelle gloire Dieu éclaire son nom!) à Dieu eut élevé le plus beau de tous les temples, — et quand il eut vu le rameau sur le sommet du tabernacle, — en récompense du prodige — que nous venions de concevoir, dont nous avions jeté les cintres,

Aux fils de l'Art, le fils de David, — qui était sage entre les sages, — sous le porche donna un digne paiement : — « Libres enfants de l'univers, dit-il, — qui du grand livre êtes les caractères, — et qui édifiez mieux que le castor, — à l'homme des palais, à Dieu des monuments,

Par les collines et les plaines — avant que n'essaiment vos bandes, — ainsi qu'une volée de jeunes hirondelles, bâtisseuses de nids, — de peur que l'aquilon ne vous emporte, — je veux que nul ne sorte du temple, — sans qu'un lien le conforte, — sans toucher dans sa main la main qui réunit.

Dans l'avenir que mes yeux voient germer, — la terre féconde procrée, au lointain, — affamés, assoiffés, mille peuples divers : — ne regardez pas si ce sont des ennemis, — des mécréants ou des pirates...
— La cité libre est nécessaire... — Bâtissez au versant du Sud, bâtissez au versant du Nord.

Ounte lis ome s'atroupellon
Anas pertout, se vous apellon.
Mai un mot que vau dire óublidés jamai noun:
Chanje la lengo o lou terraire,
I' a 'n soulet Diéu! sias tóuti fraire!
Restas fidèu sis adouraire,
E de cor e de bras demouras Coumpagnoun.

Mai pèr que l'Art noun se proufane,
E pèr qu'en van degun s'afane,
E que i'ague jamai mens d'erbo que d'avé,
Coume lou bren que l'on courduro
Entre li ple de sa centuro,
De la sublimo Architeituro
Gardas bèn lou Secrèt: vous laisse aquéu Devé...

E vejaqui sus quinto pacho
La despartido fuguè facho...
Malur! à l'ouro d'iuei tout se dis Coumpagnoun,
Li pasto-mourtié se fan mèstre;
Lou sant Secrèt pèr li campèstre
Es apatia: l'Art, à grand dèstre,
Debano... Ansin parlè la Vertu d'Avignoun.

— Pasto-mourtié?... Vautre en persouno!
La Clau-di-Cor de Carcassouno
Respoundeguè. Qu toco i pèiro es dangeirous
De se cacha, dis lou prouvèrbi...
E pourrian descata lou bèrbi
Que rousigo vosto supèrbi...
Enfant de Salamoun, siguès mens auturous!

Où les hommes se rassemblent, — allez partout, — s'ils vous appellent. — Mais n'oubliez jamais un mot que je vais dire : — Que la langue change ou le terroir, — il n'y a qu'un Dieu ! tous vous êtes frères ! — Restez, fidèles, ses adorateurs, — et de cœur et de bras demeurez *Compagnons*.

Mais pour que l'Art ne se profane point — et qu'au travail nul en vain ne s'épuise, — et qu'il n'y ait jamais plus de brebis que d'herbe, — comme le talisman que l'on coud — entre les plis de sa ceinture, — de l'Architecture sublime — gardez bien le *Secret :* je vous lègue ce *Devoir...* »

Et voilà sur quel pacte — la séparation se fit... — Oh ! malheur ! aujourd'hui tout se dit *Compagnon ;* — les gâcheurs s'intitulent maîtres ; — le saint Secret, devenu banal, court les champs : l'Art à grands pas décline... » — Ainsi parla la Vertu d'Avignon [*].

— « Gâcheurs vous-mêmes ! répondit la Clef des Cœurs de Carcassonne. — Quiconque touche aux pierres, dit le proverbe, risque de s'écacher les doigts... — Et nous pourrions découvrir la dartre — qui ronge votre orgueil... — Enfants de Salomon, soyez moins superbes !

L'obro dòu Tèmple, tres cabesso
N'en gouvernavon l'entre-presso :
Mèste Jaque, Soubiso, em' Iram : lou proumié
Nous coumandavo pèr assètre
La pèiro ; Iram avié lou scètre
Dòu brounze dur ; e dins li cèdre,
Soubiso, au mount Liban, marcavo li saumié.

Mai d'un grand crime à l'acabado
Brumejo encaro la tubado :
Iram es sagata... Pèr qu ?... Lis assassin
Podon respondre à la demando :
Or de l'ourrour nais la desbrando :
Vers soun païs cadun s'alando...
E l'antico freirié se desseparo ansin...

Oh ! i'a bèn mai ! Carga de glòri,
Vièi coume Adam, ço dis l'istòri,
Emé sis aprendis que lou seguien, se saup
Que Mèste Jaque, ome pasible,
Cercant un rode inacessible
Pèr medita sus l'Invesible,
Se retirè dòu mounde au sen d'aquéstis Aup.

Amount sus la mountagno blavo
En Diéu un jour que s'isoulavo,
Lis enfant de Soubiso embusca, treitamen,
L'escoutelèron... Mèste Jaque !
Au front li tièu n'an rèn que taque,
E toun sant noum, quau que l'ataque
A menti sèt milo an, mai noun impunamen !

L'œuvre du Temple, trois intelligences — en dirigèrent l'entreprise : — Maître Jacques, Soubise et Hiram : le premier — nous commandait pour asseoir — la pierre ; Hiram avait le sceptre — du bronze dur ; et dans les cèdres, — Soubise, au mont Liban, marquait les poutres *.

Mais d'un grand crime, lors de l'achèvement, — la sanglante vapeur fume encore : — Hiram est égorgé... Par qui ?... Les assassins — peuvent répondre à la demande... — Or de l'horreur naît le débandement : — vers son pays chacun retourne en hâte... — Et l'antique fraternité, voilà comment elle se brise...

Oh ! il y a bien plus ! Chargé de gloire, — vieux comme Adam, l'histoire nous rapporte — qu'avec ses apprentis qui le suivaient, — Maître Jacques, homme de paix, — pour méditer sur l'Invisible — cherchant un lieu de difficile accès, — vint, au sein de ces Alpes, se retirer du monde.

Sur la montagne bleue, là-haut, — un jour qu'il s'isolait en Dieu, — les enfants de Soubise embusqués, traîtreusement, — le poignardèrent... Maître Jacques ! — les tiens au front n'ont point de tache ! — Et qui attaque ton saint nom — a menti sept mille ans, mais non impunément !

Lis aubre de la Santo-Baumo
D'un inmourtau bouquet de paumo
Souloumbraran toun cros, e de veneracioun...
Aqui, despièi, en remembranço
De ta darriero demouranço,
Li Coumpagnoun dóu Tour de França,
Pèr querre si coulour, vendran en prouceessioun!...

Fièu de Soubiso, un mèstre d'aisso
Derroumpeguè: — Pas tant de maisso!
Anen plus remena li fablo d'autre-tèms,
Car, qu l'a vist?... Duberto e clauso
En quatre mot, veici la causo:
De tout la jalousié 's l'encauso.
I'aura, pèr Sant-Jóusè, cènt-un an au printèms

Que de Marsiho en escoumesso
La richo vilo fuguè messo:
Li cors de mesteirau, en dous camp parteja,
D'acord toumbèron que, dóu caire
Ounte farien, en franc jougaire,
Lou plus savènt travai d'escaire,
Restarien soubeiran dóu païs engaja...

Ço que fuguè. Cadun s'aplico...
E baslo, lou Cap-d'obro, lico!
Di fièu de Salamoun arbourè li coulour;
E li vincu, la gaugno palo,
Emé l'arnés darrié l'espalo,
Pèr la carriero principalo
Sourliguèron en cors, avalant sa douleur.

Les arbres de la Sainte-Baume, — d'un immortel bouquet de palmes, — et de vénération, ombrageont ta tombe... — Et là, depuis, en souvenir — de ton dernier séjour, — les Compagnons du Tour de France — pour chercher leurs couleurs viendront à procession!... »

Fils de Soubise, un maître de hache interrompit : — « Moins de jactance! — N'allons plus ressasser les fables d'autrefois, — car, qui a vu?... Ouverte et close — en quatre mots, voici la chose : — la jalousie est la cause de tout. — Il y aura, vienne la Saint-Joseph, cent un ans au printemps

Que fut mise en gageure — la riche ville de Marseille : — partagés en deux camps, les corps de métiers — convinrent que, du côté où l'on ferait, en francs joueurs, — le plus savant travail d'équerre, — demeurerait l'empire du pays engagé...

Ce qui fut. Des deux parts on travaille à l'envi... — Bref, le Chef-d'œuvre, nargue! — des fils de Salomon arbora les couleurs; — et les pâles vaincus, — leur affûtage sur le dos, — par la rue principale, — sortirent en corps, dévorant leur douleur.

Mai quand lou bos noun se retourno,
Fau pas que siegue de Libourno :
Li fiéu de Mèste Jaque, à l'oumbro, dins si rèng
Aculiguèron à reverso.
Li voucacioun li plus diverso,
Lis aspirant de touto merço,
Groulié, fournié, teissèire, enfin tout à-de-rèng ;

Pièi, fort de noumbre, en avalanco,
Après cènt an qu'èron de-manco,
Soun rintra dins Marsiho, emé cop de poung fa,
Disènt : — A nautre la demoro ! —
Lis autre, de brama : — Deforo !
Çai i'a proun chin emai proun toro ! —
De prejit en prejit, à noun plus escaufa,

Nous sian vengu lièura bataio...
Vaqui lou pica de la daio.
— Acò 's acò ! toupen ! diguèron à la fes,
E resten mut coume d'image
Pèr escouta lou juge-maje. —
Tau qu'un magnan sus lou ramage,
Traguère alor mount bout, messiés, coume veirès :

— Mèstre, fustié, massoun e fabre !
Siéu qu'un pescaire de salabre...
Fai vèire que pamens lou mendre bartassoun
Porto, uno fes dóu jour, oumbrino...
Mai coume pòu cadun s'entrino :
Quau vai au champ, quau s'amarino ;
Fau de tóuti pèr faire un mounde... e la meissoun.

Mais quand le bois ne se redresse point, — certainement il n'est pas de Libourne * : — les fils de Maître Jacques, à l'ombre, dans leurs rangs — accueillirent en foule — les professions les plus diverses, — les *aspirants* de toute sorte, — savetiers, boulangers, tisserands, et tout sans exception;

Puis, forts de nombre, en avalanche, — après cent ans d'exil, — ils sont rentrés, les coups de poings tout faits, dans Marseille, — disant : « A nous la demeure! » — Les autres de crier : » Hors d'ici! — N'avons-nous pas céans assez de chiens et de chenilles? » — D'invective en invective, à outrance échauffés,

Nous sommes venus nous livrer bataille... — Voilà le nœud qui est à trancher. » — « C'est bien cela! tôpons! dirent-ils à la fois, — et restons muets comme des statues — pour écouter le *juge-maje* **. » — Alors, messieurs, tel que le ver à soie sur la bruyère, moi, je jetai mon fil, comme vous allez voir :

— « Maîtres, charpentiers, maçons, forgerons! — Je ne suis qu'un petit pêcheur ***... — Cela montre pourtant que le moindre buisson — porte, une fois du jour, son ombre... — Mais, comme il peut, chacun suit son chemin : — qui va aux champs, qui à la mer; — il faut de toutes gens pour faire un monde... et la moisson ****.

> Li païsan tènon en ordre
> Lou terradou : i'a de que mordre,
> Dòumaci, rapinous, au gros de la calour,
> Bevènt caud, manjant de garouto,
> Eigrejon e picon li mouto.
> Entre d'auvàri de la touto,
> E di quatre elemen bravejant la malour,

> Li barcatié, patroun e mòssi,
> Porton la pas e lou negòci.
> Van li sòudard en guerro, e fan bàrri de car
> A la patrio. Avèn li prèire
> Pèr ensigna ço qu'es de crèire;
> E li troubaire, que di rèire
> Nous lauson li vertu dins si vers dous e clar,

> Tocòn, encanton, apoulisson,
> E l'ome dur abourgalisson.
> Enfin, à tèms o tard, li sage e li savènt
> Diton li lèi gouvernarello;
> E quand la nau a si carrello
> Bèn vouncho d'òli, desfourrello
> Si velo vouluntouso, e de Diéu pren lou vènt.

> Oubrié, fustié, massoun e fabre,
> Enarquiba couine de gabre!
> Vaqui lou bastimen ount lou rèi Salamoun
> Vouguè vous jougne à la manobro,
> Tòuti d'acord, mèstre e manobro,
> Cadun paga segound soun obro...
> Qu'èro bèu! — E tambèn, avès fa mar e mount!

Les paysans tiennent en ordre — le territoire : il y a de quoi mettre sous la dent, — grâce à eux qui, âpres à la vie, au fort de la chaleur, — buvant chaud et mangeant des gesses, — soulèvent et brisent les mottes. — Entre mille hasards, — et des quatre éléments affrontant la furie,

Les nautoniers, patrons et mousses — portent la paix et le négoce. — Les soldats vont en guerre, et font rempart de chair — à la patrie. Nous avons les prêtres — pour enseigner ce qu'il faut croire ; — et les poètes, qui nous louent les vertus des aïeux dans leurs vers doux et clairs,

Touchent, enchantent, polissent, — et civilisent l'homme dur. — Enfin, tôt ou tard, les savants et les sages — dictent les lois qui doivent nous régir ; — et quand la nef a ses poulies — bien ointes d'huile, elle déferle — sa docile voilure et de Dieu prend le vent.

Ouvriers, charpentiers, maçons et forgerons, — montés sur vos ergots ainsi que des coqs-d'Inde ! — voilà le bâtiment où le roi Salomon — voulut à la manœuvre vous adjoindre, — tous d'accord, manœuvres et maîtres, — chacun payé selon son œuvre... Que c'était beau ! — Aussi, avez-vous fait monts et merveilles !

Qu'èro bèu, enfant de lumiero,
Quand dins li cor l'unioun proumiero
Encaro nourrissié lou vivènt cremadou !
Li counquistaire, rèi destrussi
E chivau fèr d'Apoucalùssi,
Passavon, sourd coume d'esclùssi,
Embrenigant li pople, aproufoundissènt tout...

Vautre venias: tourna-mai jouino,
Li vilo sourtien de si rouino,
Libro noun, es verai, ni pièucello noun plus,
Mai femo facho, mai matrouno,
De bàrri nòu pourtant courouno,
E dins soun sen, dins sis androuno,
De l'Empèri rouman reçaupènt lou trelus...

Remembras-vous ! La foulo esclavo
Souto la man vous barrulavo
Lis esclapas de roco; e vautre, majourau,
Taiant la pèiro espetaclouso
E de figuro miraclouso
La relevant, rendias jalouso
Li mountagno, e fasias bouca lou Vènt-Terrau!

Ansin, esfatant sa bassesso,
Aurenjo, futuro princesso,
Carpentras, Cavaioun, Sant-Roumié, Sant-Chamas,
S'arrengueirèron en carriero
D'arc-de-triounfle; li serriero
Vous durbiguèron si peiriero:
E l'afera Gardoun, un jour, dins sis ermas,

Que c'était beau, enfants de lumière, — quand l'union primitive dans les cœurs — alimentait encore le vivant incendie ! — Les conquérants, rois de destruction — et sauvages coursiers d'Apocalypse, — passaient, lugubres comme des éclipses, — broyant les peuples, engloutissant tout...

Vous arriviez : et rajeunies, — les villes sortaient de leurs ruines, — libres, non, il est vrai, non plus que vierges, — mais femmes faites, mais matrones, — et couronnées de remparts neufs, — et dans leur sein, dans leurs ruelles, — de l'Empire romain recevant la splendeur...

Souvenez-vous ! La foule esclave — sous la main vous roulait — les grands quartiers de roche ; et vous autres, grands-maitres, — taillant la pierre colossale, — et de figures merveilleuses — la relevant, vous rendiez les montagnes jalouses, et faisiez fléchir le Mistral !

C'est ainsi que, sortant de leur obscurité, — Orange, future princesse, — Carpentras, Cavaillon, Saint-Remy, Saint-Chamas*, — s'alignèrent en rue — d'arcs-de-triomphe ; les chaines granitiques — vous ouvrirent leurs carrières : — et le Gardon hagard, un jour, dans ses déserts,

Vegnè d'arcado cambarudo
Escambarla sa gorgo rudo...
A Nimes, à Frejus coume en Arle, fai pòu
Rèn que l'oumbrage dis Areno,
Aquéli fourmidàbli treno
De pourtalas, ounte, sereno,
La Luno, dins la niue, masquejo e fai babòu.

E dins Veisoun, e dins Narbouno,
Souto la reio que darbouno,
Li tèmple, encaro vuei, greion coume lou blad...
E tout acò, de vosto glòri
Es la meissoun! Piéi lou tafòri
Arribo mai, e mai en bòri,
Adièu! tournon palais e tèmple escrincela.

Mai vautre, ami, coume l'abiho
Que, chasco annado, l'ome piho,
E que, tóuti lis an, rebouco tourna-mai
Soun edifice, afeciounado,
Vautre, li guerro terminado,
Retournavias à grand manado
E tau que li cigogno emé lou mes de Mai.

E tout cresten lèu s'encapello
De soun castèu, de sa capello;
E lèu, enmuraia, lou bourg es afranqui
E li sèt tourre merletado,
Qu'en Avignoun avès plantado
Sus lou palais, ié soun restado
Pèr dire que sèt papo an canta messo aqui.

Vit des arcades gigantesques — enjamber sa scabreuse gorge... — A Nîmes, à Fréjus, comme à Arles, on est effrayé — par l'ombre seule des Arènes, — ces formidables tresses — de grandes portes, où la Lune, dans les nuits sereines, fait des apparitions et joue au spectre.

Et dans Vaison et dans Narbonne, — sous la fouille du soc, — les temples, aujourd'hui même, germent comme le blé... — Et tout cela, de votre gloire — c'est la moisson !... Puis le tumulte — arrive derechef, et adieu ! en masures — retournent les palais et les temples sculptés.

Mais vous, amis, comme l'abeille — que, chaque année, l'homme dépouille, — et qui répare, tous les ans, — son édifice, avec ardeur, — vous autres, les guerres finies, — vous reveniez en grandes troupes, — et tels que les cigognes avec le mois de mai...

Et aussitôt toute crête se couvre — de son donjon, de sa chapelle ; — aussitôt, ceint de murs, le bourg est affranchi ; — et les sept tours dentelées de créneaux, — plantées par vous en Avignon — sur le palais, y sont encore — pour dire que sept papes, là, ont chanté la messe.

O Coumpagnoun! que meraviho
De vòsti man noun èro fiho,
Quand l'unioun e la fe vous tenien lou calèu!
Alor en l'èr la pèiro drudo,
Coume uno séuvo brancarudo,
Anavo, ardènto e loungarudo,
Espandi flour e flamo i clarta dóu soulèu.

Ansin la nau dè Sant-Trefume
(Que longo-mai l'encèns perfume!)
Amount se bandiguè, cenacle esperitau
Di primat d'Arle e di councile;
Ansin la glèiso de Sant-Gile,
Emé li Sant de l'Evangile
Que vihon aplanta souto si tres pourtau,

E sa viselo qu'en mourgueto
Es perfourado, fan lignelo
I coupaire de pèiro; e de Sant-Meissemin
La fenestrado baselico
Mounto vers Dièu, e Dièu suplico
Pèr la Prouvènço catoulico...
Tambèn, davans degun, quitavias lou camin.

Erias li Franc Massoun! La tiblo,
Aplanarello irresistiblo,
Coume un lume de nine bribavo, e devenié
Simbole; aussavo, clandestino,
Di frai Templié de Palestino
Li castelar; e, de-routino,
Peréu disien li gènt: Mestié vau barounié.

O Compagnons ! quelles merveilles — vos mains n'enfantaient-elles pas, — quand la foi et l'union vous prêtaient leur flambeau ! — Alors en l'air, la pierre féconde, — à l'instar des forêts branchues, — allait, ardente et élancée, — aux clartés du soleil, épanouir et fleurs et flammes.

Ainsi la nef de Saint-Trophime — (digne à jamais des parfums de l'encens !) — vers le ciel fut lancée, spirituel cénacle — des conciles et des primats d'Arles*; — ainsi l'église de Saint-Gilles — avec les Saints de l'Évangile — qui, sous ses trois portails veillent debout,

Et sa petite vis**, qui en hélice — est perforée, font une admiration — pour les tailleurs de pierre, et de Saint-Maximin — la basilique à jour sculptée*** — monte vers Dieu, qu'elle supplie — pour la Provence catholique... — Mais aussi, à personne vous ne cédiez le pas.

Vous étiez les Francs Maçons ! La truelle, — irrésistible niveleuse, — brillait comme une lampe dans la nuit, et devenait — symbole ; clandestinement, — les frères Templiers de Palestine — elle haussait les châteaux forts ; si bien que l'on disait, et en commun proverbe : *Métier vaut baronnie.*

Meme dóu cèu avias l'ajudo,
Car sèmpre ajudo à quau s'ajudo...
Anas vèire. Lou Rose èro encaro indoumta,
E la terrour jitant à pourre,
Fasié tremoula dins soun courre
Li fourtaresso emé si tourre,
E d'arco ni de pont n'avié jamai pourta.

Enfant di causse e di pinastre,
En Avignoun un jouine pastre
Veici que vèn : l'Evesque, à la glèiso, aquéu jour,
Èro en cadiero. Eu se presènto
Davans la crosso trelusènto
Emé soun bastoun ; e, cresènto,
Sa voues ardidamen eiçò crido : — Majour,

Que lou deforo noun te troumpe,
Se, tant pichot, iéu te derroumpe!
Lou Segnour Jèsu-Crist m'a parla, dins lou gres
Ounte gardave... Car siéu pastre,
Moun noum es Benezet... Mi chastre,
Diéu li preserve de malastre!
Arribe dóu Vielars, amount en Vivarès.

— Davalo, m'a di Noste-Segne,
En Avignoun, senso rèn cregne :
Sus lou Rose, moun fiéu, me bastiras un pont.
— Ai, repliquère aù bèu Sauvaire,
Pèr entre-prene tal afaire,
Tres maio just : que pode faire ?...
Sabe pas soulamen lou Rose... Me respond :

Même du ciel vous aviez l'aide, — car à celui qui s'aide le ciel aide toujours... — Vous allez voir. Le Rhône était indompté encore, — et au loin répandant la terreur, — il faisait trembler dans sa course — les forteresses et leurs tours, — et d'arche ni de pont il n'avait porté oncques.

Enfant des pins sauvages et des plateaux calcaires, — en Avignon voici venir un jeune pâtre : l'Évêque, à l'église, ce jour-là, — était en chaire. Lui, devant la crosse splendide, — se présente avec sa houlette; et sa voix de croyant — hardiment crie ceci : « Grand pontife,

Que le dehors ne te trompe point, — si je t'interromps, moi si petit! — Le Seigneur Jésus-Christ m'a parlé, dans la lande — où je faisais paître... Car je suis berger, — Bénézet est mon nom, et (mes moutons, — de malencontre Dieu les garde!) — j'arrive du Villars, là-haut en Vivarais.

— « Descends, m'a dit Notre-Seigneur, — en Avignon, sans nulle crainte : — sur le Rhône, mon fils, tu me bâtiras un pont. » — « J'ai, répliquai-je au beau Sauveur, — pour entreprendre affaire telle, — trois *mailles* juste : que puis-je faire?... J'ignore même où est le Rhône... » Il me répond :

— *Benezet, parte à la subito :*
En tu l'Esperit Sant abito,
Moun Ange te coundus, e Iéu t'ensignarai...
E siéu vengu... Mai mi tres maio,
Lis a faugudo pèr la traio
Que sus lou flume sièr de draio...
Oh! paure! coume es grand lou Rose! Fai esfrai! —

Adounc, pèr trufarié, l'Evesque
Lou rambaiant : — *Que se refresque*
La tèsto dins soun Rose aquel escumerga!
O soun devè, dis, pèr l'aprene,
Vers lou Viguié que l'on lou mene,
E digas-ié que lou desrene,
E que, se n'i'a pas proun, lou fague escourtega! —

Vers lou Viguié menon lou paure :
— *Ha! dis, es tu que vos enclaure*
Lou flume tourmentau souto un pont?... Eh! bèn, tè,
Porto aquelo pèiro de mourre,
Pèr t'establi : se la pos moure,
Crese peréu que faras ploure! —
Vers la pèiro l'enfant, pecaire! regardè...

Belèu trento ome à la vegado
L'aurien dóu sòu pas boulegado :
— *Ma fe! dis, perqué noun ? d'abord que Diéu lou vòu!*
E bagno si man d'escupigno,
Vèn à la graso, plan se signo,
E, trantraiant pas d'uno ligno,
Talo qu'un massacan la cargo sus lou còu.

— « Bénézet, tout de suite pars ; — en toi habite l'Esprit Saint, — mon Ange te conduit, et c'est Moi qui t'enseignerai... » — Et je suis venu... Mais mes trois mailles, — il a fallu les donner pour le bac — qui sert de chemin sur le fleuve... — Oh ! moi pauvret ! Comme le Rhône est grand ! Il fait peur ! »

Par moquerie, alors l'Évêque — le rabrouant ; « Qu'il se rafraîchisse — la tête dans son Rhône, cet excommunié-là ! — Ou bien, dit-il, pour lui apprendre son devoir, — chez le Viguier que l'on l'emmène. — et qu'il le fasse rompre, dites-le-lui ; — et si ce n'est assez, qu'il le fasse écorcher*! »

Chez le Viguier on emmène le pauvre : — « Ha ! ha ! dit-il, c'est toi qui veux enclore — le fleuve impétueux sous un pont ?... Eh bien ! tiens, — emporte cette pierre à moudre, — pour tes fondements : si tu la remues, — je crois aussi que tu feras pleuvoir ! » — Las ! vers la pierre l'enfant tourna les yeux...

Peut-être trente hommes à la fois — ne l'auraient pas ébranlée du sol : — « Ma foi, dit-il, pourquoi non ? puisque Dieu le veut ! » — Et il mouille ses mains de salive, — s'avance vers le bloc, se signe lentement, — et ne chancelant pas seulement d'une ligne, — comme un moellon il la charge sur son cou.

A si geinoun lou Viguié toumbo;
A soun entour lou pople boumbo;
Caro-vira, l'Evesque, alin, lou vèi parti...
Emé de plour e de cridèsto
E li man jouncho sus la tèsto,
Li gènt lou siegon à la lèsto :
— Grand Sant! vaqui d'argènt e d'or! Anen basti!

E s'atalant à la bariolo,
Zóu! rouge coume d'agriolo,
Li femo, lis enfant, tóuti, despachatiéu,
A Benezet fèron guihaume,
Vounge an de tèms! Lou cant di Saume
De la fatigo èro lou baume :
En tóuti lou travai, e la glòri pèr Diéu!

Lou pont aguè vinto-dos arco;
Souto caduno, emé soun arco
Faurié passa Nouè!... Vaqui, pereilamount,
Coume aquéu drole aussè l'estage!
Éu pastriboun, pas d'avantage,
N'avié pamens de l'eiretage
Rèn, ni de Mèste Jaque e ni de Salamoun! —

Di Coumpagnoun que m'escoutavon,
Bouco badanto, e noun mutavon,
Aqui, rampau de Diéu! s'enaurè 'n fernimen...
E s'aubourant touto la rodo,
En estremant souto si blodo
L'afrous coumpas, — coume es sa modo,
Me pourtèron un band à triple picamen.

A ses genoux le Viguier tombe; — autour de lui se rue le peuple; — bouleversé, l'Évêque, de loin, le voit partir... — Avec des pleurs, avec des cris, — et les mains jointes sur la tête, — les gens le suivent à la course : — « Grand Saint! voilà de l'argent et de l'or! Allons bâtir! »

Et s'attelant à la brouette, — tous, rouges comme des griottes, — les femmes, les enfants, tous firent, empressés, — à Bénézet passer les pierres, — pendant onze ans! Le chant des Psaumes — embaumait, dissipait la fatigue : — entre tous le travail, et la gloire pour Dieu!

Le pont eut vingt-deux arches; — Noé lui-même, sous chacune, avec son arche aurait passé!... Voilà, jusques au ciel, — comment ce gars haussa l'échafaudage! — Petit berger, pas autre chose, — il n'avait, lui pourtant, rien hérité, — rien, ni de Maître Jacques, ni de Salomon! »

D'entre les compagnons qui m'écoutaient, — muets, bouche béante, — alors, palme de Dieu! un frémissement s'éleva... — Et tout le cercle se dressant, — et sous leurs blouses cachant tous l'affreux compas, — selon leur mode, ils m'applaudirent par une triple salve de battements de mains.

— *Quau soun li gènt que s'escoutellon,*
Iéu reprenguère, e que martellon
Sus la car de crestian coume de manescau?...
Garden l'espargne dis annado,
E noun sa rusco artisounado,
Coume fas tu, fourèst annado
Que vese verdeja dóu nouvelun pascau...

Alucas-la! Qu'es aboundouso,
Fresco, enracado, vertudouso!...
L'on sènt qu'a vist prega la santo Pecairis...
Dirias qu'anan, dins uno raro,
Vèire lusi sa bello caro...
Glèiso d'amour, beves encaro
Li plour de Madaleno, amarello dóu Crist.

Alucas-la! Souto li domo
De sa fougouso e verdo como,
Trèvo uno ourrour sacrado : em'un pious fremin
Li fueio amagon de mistèri;
Li broundo semblon de sautèri;
L'amo ilumino la matèri;
De Santo Madaleno e de Sant Meissemin

Lis aubre parlon; l'auceliho
Douçamenet en l'èr bresiho;
Avau meme, au secant, flourisson li blavet...
E vautre... Mai, d'aut! travaiaire,
Embrassen-nous sènso mau-traire!
I' a 'n soulet Diéu, sian tóuti fraire :
Vaqui lou grand Secrèt! Vaqui lou grand Devè!—

Je repris : « Quels sont les hommes qui s'égorgent ainsi et qui martèlent — la chair de leurs semblables, comme des maréchaux?... — Gardons l'épargne des années, — non leur écorce vermoulue, — comme tu fais, toi, forêt chargée d'ans — que je vois verdoyer de sève printanière...

Regardez-la! Comme elle est plantureuse, — fraîche, puissante, d'une belle venue!... — Et comme on sent qu'elle a vu en prière la sainte Pécheresse!... — Nous allons, direz-vous, voir, dans une clairière, briller son visage divin... — O église d'amour, tu bois encore — les pleurs de l'amante du Christ, de Magdeleine !

Regardez-la! Sous les dômes — de sa touffue et verte chevelure, — une horreur sacrée habite : avec un pieux frisson — les feuilles cachent des mystères : — les branches semblent des psaltérions ; — l'âme illumine la matière ; — de sainte Magdeleine et de saint Maximin *

Les arbres parlent ; les oiseaux — doucement gazouillent dans l'air ; — là-bas même, aux lieux secs, fleurissent les bleuets **... — Et vous autres... Mais, travailleurs, allons, — embrassons-nous sans plus tarder ! — Il n'y a qu'un Dieu, nous sommes tous frères : — voilà le grand *Secret !* Voilà le grand *Devoir !* »

Me lou levèron de la bouco.
Gounfle, cabusson à cha souco
Au sen lis un dis autre: en brasseto, à l'istant,
Coume de grano de lampourdo
Touti s'arrapon; i coucourdo
Que pendoulavon à si bourdo
S'amourron à-de-rèng, e parton en cantant.

De majourano e de saureto,
A si capèu, à si barreto
Meton de brout; doulènt, acampon li pauras
Amassoula dins la bourroulo...
Lou cant, de liuen en liuen, idoulo...
Pièi coume un gaudre que s'escoulo,
Trecolon pèr li coumbo, alin, de tras en tras.

— E te noumèron pas soun capo?
Soun majourau, soun rèi, soun papo?
Ié vèn, tout despichous, lou Comte Severan.
E Calendau replico: — Nàni!
Papo, ni rèi, ni capitàni!...
Mai la Prouvènço e l'Aquitàni,
Un jour, ço qu'es bèn mai, belèu me noumaran

Lou Counquistaire d'Esterello!...
— Veguen, veguen, li cassarello
Cridèron au jouvènt, noun fagues pas transi!...
E soun uiado longo e misto
Pourtant en l'èr, coume s'en visto
Avié 'no causo de requisto,
Lou jouvènt recoupè dins lou biais que veici:

Ils me l'ôtèrent de la bouche. — Gros d'émotion, ils se jettent par couples — au sein les uns des autres : bras dessus, bras dessous, — comme des graines de bardane — tous à l'instant s'accrochent; aux gourdes — pendues à leurs bourdons — ils boivent tour à tour et partent en chantant.

De marjolaine et d'immortelle, — à leurs chapeaux, à leurs bérets, — ils mettent des brins; tristes, ils ramassent les malheureux — assommés dans la rixe... — Le chant de loin en loin, ulule. — Puis, comme un torrent qui s'écoule, — par les gorges, au lointain, de cime en cime ils disparaissent. »

— « Et ils ne te nommèrent pas leur chef ? — leur grand-maître, leur roi, leur pape? » — lui fait, tout dépiteux, le Comte Sévéran. — Et Calendal réplique : « Non ! — Pape, ni roi, ni général !... — Mais la Provence et l'Aquitaine, — un jour, et c'est bien plus, me nommeront peut-être

D'Estérelle le Conquérant !... » — « Voyons, voyons, les chasseresses — crièrent au galant, ne nous fais pas morfondre !... » — Et plongeant dans les airs un regard long et doux, comme si, en vue, — il avait une chose exquise, — le galant, de plus belle, repartit comme suit :

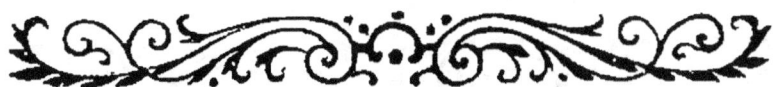

CANT NOUVEN

MARCO-MAU

Pleno d'amiracioun pèr Calendau, Esterello à la fin ié fai sentí que l'amo. Mai de pòu que lou bonur l'emperesigue, la damo generouso descuerb à soun ami uno visto plus auto. Lou crèis de la Fourèst. Afeciouna que mai, à la lucho dóu Bèn contro lou Mau lou Cassiden s'abrivo. Marco-mau e sa bando. La vióulacioun. Coumbat de Calendau e dóu bregand. Lou jouine eros doumto lou moustre, e à-z-Ais lou coundus encadena.

O bello caro d'or! Lugano
Que de Cassis, Bandòu e Cano,
Fas rire la mar bloundo, espandi li rousié,
Enrasina lis óulivelo,
Canta dins l'èr lis alauvelo
E ploura li figo blavelo,
Ounte sies? Que te vegue, o lume roucassié!

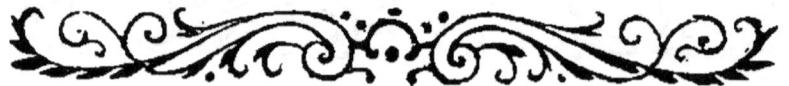

CHANT NEUVIÈME

MARCO-MAU

Estérelle, pleine d'admiration pour Calendal, lui fait sentir enfin qu'elle l'aime. Mais la généreuse dame, de peur qu'il ne s'énerve dans la félicité, découvre à son ami un idéal plus haut. La crue de la Forêt. Avec une ardeur nouvelle, le Cassidien s'élance à la lutte du Bien contre le Mal. Marco-mau et sa bande. Le viol. Combat de Calendal et du brigand. Le jeune héros dompte le monstre et le conduit à Aix enchaîné.

O beau visage d'or ! Clarté — qui de Cassis, Bandol et Cannes, — fais rire la mer blonde et épanouir les roses, — qui de grappes de fleurs couvres les olivaies, — qui fais chanter dans l'air les alouettes — et pleurer les figues bleuâtres, — où es-tu ? Montre-toi, lumière des rochers !

Ma segnouresso trelusènto
Sus lou roucas èro jasènto :
Emé soun bras divin, blanquinèu e redoun,
Èro acouidado; e'm'acò, vaigo,
Arregardavo alin sus l'aigo,
Coume un troupèu de trenco-l'aigo,
Li galèro dóu Rèi sourti dóu Lacidoun.

— Arribo lèu! dis. A la longo,
Aquèu repaus que s'esperlongo,
E lis erme e la mar, aquel espetaclas
Que de-countùnio eici countèmple,
Peson sus iéu coume un grand tèmple...
De ma jouinesso vos l'cisèmple?
Un rièu, dis, que se perd au mitan di sablas.

Oh! parlo-me! Dedins, deforo,
La soulitudo me devoro...
Parlo-me, parlo-me! Dins li brusc óudourous,
A cha parèu, en viro-vòuto,
Li parpaioun danson la vòuto...
Aquèu bonur que m'envirouto
M'estren... O, parlo-me! Lou tèms es amourous. —

Istère mut. Tout ço qu'esprovo
Lou serpatoun que fai pèu novo,
Lou blad qu'espigo, lou coussou qu'au mes de Mai
Es abèura pèr uno plueio,
La cabro fèro que desfueio
D'uno autinado l'aisso brueio,
Tout acò dins moun sang l'esprouvère, emai mai!

Ma souveraine rayonnante — sur le rocher était couchée : — avec son bras divin, et blanc et rond, — elle était accoudée ; et rêveuse, — elle regardait au loin, sur l'eau — qu'elles taillaient comme un troupeau de crabes, — les galères du Roi sortir du Lacydon *.

— « Accours vite, dit-elle. A la longue, — la continuité de ce repos, — et les landes, et la mer, cet immense spectacle — que je contemple ici perpétuellement, — sur moi pèsent comme un grand temple... — Sais-tu à quoi ressemble ma jeunesse ? — A un ruisseau, dit-elle, qui se perd au milieu des sables.

Oh ! parle-moi ! Dedans, dehors, — la solitude me dévore... — Parle-moi, parle-moi ! Dans les bruyères odorantes, — en virevoltes, et par couples, — les papillons dansent la valse... — Tout ce bonheur qui m'environne — m'étreint... Oui, parle-moi ! Le temps est à l'amour. »

Je restai muet. Tout ce qu'éprouvent — le couleuvreau qui fait peau neuve, le froment qui épie, et le pacage, qui en mai, — est abreuvé par une pluie, — et la chèvre sauvage qui broute — l'acide pampre d'une treille, — tout cela, dans mon sang, je l'éprouvai, et plus encore !

— *Coume sies bello! ié diguère,*
Oh! gramaci! me vènes querre...
Aro siéu l'auceloun, à la gàrdi de Diéu,
Quand, sus la mar vasto e souleto,
Sèntènt febli soun alo bleto,
Se laisso ana, fasènt l'aleto,
Au ventoulet que passo e que l'emporto em'éu. —

E dins sa man prenguè la miéuno,
E ié parlave... De la siéuno
Me venié dins lou cors un estrange plesi;
E coume, i lòngui travessado,
Quand l'oundo s'es abounaçado,
La velo toumbo, destesado,
Sentièu dins lou bonur moun cor s'emperesi...

Entre sachè, pamens, la causo
Di Coumpagnoun, e lis encauso
De l'orre tuo-gènt, e pièi l'aboucamen
De la tempèsto: — *Vai, camino*
Vers l'astre, dis, que t'ilumino:
Lou miéu fai pas proun claro mino;
Ta glòri, Calendau, vòu pas que nous amen.

L'amour noun es que languitòri,
L'amour es un endourmilòri,
L'amour es pèr li femo, — *e dur se fai paga:*
Car sian lou fru dins la canasto
Que lou passant pren à la tasto...
Éu nous mord tóuti, jouino e casto,
E pièi, jito au carrau lou fru desverdega.

— « Comme tu es belle! lui dis-je, — oh! grand merci! car tu viens me chercher... — Je suis maintenant tel que l'oisillon à la garde de Dieu, — lorsque, sur la mer vaste et seule, — sentant faiblir son aile fatiguée, — il se laisse aller, planant, — à la brise qui passe et l'emporte avec elle. »

Et dans sa main elle me prit la main, — et je lui parlais... De la sienne — me venait dans le corps un étrange plaisir; — et de même qu'aux longues traversées, — quand l'accalmie radoucit l'onde, — la voile tombe, détendue, — je sentais, dans l'ivresse, que mon cœur s'énervait...

Dès qu'elle sut, pourtant, l'affaire — des Compagnons, et les causes — de l'horrible tuerie, et puis l'apaisement — de la tempête : « Va, chemine — vers l'astre, dit-elle, qui t'éclaire; — le mien ne brille point assez; — ta gloire, Calendal, ne veut pas que nous nous aimions.

L'amour n'est qu'ennui et langueur, — l'amour est un philtre endormant, — l'amour est pour les femmes, et chèrement elles le paient : — car nous sommes le fruit dans la corbeille, — que le passant prend à l'essai... — Lui, jeunes et chastes, il nous mord toutes, — et puis jette à la rue le fruit cueilli tout vert.

Laisso l'amour i malurouso!
A la mountagno escalabrouso
Mounto, e, bèn que flouri, fuge l'entravadis
Qu'au founs di gaudre nous entravo. —
Ansin, rebello, m'empuravo
Que mai, e soun iue que plouravo
A moun amo enterin durbié lou paradis!

— *Mounto, car aro, dis, counèisse*
Que toun levame es fa pèr crèisse...
Agigues longo-mai, coume vènes d'agi!...
Zòu! ni quant vau e ni quant costo,
De toun prouchan toumba de-costo
Siegues lou chivalié, l'aposto!...
Que, dins sis estrambord, toun amour alargi

Embrasse la patrio agusto,
Li causo bello, grando e justo,
L'umanita doulènto, aquéu pountifical
De la naturo, e la naturo,
Mirau de Diéu é creaturo...
Basto que iéu, de moun auturo,
Posque vèire eilalin toun gounfaloun vouga!

— *Mai, ié veniéu dins moun delire,*
Eh! quinto causo vos que miré
Foro de tu?... Lou rèsto, uno fes que l'aurai,
Me mancara ço que me manco,
La poussessioun de la man blanco...
E se l'aviéu, uno calanço
Pèr iéu, mai que lou cèu, sarié pleno de rai!...

Laisse l'amour aux malheureuses! — Gravis la montagne escarpée; — et fuis, quoique fleurie, la clématite — qui au fond des ravins nous entrave. »
— Ainsi, rebelle, elle m'incendiait — de plus en plus; et humide de larmes, son œil, — en même temps, ouvrait à mon âme le paradis!

— « Monte, car à présent, dit-elle, je reconnais — que ton levain est fait pour croître... — Agis longtemps, agis toujours comme tu viens d'agir!... — Sans voir qui c'est, ni regarder ce qu'il en coûte, — de ton prochain renversé sur le flanc, — va, sois le chevalier, l'apôtre!... — Dans ses enthousiasmes que ton amour plus large

Embrasse la patrie auguste, — les causes belles, justes et grandes, — la douloureuse humanité, pontificat — de la nature, et la nature, — miroir et création de Dieu... — Moi, trop heureuse si, de cette éminence, — au lointain je puis voir ta bannière flotter! »

« Mais que puis-je admirer, lui criais-je en délire, que puis-je admirer — hors de toi?... Eh! quand j'aurai le reste, — ce qui me manque me manquera-t-il moins, — la possession de ta main blanche?... — Et si tu étais mienne, une anse de rochers — pour moi, plus que le ciel, de rayons serait pleine!...

Lou pan goustous, fau que se gagne,
Quau vòu de pèis, fau que se bagne,
Lou sabe, ié fasièu. Mai enfin, de leissa
Pèr lou sòu desgruna lis unio
E d'èstre en ànci de-countùnio,
En que me siér, se dins sa tùnio
La despietouso Mort dèu pièi me tirassa?...

— La Mort, despietouso, tabasso
Que sus lis amo negro e basso;
Mai li simple de cor e li grand de vertu,
Respoundeguè moun Esterello,
La Mort pèr éli, sauvarello,
Es uno man que desfourrello
L'esperit trelusènt de soun fourrèu estu.

Oh! l'esperit! libre dis alo,
Dins l'armounio universalo
S'entrino, glourious; éu, de la verita
Vèi resplendi la forço eterno,
Éu dóu principe que gouverno
Pren la grand souleiado, perno
Lou founs mistèri, estren la divino bèuta...

Vaqui, dis, la beatitudo
Que dèu nous faire languitudo...
Pèr la lucho, vaqui l'armaduro di fort!
De l'eisistènci renadivo
Aquéu que l'esperanço atrivo,
Emé lou front leva, s'abrivo
Sus li carboun ardènt, e sourris à la Mort...

Pain de saveur, pain de labeur, — et qui veut faire pêche, doit affronter le bain, — je le sais, lui disais-je. Mais de laisser, enfin, — s'égrener par terre les grappes — et d'être sans cesse anxieux, — que me reviendra-t-il, si dans sa tanière — l'inexorable Mort doit me traîner ensuite ?... »

— « La mort ne frappe inexorablement — que sur les âmes noires et basses ; — mais, répondit mon Estérelle, pour les simples de cœur et les grands de vertu, — la Mort est une main qui sauve, — une main qui tire du fourreau, — du fourreau étouffant, le radieux esprit.

Oh! l'esprit! une fois libre des ailes, dans l'universelle harmonie, — glorieux, il prend place; lui, de la vérité — voit l'éternelle force resplendir ; — lui, du principe qui gouverne — se baigne et nage dans l'irradiation, pénètre — le profond mystère, étreint la divine beauté...

Voilà, dit-elle, la béatitude — vers laquelle nous devons aspirer... — Pour la lutte, voilà l'armure des forts ! — D'une existence renaissante — celui que l'espérance attrait, — avec le front levé, s'élance — sur les charbons ardents, et sourit à la Mort...

E nai que dor en servitudo
Vauguè jamai oundo batudo
Pèr lou Mistrau : la peno, emé la liberta,
Atrempo l'ome coume un ferre,
E la drudiero fai de verre...
Rustico dounc, se vos counquerre
La forço, e tèn ta visto en aut, se vos mounta!

Dins li garrigo souleiouso
D'aquesto ribo, — qu'ourgueiouso
Abrigo lou muscat, l'arange e l'óulivié, —
Vesèn pamens d'avaus e d'éuse
Arrascassi coume de féuse :
Noun que d'eigagno siegon véuse,
O que manque à soun crèis la founsour dóu gravié ;

Mai l'amourouso calourado,
E l'esplendour amplo e daurado
Ounte vivon, li tèn agourrini, trapot,
Rebaladis ; e fardo à fardo,
Lou paure mounde esquicho-sardo
Pièi li carrejo sus la bardo,
E la vièio tout l'an n'en fai bouie soun pot.

Mai peramount, dins li cougniero
D'ounte nous vèn la Mountagniero,
Souto l'oumbro dis Aup treva pèr li Barbet,
Dintre li vau founso, ubagouso,
Que li counglas tènon bacouso,
Fa de fourèst negro e fougouso,
Gràndi fourèst de bes e de mèle e d'abet.

Et le bassin qui dort en servitude — ne valut jamais l'onde battue — par le Mistral : la peine, avec liberté, — vous trempe l'homme comme fer; — l'opulence, elle, fait des pourceaux. — Peine-toi donc, si tu veux conquérir — la force, et tiens en haut ta vue, si tu veux monter !

Dans les garrigues ensoleillées de cette côte — qui, orgueilleuse, abrite le muscat, l'orange et l'olivier, — nous voyons cependant des chênes à kermès et des yeuses — rabougris comme des fougères : — non pas qu'ils soient veufs de rosée, — ni que manque à leur croissance le gravier profond ;

Mais la chaleur voluptueuse — et la splendeur ample et dorée — où ils vivent, les tiennent paresseux et trapus — et rampants ; puis, fagot à fagot, — la pauvreté nécessiteuse — les charrie sur le bât, — et la vieille, tout l'an, fait avec eux bouillir son pot.

Mais dans les hautes et neigeuses fondrières — où nous arrive l'Aquilon, — sous l'ombre de ces Alpes que hantent les Vaudois*, — dans les vallées profondes, septentrionales, — que les glaciers tiennent humides, — sont des forêts, noires, touffues, — de grandes forêts de bouleaux, de mélèzes, de sapins.

S'aubouron plan vers la lumiero,
Mai toujour crèisson en ramiero:
De-fes, quand lis ivèr s'òupilon à l'assaut,
Se passo uno aiglo, dins la sejo
Que revouluno e que pòussejo:
— Aiglo, ié fan, ounte roussejo
Lou clar soulèu de Diéu, es encaro forço aut?

— Pèr vèire l'astre caro à caro,
Ié dis, vous fau cènt an encaro.
— Bello aiglo, gramaci! respondon li fourèst.
E reprenènt soun escalado,
Travèsson nèu e nivoulado,
E di mountagno encamelado
A la longo dóu tèms se guindon à l'après;

Au pur soulèu que lis inoundo
Sènton flouri si tèsto bloundo;
E coume la mouiè qu'en plen amour councéu,
Éli, sèns fin apadouïdo,
Aqui se chalon dins la vido... —
Sus lou Gibau, l'amo ravido,
Vaqui ço qu'ausiguère en regardant lou cèu.

Amount, d'abord que lou jour briho,
Ardit! escalen dounc l'Aupiho!...
Avès, moussu lou Comte, ausi, de quauque biais,
Parla d'aquéu bregand menèbre
De qu lou noum, lou noum funèbre,
Encaro vuei douno la fèbre
A tóuti li coutau que descèndon vers Ais,

Elles s'élèvent lentement vers la lumière, — mais
sans cesse elles croissent en ramure : — parfois,
quand les hivers s'opiniâtrent à l'assaut, — s'il passe
un aigle, dans la tourmente de neige — qui tourbillonne et qui poudroie : — « Aigle, lui font-elles,
la région où brille — le blond soleil de Dieu est-elle encore bien haut? »

— « Pour voir, leur dit-il, l'astre face à face, il
vous faut cent années encore. » — « Bel aigle, grand
merci! » répondent les forêts. — Et reprenant leur
ascension, — elles traversent neiges et orages, —
et des montagnes amoncelées, — à la longue des
temps, elles se guindent à la cime ;

Au pur soleil qui les inonde — elles sentent fleurir leurs têtes jaunissantes; — et telles que l'épouse
qui en plein amour conçoit, — elles, sans fin luxuriantes, — alors se pâment dans la vie... » — Sur le
Gibal, voilà ce qu'en extase, — moi, j'entendis, en
regardant le ciel.

Puisque là-haut brille le jour, — haut le pied!
Gravissons donc l'Alpille!... — Vous avez, monsieur le Comte, ouï, de quelque sorte, — parler de
ce brigand féroce — dont le nom, le funèbre nom,
— donne encore aujourd'hui la fièvre — à tous les
voituriers qui descendent vers Aix,

De Marco-mau! Èro uno rùssi,
Èro uno grelo, èro un destrùssi :
Pèr un sòu barbacan, pèr un pata dè clau,
V'aurié fendu lis entresarmo!
De si courrèire e de sis armo
Desabihavo li gendarmo,
E lis embandissié pulèu mort que malaut...

Desmemouriavo la Justiço.
Vuei, afoundravo uno bastisso
Em'uno reio : lèu, trento carabinié
Fasien lòu fur ; mai, à dès lègo
De la pouliço que renègo,
Mouns Marco-mau e si coulègo
Dóu-tèms fasien si freto à l'oumbro d'un canié.

Un autre jour, la fusihado,
Entre lis èuse di Taiado,
Crevelavo la posto emé si poustihoun ;
E l'endèman, soùto li blacho
Dè la fourèst de Cadaracho,
Pèr acoumpli la malafacho,
A tres vierge à la fes metié lou badaioun...

Anas ausi quinto aventuro...
Fau èstre un moustre de naturo !
Tres fibo, dins lou grés, anavon acampa
De verbouisset : èro Calèndo,
E voulien faire soun oufrèndo
A l'Enfant Jèsu. Dins sa pèndo
Remountavon li gaudre, e folo de trepa

De Marco-mau*! C'était une harpie**, — une grêle, un fléau : — pour un *sol barbacan*, pour un liard papalin***, — il vous aurait fendu le ventre****! — De leurs coursiers et de leurs armes — il dépouillait les gens de la maréchaussée, — et les renvoyait plus morts que malades...

La Justice y perdait la tête. — Un jour il effondrait une maison — avec un soc; vite, trente carabiniers — venaient quêtant; mais à dix lieues — de la police qui endiable, — mons Marco-mau et ses collègues, — sous un fourré de cannes, pendant ce temps, faisaient frairie.

La fusillade, un autre jour, — entre les chênes verts du bois des Taillades, — criblait de plomb la poste et ses postillons ; — et le lendemain, sous les chênes blancs — de la forêt de Cadarache*****, — pour comble de méfaits, — il mettait à la fois le bâillon à trois vierges...

Un crime inouï! Vous allez entendre... — Il fallait être un monstre de nature ! — Trois filles. dans la lande, s'en allaient ramasser — du petit houx : c'était Noël, — et elles voulaient faire leur offrande — à l'Enfant Jésus. Remontant donc la pente des ravins, et folles de trotter

E de landa pèr li draïno
Ounte cracavo la plouvino,
Cantavon de nouvè : — Voulèn, disien, voulèn
A l'Enfant-Diéu pourta de poumo,
Emai de mèu, emai de toumo,
E de-retour passan à Roumo...
Anen à Betelèn, Betelèn, Betelèn ! —

Pièi, tout cantant si fantaumeto,
Cuien de branco de poumeto...
Mai, à forço de dire : « Anen à Betelèn,
Que l'Enfant Jèsu voulèn vèire ! »
Avien fini pèr se lou crèire...
E regardèron plus à rèire,
Talamen i chatouno ardènto es la talènt !

E de poumeto rouginello,
Pèr lou bounur di vierginello,
Toujour li verbouisset, toujour n'avien que mai ;
E vesien pas, li disaverto,
Que sèmpre mai èro sóuverto
La rouveiredo auto e deserto...
Subitamen, — grand Diéu ! figuras-vous l'esfrai !

Darriè'no tousco de genèsto,
Bouscasso, pareiguè'no tèsto,
E, dins un vira-d'iue, vint tufo de bregand
Sus lou revès d'uno ribasso
Arrengueirèron si barbasso...
Lou mal-ancoues d'un que trespasso
Au cor li tres mancipo aguèron quatecant.

Et de courir par les sentiers — où craquait la gelée blanche, — elles chantaient des noëls : « Nous voulons, disaient-elles, nous voulons — porter à l'Enfant Jésus des pommes, — du miel et du fromage frais,—et au retour nous passerons à Rome...
— Allons à Bethléem, Bethléem, Bethléem ! »

Puis, en chantant leurs illusions,—elles cueillaient les branchettes de baies... — Mais à force de dire : « Allons à Bethléem, — nous y verrons l'Enfant Jésus ! » — elles finirent par le croire... — et en arrière ne regardèrent plus,—tellement aux fillettes ardent est le désir !

Et de pommettes rouges, — pour le bonheur des jouvencelles, — toujours les petits houx en avaient davantage ; — et les écervelées ! elles ne voyaient pas — que la chênaie haute et déserte — de plus en plus était sauvage... — Subitement, grand Dieu ! figurez-vous l'effroi !

Derrière un bouquet de genêts, — hideuse, apparut une tête ; — et en moins d'un clin d'œil, vingt hures de brigands — au revers d'un talus — alignèrent leurs barbes incultes... — Les transes de la mort — au cœur des jeunes filles vinrent soudain.

— Bono salut, midamisello !
Quento chabènço ! tres piéucello !
S'escridè Marco-mau en tenént pèr lou còu
Uno aboundouso damo-jano.
O mi roufian ! la rèino Jano
N'èro segur qu'uno bajano
Contro li calandrin que nous toumbon à vòu...

Un rire atroce de si brego
Espandiguè la bruto rego ;
E li négri bandit qu'èron à soun entour,
Coucha de-vèntre dins la bauco,
S'entre-diguèron : — Ah ! viedauco,
De poulo ansin valon bèn d'auco...
Acò nus, milo diéu ! dèu sembla fach au tour !

Coucha de-vèntre vo de-costo,
Se counsciavon : aquéu posto
Èro, pereilalin, un regardo-veni ;
E d'uno drudo rouveiredo
Encourtina, coume de fedo
Que chaumon en un cast de cledo,
Poudien, roumiant lou mau, escoundu se teni.

Aqui tratavon sis afaire,
Mal-adoubat qu'avien à faire,
Larrounice, atentat, muertre, abouminacioun !
Pièi lou partage de si piho
Qu'èron au sòu, à la rapiho...
E, pèr la man tres fes impio
Que n'avié fa lou mai, èro l'amiracioun.

— Salut, mesdemoiselles, et à votre santé !... — Quelle chevance ! Trois pucelles ! — s'écria Marco-mau en tenant par le col — une dame-jeanne ventrue. — O mes rufiens ! la reine Jeanne*, — vraiment, n'était qu'un vil légume — à côté des tendrons qui nous tombent par bande... »

Un rire atroce épanouit l'immonde rictus de ses lèvres ; — et les noirs bandits qui l'environnaient, — couchés sur le ventre dans l'herbe, — entre eux se dirent. « Ah ! viédase**! — des poules pareilles valent bien des oies... — Cela nu, mille dieux ! doit sembler fait au tour ! »

Couchés sur le ventre ou le flanc, — ils délibéraient : de ce poste — ils avaient, au loin, l'œil sur l'horizon ; — et d'une épaisse forêt de chênes — enveloppés, comme des brebis — qui se reposent dans un parc, — ils pouvaient, à l'aise ruminant le mal, se tenir cachés.

Là, ils traitaient leurs opérations, — mauvais coups à faire, — larcins, attentats, meurtres, forfaits abominables ! — puis le partage de leurs vols — qui, à terre, pêle-mêle roulaient... — Et pour la main la plus impie, — et la plus criminelle, était l'admiration.

Au sòu, escalustrant, arrage,
Vesias cènt merço de varage :
De coutèu, de destrau, de fusièu, d'estilet,
De sa, de biasso, de queisseto,
De mouloun d'escut, de peceto,
Esparrouia dins li rousseto,
De mostro, de calice, emé de pistoulet.

Sus de brasié mounte la bordo
Repetenavo, pèr de cordo
I roure i' avié d'auco e de gabre pendu ;
E virouiavon li cadabre
Di gràssis auco e dis gros gabre,
Entandóumens qu'em' un long sabre
Estraiavo la braso un di laire estendu.

Lis un dourmien o penecavon ;
Apassiouna, d'autre jougavon
A papo o flour, i carto, à la mourro, i pale! ;
Aquest, pèr soun aprendissage,
Tenié d'à ment lou païsage ;
Aquéu-d'eila, pèr soun usage,
La veissello d'estam chaplavo en carrelet.

— Fiho, diguè lou capitàni,
Vòsti raubeto de fustàni,
Li chanjaren en sedo e velout cremesin...
An! ploures plus, qu'acò vous gasto,
E vujas-nous pèr beure... Basto,
Sorton di biasso e di banasto
Lou pan e lis espècio, óulivo, sau, broussin ;

A terre, éblouissantes, en désordre, — on voyait cent espèces de choses : — des couteaux, des cognées, des fusils, des stylets, — des sacs, des bissacs, des cassettes, — des monceaux d'écus ou de pièces — épars au milieu des louis, — des montres, des calices, avec des pistolets.

Sur des brasiers où la broutille — pétillait, aux rouvres, par des cordes, étaient pendues des oies, et des dindons; — et tournaient les cadavres — des gros dindons et des oies grasses, — pendant qu'avec un long sabre — éparpillait la braise un des voleurs couchés.

Les uns dormaient ou de sommeil hochaient la tête; — avec passion, d'autres jouaient — à croix ou pile, aux cartes, aux palets, à la mourre; — pour son apprentissage, celui-ci — guettait le pays; — et celui-là, pour son usage, — hachait en chevrotines la vaisselle d'étain.

— « Filles, la futaine de vos robes, dit le capitaine, — nous la changerons en soie et velours cramoisi... — Voyons! ne pleurez plus, car ça vous gâte, — et versez-nous à boire... » — Bref, — ils sortent des besaces et des paniers — le pain et les épices, olives, sel, fromage;

Lou cousinié-macàri porge
Lou roustit moustre; lèu, à torge,
Chascun di galapian escartèiro soun tros,
Quau uno cueisso, quau uno alo;
L'endemouniado bacanalo
Coumenço : la tencho autounalo
Dins li sacra calice espousco e rajo gros.

Drecho au mitan de la tampouno,
Tenènt sus l'anco li boumbouno,
E plourant e souscant, i gourrin, pèr lou sòu
Estrampala, li bèlli chato
Vuejon lou béure à la gargato;
A plen bournèu, lou vin esclato
Dins li bouco badanto e sus li cabassòu...

E de boumbanço e de lussùri
Naisson furour, naisson injùri :
— Lagremo noun soun or; figuiero de cantoun
A davans-ouro soun aubrado
Pèr li passant amadurado...
Vivo la roio, cambarado!
E fibo de camin, à nautre si poutoun!

— Vivo la roio e la ninoio!
Bramavo Marco-mau. Pèr moio!
Sariéu esta bon Turc... Mai, sacre fiò de Diéu!
Es uni clastro, uno canourgo,
Eiçò-d'eici? Coume de mourgo
Soun morno e mudo! A iéu la dourgo!...
En s'eissugant li plour d'un bout de soun faudièu,

Le cuisinier du diable* sert — le rôt monstrueux ;
aussitôt, à tort et à travers, — chacun des goinfres
écartèle son tronçon, — qui une cuisse, qui une
aile ; — la frénétique bacchanale — commence : la
teinture d'automne — dans les sacrés calices écla-
bousse à gros jets.

Droites au milieu de la débauche, — tenant sur
la hanche les cruches, — pleurant et sanglotant, aux
ribauds étendus, écarquillés, les belles filles — ver-
sent la boisson à la régalade ; — à plein goulot, le
vin éclate — dans les bouches béantes et sur les
têtes...

Et de luxure et de bombance — naissent fureurs,
naissent injures : — « Larmes ne sont pas or ; fi-
guier de carrefour — avant l'heure a ses fruits —
mûris par les passants... — Vive l'orgie, ô cama-
rades ! — Et filles de chemin, à nous autres leurs
baisers ! »

— « Vive l'orgie et la fillette ! — rugissait Mar-
co-Mau. Par la mort ! — j'aurais été bon Turc...
Mais, sacré feu du ciel ! — sommes-nous dans un
cloître, dans une chanoinie ? Comme des nonnes —
elles sont mornes et muettes ! A moi la cruche... »
— En essuyant ses pleurs avec un coin de son
tablier.

Uno d'èli vèn, innoucènto...
Ai! coume à béure ié presènto,
D'un bound la revessant, moustre! sus un clapié,
Vòu, de si labro mau-courouso,
La devouri : la malurouso
Entre senti l'arpo amourouso,
Quilo, coume s'avié'n coulobre dins lou pié!

Lis àutri dos, à l'esfraiado,
Toumbon subran ageinouiado :
— Au secours, Santo Vierge! au secours! au secours!
E se reviron... Inutile!
Dins la valengo, emai se quile,
Degun pareis, senoun, tranquile,
Lou Verdoun qu'en Durènço alin négo soun cours,

E la Durènço que fai afre
Dins li roucas e dins lou safre.
— Ai! ai! ai! sian perdudo! — Un orre cacalas,
Respoundènt soul i pàuri fibo,
Fai envoula de l'arbouribo
E la vergougno e l'auceliho...
Tenès, au tèms di fre, pèr vesita si las,

Quand l'aucelaire vèn dins l'ourdre,
E qu'à si las trovo de tourdre, —
Lou devès agué vist ? — pèr agué pulèu fa
De l'aucelun que i'aletejo
Entre li man e qu'arpatejo,
Contro la terro que moutejo
Brutalamen li jito, e s'envai satisfa...

Une d'elles s'approche, naïve... — Comme elle lui présente à boire, aïe! — le monstre, la renversant d'un bond sur un monceau de pierres, — veut, de ses lèvres dégoûtantes, — la dévorer : l'infortunée, — au premier contact de la griffe lascive, — crie, comme si elle avait un dragon dans le sein!

Les autres deux, dans l'épouvante, — soudain tombent agenouillées : — « Au secours, Sainte Vierge! au secours! au secours! » — Et de retourner la tête... Vainement! — Dans la vallée, malgré les cris perçants, — rien ne se montre, si ce n'est, au lointain, le tranquille Verdon* qui noie son cours dans la Durance,

Et la Durance qui, affreuse, bondit — parmi les rocs et dans les grès. — « Ah! nous sommes perdues! » Un horrible éclat de rire, — seul, répondant aux pauvres filles. — fait envoler d'entre les arbres — et la pudeur et les petits oiseaux... — Tenez, au temps des froids, pour visiter ses lacs,

Lorsque l'oiseleur vient dans le sillon, — et qu'à ses lacs il trouve des grives, — vous devez l'avoir vu, — pour avoir plus tôt fait des oiseaux qui palpitent — et se débattent dans ses mains, — contre la terre hérissée de mottes — lui brutalement les jette et s'en va satisfait...

Cremavo au lume! A ma cujanço,
Acò cridavo à Diéu: Venjanço!...
La pòu ensournissié lou païsage clar :
D'oulivarello o de pastresso
Plus de cansoun ni d'alegresso;
Pourtavo esfrai la Trevaresso...
Messiés, Diéu pago tard, mai pago, e pago larg.

I'a quauque tèms, me devinave
Dins uno aubergo, ounte dinave;
E regardas un pau... l'asard!... L'oste me vèn :
— Avès d'argènt? — N'i'a proun pèr l'oste...
Que vau à dire? ié resposte.
— Se me cresès, coste que coste,
Pèr metre velo, dis, leissas vira lou vènt.

Fuge lou bos quan cren li vergo!
Marco-mau sort de moun aubergo...
— Es poussible? ié fau... Eh! bèn, pèr sant Julian,
Qu'es lou patroun di permenaire,
Di passagié, di caminaire,
Vous juré iéu qu'es enganaire
Lou cor, o giblaren aquéu manjo-crestian! —

Tant fa, tant va! Parte d'ausido...
Uno miechouro es pas gausido,
Veici veni moun quèco au mitan dòu camin :
Un grand gusas, uno minasso,
Negre!... Coume faguè menaço
De m'aguincha : — Sa de vinasso,
Ié cride, espèro, au-mens, que sus toun pergamin

Cela passait les bornes! A mon avis, — cela criait
à Dieu : Vengeance!... — La peur assombrissait le
paysage clair : — de cueilleuse d'olives ou de ber-
gère — plus d'allégresse ni de chant; — la Tréva-
resse épouvantait*... — Dieu paie tard, messieurs,
mais il paie, et largement!

Naguère je me trouvais — à dîner dans une au-
berge; — et regardez un peu... le hasard!... L'hôte
me fait : — « Avez-vous de l'argent? » — « Suffi-
samment pour l'hôte, répliqué-je. Qu'est-ce à dire? »
— « Si vous m'en croyez, coûte que coûte, — pour
mettre voiles, répond-il, laissez tourner le vent.

Celui qui craint les verges fuit le bois... — Marco-
mau sort de mon auberge... » — « Serait-ce vrai? lui
dis-je... Eh bien! par saint Julien, — patron des pro-
meneurs, — des voyageurs et des marcheurs, — ou le
cœur trompe, ou je vous jure que nous tordrons cet
ogre! »

Sitôt dit, sitôt fait! Je pars à l'instant... — Une
demi-heure n'est pas écoulée — qu'au milieu de la
route voici venir mon drôle : — un grand chenapan,
mine patibulaire, — noir!... Il menaçait déjà de me
viser : — « O sac à vin, lui criai-je, attends au
moins que sur ton parchemin

Marque moun testamen! — *M'espèro;*
Pièi : — *Acampaire de vipèro,*
Me vèn de quinge pas, tè! passo aquéu capèu! —
E me lou trais davans. — *Coumpaire,*
Ié fau, l'as di : siéu acampaire
De vipèro negro, esclapaire
De branco mau vengudo e levaire de pèu. —

Mai alor éu, enca plus ferme :
— *Te vas bouta nus coume un verme,*
O te brule! — *Eh! quau sies, ié cride, long fenat!*
— *Quau siéu? dis : Barrabas moun rèire*
Qu'es dins la Passioun, l'Archiprèire
Que mòuseguè l'or de sant Pèire
En Avignoun, Mandrin, terrour dóu Dóufinat,

E Gaspard de Besso, aquéu glàri
Di baus d'Ouliéulo, èron de gàrri,
Coumparadis à iéu : m'apellon Marco-mau!...
— *Tu? quand fuguèsses l'emperaire*
Di cinq cènt diable, vas mau-traire,
Car iéu di vierge siéu lou fraire
Qu'as vióulado, bandit! M'apellon Calendau.

E i'. a cènt an que te cercave;
E fau que vuei moun cros se cave,
Respoundeguère, o bèn qu'; emé lou mourraioun,
T'adugue à-z-Ais... Parlave encaro :
Mis ami de Diéu, lou coucaro
Met lou canoun contro sa caro...
Ai! veguère ma pro touca lou barraioun!

Je grave mon testament! » Il m'attend; puis: — « Ramasseur de vipères, — me fait-il de quinze pas, tiens! franchis ce chapeau... » — Et il le lance devant moi. Je ripostai: — « Compère, tu l'as dit: je suis ramasseur — de vipères noires, casseur — de branches mal venues, et arracheur de peaux. »

Mais lui alors, encore plus haut: — « Tu vas te mettre nu comme un ver, ou je te brûle! » — « Eh! qui es-tu, lui criai-je, long pendard? » — « Qui je suis? reprit-il: Barrabas mon aïeul — qui est dans la Passion, l'Archiprêtre — qui extorqua l'or de saint Pierre — en Avignon[*], Mandrin, terreur du Dauphiné[**],

Et Gaspard de Besse, ce spectre — des gorges d'Ollioules[***], étaient des mirmidons — auprès de moi: on m'appelle Marco-mau! » — « Toi? quand tu serais l'empereur — des cinq cents diables, à toi malheur! — car je suis, moi, le frère de ces vierges — que tu violas, bandit! On m'appelle Calendal.

Et il y a cent ans que je te cherchais, — et il faut qu'aujourd'hui se creuse ma fosse, — lui répondis-je, ou bien qu'emmuselé — je te conduise à Aix... » Je parlais encore, — mes amis de Dieu, le gredin — met le canon en joue... Oh! la la! je vis ma proue toucher le banc de sable!

Lou fiò lusis, la balo siblo,
Uno doulour quàsi insensiblo
Me fai manda la man i costo, ère blessa.
— Bregand! ah! toun fusiéu es veje!
Qu'enfin la terro se neteje!
Parte... l' auriéu manja lou fege!...
L'ounglo de mis artèu m'emporto esfoulissa.

Saute sus lou fusiéu : la crosso
S'esclapo, lou canoun se trosso;
Coume dous enrabia nous empougnan. Segur
Qu'avié souto la vestimento
Quauco marrido ferramento,
Tout moun esfors s'esperimento
De centura moun ome e de l'esquicha dur.

Or, aqui-contro, se devino
Que subroundavo uno roubino
Gounflo de plueio : aguère uno idèio dóu tron...
Tout en tenènt la siéuno esclavo,
Sentiéu que ma forço moulavo,
Sentiéu, capoun! que m'estranglavo...
Que fau? Pèr m'afranqui d'aquel orre counfront,

Bute au ragas, de tout moun rèsto,
E, pataflòu! toumban de-lèsto...
De-cluchoun, e toujour arrapa cors à cors,
Dins lis embut de l'aigo glouto
Davalavian. Se, de la routo,
S'èro quaucun mes à l'escouto,
N'aurié rèn couneigu dins lou gourg que se tors.

Le feu luit, la balle siffle ; — une douleur imperceptible — me fait porter la main aux côtés: j'étais blessé... — Brigand! ah! ton fusil est vide! — Qu'enfin la terre se nettoie! — Je fonds sur lui: je lui aurais mangé le foie!... — L'ongle de mes orteils m'emporte échevelé.

Sur le fusil je saute: la crosse — se brise, le canon se ploie ; — et nous nous empoignons comme deux enragés. Certain — que sous le vêtement — il avait quelque mauvais fer, — tous mes efforts s'appliquent — à prendre au corps mon homme et à la serrer ferme.

Or, là contre, par aventure, — débordait un cours d'eau — gonflé par les pluies: une idée fulgurante me vint... — Tout en enchaînant sa force, je sentais mollir la mienne, — je sentais, ma foi, le maraud qui m'étranglait... — Han! pour me délivrer de ce hideux voisin,

Je pousse au gouffre de tout mon reste, — et tous deux nous faisons le plongeon... — A l'aveuglette, et corps à corps toujours saisis, — dans l'entonnoir de l'eau vorace — nous descendions. Si quelqu'un, du chemin, -- s'était mis aux écoutes, — il n'aurait rien connu dans l'abîme qui se tord.

Davalavian d'un pes rapide,
Destermina, fièr, intrepide,
Vers la mort. Tout-d'un-cop me sènte libre : lèu,
D'uno estirelo ièu remounte...
Avié begu! — *I'a rèn que doumte*
Coume acò li soulaire, mounte
Que, sènso moun secours, vesié plus lou soulèu.

Oh! quand parlas di tèsto verdo!
Vesènt soun inmancablo perdo
(Tant scelerat que siegue, un ome que peris
Fai tira peno e frounsi l'usso),
Calendau tourna-mai cabusso,
Calendau, pèr sa barbo flusso,
Péu-lire Marco-mau sus l'erbo que flouris.

Lou bregandas, plen coume un ouire,
Rangoulejavo coume un bouire,
Un bouire empatouia dins un cros de palun.
Mai dóu tèms qu'estendu s'eidraco,
Que repren alen, e que raco,
Tau qu'un bachas de pouso-raco :
— *As proun batu l'estrado e gréuja lou coumun,*

O barbo-salo, ié diguère,
Aro te tène! — *E l'estaquère,*
Li man darriè l'esquino, emé la cencho qu'ai,
Coume se dèu... Quand, en presènço
De soun amaro descasènço
Ié revenguè la couneissènço,
Venguè, de la furour, verd coume un papagai,

Nous descendions rapidement, — déterminés, fiers, intrépides, — vers la mort. Tout d'un coup, je me sens libre: vite, — d'une nagée, moi, je remonte... Lui avait bu! — Il n'y a rien de tel pour dompter les plongeurs, au point — que sans mon aide il ne voyait plus le soleil!

Ces têtes vertes n'en font pas d'autres! — Voyant son immanquable perte, — (pour scélérat qu'il soit, un homme qui périt — fait froncer le sourcil et remue la pitié), — Calendal plonge de nouveau, — Calendal, par sa barbe ruisselante, — retire Marcomau sur l'herbe qui fleurit.

L'affreux brigand, plein comme une outre, — renâclait comme un bœuf, — comme un bœuf embourbé dans une fondrière. — Mais pendant qu'il se sèche, étendu, — qu'il reprend haleine et vomit, — tel que l'auge d'un puits à roue: — « Tu as, lui dis-je, assez battu l'estrade et grugé le commun,

O barbe sale! Maintenant je te tiens! » Et je le garrottai, — les mains derrière le dos, avec cette ceinture que je porte encore... — Quand, revenu à lui, — il se vit en présence — de sa déchéance amère, — il devint, de fureur, vert comme un papegai,

E de sèt pèu changè lou moustre.
S'aviéu vougu! Me fasié soustre
D'or e d'argènt: N'en vos? tè, vaqui! Proumetié
A ma jouinesso, à moun vieiounge,
Tout lou gasan que plòu en sounge...
— Aquéu-d'aqui farié pas vounge,
S'aviéu dès pensamen! diguère au baratié.

Mai tè, veici, apoundeguère,
Lou palafren que te vèn querre...
Just èro un peissounié, mounta sus soun grand miòu,
Plen de mirau que beluguejon,
Emé si begno que vouguejon,
Si caparrassoun que mousquejon
E soun restountimen de cascavèu... — Que! bòu!

Peissounié, ié cridère, arribo!
La Ciéutat, lou Martegue, Antibo,
En madrago, en bourdigo, an jamai fa tau bòu!
Presto-me 'n pau toun assistènci,
Que l'animau tèn resistènci...
Moun ome, es un pèis de poutènci
Que pourtaren à-z-Ais. Vène vèire, fai pòu! —

Lou mulatié s'aprocho: l'autre,
Coume un gros verre dins soun pautre,
Quand lou car-saladié, soun coutelas au poung,
Intro per ié trauca la veno,
Moustrè li dènt, em'uno reno,
Em'un regard... que nous enfreno...
Coume un tron iéu pamens toumbant sus lou capoun,

Et sept fois de couleur changea la peau du monstre. — Si j'avais voulu! il me faisait litière — d'or et d'argent: En veux-tu? tiens, voilà! et promettait — à ma jeunesse, à mes vieux jours, — tout le gain qui pleut dans les songes... — « Oh! celui-là ne ferait pas l'onzième, — si j'avais dix soucis, répondis-je au pirate.

Mais, tiens, ajoutai-je, voici — le palefroi qui vient te prendre... » — Précisément, c'était un poissonnier monté sur son mulet, — son grand mulet plein de miroirs étincelants, — avec ses bannes qui s'agitent, — son caparaçon chasse-mouche — et ses grelots retentissants... — « Holà ho!

Poissonnier, arrive! lui criai-je, — le Martigue, la Ciotat, Antibes, — en madrague, en bordigue*, ne firent jamais telle pêche! — Prête-moi aide quelque peu, — car l'animal résiste... — Mon brave, c'est un poisson de potence — que nous porterons à Aix. Viens voir, il fait peur! »

Le muletier s'avance; l'autre, — tel qu'un verrat énorme dans sa bauge, — lorsque le charcutier, son coutelas au poing, — entre pour lui percer la veine, — montra les dents, avec un grognement — et un regard qui nous glacèrent. — Pourtant, comme la foudre, tombant sur le coquin,

Cride à moun ome : — Lou bast bagno,
Perden pas tèms! — Riboun-ribagno,
Ma fe, l'aganterian e l'escambarlerian
Sus lou gimèrri. Lou gimèrri,
Emé soun gai tarabastèri
De cascavèu, reprengué, lèri,
Lou bèl e blanc camin, e nautre em'éu courrian.

Liga pèr nautre emé d'encoublo,
Soulidamen, à cordo doublo,
Demouré Marco-mau proun tèms amachouti;
Pièi tout-d'un-cop sus la bastiero,
E dins soun arrouganço entiero
Se redreissant : — Mascle de niero!
Oh! ve! me remoumiè, tèn-te pèr averti!

Rèsto qu fau, pèr ma venjanço!
Roumpu que siegue, la manjanço
N'aura pas devouri moun cadabre, qu'au tiéu
Alestiràn li funeràio...
Vai dounc, e rasclo li muraio:
As un bon chin après ti braio...
Larroun! ié repliquère, ai temour que de Diéu! —

E Calendau, emé sa cagno,
Se revirè vers la coumpagno,
E m'acò, permenant sis iue lusènt : — O, dis,
l'a, me parèis, un persounage
Qu'a pres dóu crime lou reinage,
E qu'a proumés soun pàtrounage
A tóuti li pau-vau que baton lou païs...

Moi, je crie à mon homme: « Le bât trempe*, — hâtons-nous! » Malgré sa résistance, — ma foi, nous le saisîmes, et à califourchon — sur le jumart nous le hissâmes. Le jumart**, — avec son gai vacarme — de sonnettes, reprit gaillardement — le beau et blanc chemin, et nous courions avec.

Lié par nous solidement, avec des entraves, à double tour de cordes, — Marco-mau assez longtemps demeura sombre et taciturne; — puis tout à coup sur la bardelle, — et dans son arrogance entière, se redressant: — « Mâle de puce! or çà, grommela-t-il, tiens-toi pour averti!

Pour me venger reste celui qu'il faut! — Et la vermine, si je suis roué vif, — n'aura pas dévoré mon cadavre qu'au tien — on apprêtera les obsèques... — Va donc, et rase les murailles: — tu as un bon chien à tes trousses... » — « Je n'ai crainte, larron, que de Dieu! » répliquai-je.

Et Calendal, avec son flegme, — se retourna vers la compagnie, — et, promenant sur elle ses yeux luisants, il dit: — « Un personnage existe, il me paraît, — lequel a pris la royauté du crime — et a promis son patronage, — oui, à tous les vauriens qui battent le pays...

Oh! mai, vaqui, dis, la lamiolo,
Lou pèis-feran, que ma paiolo
Un jour voudrié pesca!... Bouto, vai, mau-faras,
Que noun te trove!... — Adounc la trèvo,
Emai la vido, enfant, te grèvo?
Aqui faguè de sa voues brèvo
Lou Comte Severan, marcho!... Lou trouvaras.

Oh ! dit-il, mais voilà le milandre*, — le poisson
de proie que mon filet — voudrait pêcher un jour !...
Va, ouvrier de mal, — laisse-toi trouver !... » —
« Ah ça ! la trêve, enfant, et la vie te pèsent
donc ?... » — à cet endroit fit la voix brève — du
Comte Sévéran. « Marche... Tu le trouveras. »

CANT DESEN

LA FÈSTO DE DIÉU

A-z-Ais reçaupon Calendau coume un prince. Li Conse de la vilo lou prouclamon Abat de la Jouvènço, e l'Assessour ié baio dous pistoulet d'ounour. Li jo de la Fèsto do Diéu: la Passado; lou Ga: paganisme e crestianisme; li Chivau-Frus; la proucessioun; la Pico e lou Drapèu. Lou jouvènt acabo sa dicho pèr uno escandihado d'amour pur, e lou Comte Severan lou counvido à soun castèu, sus l'estigenço de sedurre e de courroumpre sa vertu.

  Lou tèms es clar e l'ouro bono;
  Mai li cassaire, mai li dono,
Segrenous, atentiéu, pale d'estounamen,
  Veson veni la mau-parado,
  Sènso rèn dire: talo, en rado,
  Aquéli figuro daurado
Qu'à la pro di navire espèron fissamen

CHANT DIXIÈME

LA FÊTE-DIEU

A Aix, Calendal est reçu comme un prince. Les Consuls de la ville le proclament Abbé de la Jeunesse, et l'Assesseur lui donne deux pistolets d'honneur. Les jeux de la Fête-Dieu : la Passade ; le Guet : paganisme et christianisme ; les Chevaux-Frus ; la procession ; la Pique et le Drapeau. Le jeune homme termine son récit par une radieuse échappée d'amour pur, et le Comte Sévéran le convie à son castel, à dessein de séduire et de corrompre sa vertu.

Le temps est clair et l'heure bonne ; — mais les chasseurs, mais les donzelles, — ténébreux, attentifs, pâles d'étonnement, — voient arriver la catastrophe, — sans dire mot: telles, en rade, — ces figures dorées — qui, aux proues des navires, attendent fixément

L'oundo esfraiouso que s'avanço,
Pereilalin. De la trevanço
Un pamens, Balandran, au pescadou seren
Vèn coume eiçò dóu bout di labro :
— Aviso-te ! Tant grato cabro
Qu'en fin mau jais... — Se lou fiò s'abro,
Lou Cassiden respond, tant-miéus ! Nous caufaren !

... Pèr reveni, deja li fedo
Sourtien dins lis ameleiredo :
Arriberian à-z-Ais, vers soulèu enintra.
De-long de Lar, la renoumado
Avié, parèis, fa la chamado :
Un mouloun de gènt, uno armado,
Au pourtau de la vilo èron vengu 'spera.

D'abord que fuguerian en visto,
Un crid coumenço, crid, ma fisto,
Qu'empourtavo moun noum is estello ; au bregand
Uno bramado fourmidablo,
Coume i bouvau mounte s'establo...
Mai la bono-voio, imbrandablo !
E d'amount mespresant lou pople, e se pargant :

— T'escupisse dessus, laid pople !
Aquéu que tèn Coustantinople,
Aièr, dis, lou Grand Turc, l'auriés mens respeta
Que Marco-mau !... Vuei, coumparable
Emé li verme qu'innoumbrable
Rousigon d'un cat mort lou rable,
M'escarnisses, amor que siéu enmenouta !...

L'onde effroyable qui s'avance — à l'horizon. Pourtant, un de la société, Balandran, à l'imperturbable pêcheur, — du bout des lèvres, dit ceci : — « Prends garde ! Tant gratte la chèvre — qu'enfin elle gît mal... » — « Si le feu s'allume, répond le Cassidien, tant mieux ! Nous nous chaufferons !

... Pour en revenir, déjà les brebis — sortaient dans les champs d'amandiers : — nous arrivâmes, vers la tombée du jour, à Aix. — La renommée, au bord du Lar *, — avait, paraît-il, sonné la chamade : — une foule de gens, une armée, — à la porte de la ville étaient venus attendre.

A peine sommes-nous en vue, — un cri s'élève, cri, ma foi, — qui emportait mon nom aux étoiles ; au brigand — une formidable huée, — pareille aux beuglements des étables à bœufs ; — mais le bon drille, inébranlable ! — Et contempteur du peuple, et se carrant sur la monture :

« Je te crache dessus, vilain peuple ! dit-il, — Celui qui tient Constantinople, — hier, le Grand Turc lui-même, tu l'aurais moins respecté — que Marcomau !... Et semblable, aujourd'hui, — à ces innombrables vers — qui rongent le râble d'un chat mort, — tu m'insultes, parce que j'ai les menottes !... »

Mai lis arquié lèu l'enmenèron
E dins un cros l'empresounèron...
Juste, se preparavo à la Fèsto de Diéu
Ais, la ciéuta rèino e coumtalo...
Oh! quento fèsto! Noun n'i'a talo
Foro de nosto capitalo...
Vourriéu vous la moustra de-bouco, se poudiéu!

Ais, autant vilo que bourgado,
Èro à noun plus apetegado;
E vivo èro la lucho e grando la clamour
Pèr la chausido e la chabènço
Di tres ounour de la Prouvènço,
Que soun: l'Abat de la Jouvènço,
Lou Rèi de la Bedocho e lou Prince d'Amour.

Soun, éli tres, li gouvernaire,
Soun, éli tres, priéu e menaire
Di Jo: vesti de sedo e bèu coume de rèi:
Un represènto la noublesso,
Un lou travai e la simplesso,
Un la paraulo, grand beilesso...
Aquéu l'espaso, aquéu l'araire, aquéu la lèi.

Pamens, la foulo que butavo,
Oundenco e folo, m'empourtavo
A cargo-sello: — Vivo e vivo Calendau! —
Quand siguerian à la Coumuno,
Palais dóu pople, — oh! que fourtuno
De crespina! — restère en uno:
Li Conse, tóuti tres, èron sus lou lindau.

Mais les archers promptement l'emmenèrent, — et dans une fosse le mirent en prison... — Or, à la Fête-Dieu se préparait tout juste — Aix, la cité reine et comtale... — Oh ! quelle fête ! Il n'en est pas de telle — hors de notre capitale... — Je voudrais vous la peindre, si je pouvais, de bouche.

Aix, autant ville que faubourg, — était à outrance affolée ; — et vive était la lutte et grande la clameur — pour le choix et la distribution — des trois honneurs de la Provence, — qui sont : l'Abbé de la Jeunesse, — le Roi de la Basoche et le Prince d'Amour.

Eux trois, ce sont les gouverneurs, — eux trois sont les prieurs et maîtres — des Jeux : de soie vêtus et beaux comme des rois, — un représente la noblesse, — un le travail et la simplicité, — un la parole souveraine... — Celui-là l'épée, l'autre la charrue, et l'autre la loi.

La multitude qui poussait, — folle et houleuse, m'emportait cependant — sur ses épaules : « Vive et vive Calendal ! » — Mais quand nous fûmes à l'Hôtel-de-Ville, palais du peuple, — ô bonheur de prédestiné ! — je restai ébahi : les Consuls, tous les trois, étaient là sur le seuil.

E lou plus vièi : — Es richo e forto
La terro libro, dis, que porto
De mascle de toun péu ! I'a res à toun entour,
Jouvènt, que noun ague ausi dire
Toun acipado au Ro dóu Cire,
Res que noun sache e noun amire
Toun redoutable assaut i Mèle dóu Ventour.

Rèi de la Pesco e de la Targo,
Dins ta peitrino ardènto e largo
Lou sang de la nacioun prouvençalo, galoi,
Vèn de flouri ! Noun es lou noumbre,
Nimai la guerro e sis escoumbre,
Que tiron un païs dóu soumbre,
Mai li franc caratère e lis ome revoi...

Davans toun front, nouvèl Ercule,
Fau que lou mau plegue o recule :
As recouncilia li Mesteiraü mutin
E doumta li Bregand... Bèn drole,
Toun intrepide e noble role
Merito bèn que-z-Ais t'enrole
Dins lou grand cartabèu de si bon ciéutadin.

Pople, ause dounc ! La terro maire,
Recouneissènto à soun amaire
Que pèr clo s'enauro e s'arrisco e se bat,
Ié vai paga sa redevènço :
Enfant dóu pople, la Prouvènço
Te noumo Abat de sa Jouvènço.
E vivo longo-mai l'Abat ! — Vivo l'Abat !...

Et le plus vieux : « Elle est riche et puissante, — la terre libre, dit-il, qui porte — des mâles de ton poil ! — Il n'est personne autour de toi, — jeune homme, qui n'ait ouï parler — de ta rude aventure du Rocher du Cire*, — personne qui ne sache et qui n'admire — ton redoutable assaut aux Mélèzes du Ventoux.

Roi de la Pêche et de la Joute, — dans ta poitrine ardente et large — le sang de la nation provençale, joyeux, — vient de fleurir ! Ce n'est pas le nombre, — ni la guerre et ses ruines, — qui tirent un pays du sombre, — mais les francs caractères et les hommes vaillants.

Devant ton front, ô Hercule nouveau, — il faut que le mal plie ou qu'il recule : tu as réconcilié les Artisans mutins — et dompté les Brigands... Beau fils, ton rôle noble et intrépide, — mérite assurément que la ville d'Aix t'enrôle — dans le grand livre de ses bons citoyens.

Peuple, écoute donc ! La terre mère, — reconnaissante à son amant — qui pour elle s'exalte, se dévoue et se bat, — va lui payer sa dette : — enfant du peuple, la Provence — te nomme Abbé de sa Jeunesse, — et vive longuement l'Abbé ! » — « Vive l'Abbé*** ! »

Mai d'un jour à l'autre, à cha milo,
D'estrangié s'emplissié la vilo :
Sus li bancau de pèiro, au fres coume au dardai,
Souto la téndo de si càrri,
Contro li font, davans li bàrri,
Èron coucha ; 'mé lis ensàrri
E lou mourre au mourrau, vesias d'escabot d'ai.

Enfin, la vèio dóu dissate,
(Car au mistèri i'a tres ate),
En grand poumpo, davans l'oustau municipau,
Davans lis ome counsulàri,
Davans lou cors parlamentàri,
Se prouclamé li dignitàri,
E noste noum pacan entre li principau...

O jour de Diéu ! Que noun, ma bello,
Di cimo bluio ounte, rebello,
Fuges l'amour, que noun poudiés me vèire, aqui,
Dintre aquéu pople que clapeto,
Li serpentèu, lis escoupeto
Di Bravadaire e li troumpeto !...
Sariéu de ti rigour, i'a long-tèms, afranqui !

— Aquéu que la Patrio aplico
Au siuen de si vertu publico,
L'Assessour de Prouvènço, emé soun capeiroun
Qu'a rouge e negre : — Cambarado,
Me vèn, au noum de l'encountrado,
En cas qu'un batèire d'estrado
Te cerque mai garrouio en quauque carreiroun,

Mais par milliers, d'un jour à l'autre, — la ville s'emplissait d'étrangers : — sur les bancs de pierre, au soleil ardent comme au frais, — sous la tente de leurs chariots, — contre les fontaines, devant les remparts, — ils étaient couchés ; le dos chargé de coufles — et le museau dans le sac, on voyait des troupeaux d'ânes.

Enfin, la veille du samedi, — car il y a trois actes au mystère, — en grande pompe, devant l'hôtel municipal, — devant les membres du Consulat, — devant le Parlement en corps, — on proclama les dignitaires, — et parmi les principaux notre nom roturier...

O jour de Dieu ! ma belle, que ne pouvais-tu, — des cimes bleues où, intraitable, — tu fuis l'amour, que ne pouvais-tu me voir, — au milieu de ce peuple qui là claquait des mains, — des serpenteaux, des escopettes — et des fanfares de la Bravade*!... — Je serais quitte, depuis longtemps, de tes rigueurs !

Celui que la patrie prépose — au soin de ses vertus publiques, — l'Assesseur de Provence** au chaperon — mi-parti rouge et noir, me parle en ces termes : — « Camarade, au nom de la contrée, — et pour le cas où un batteur d'estrade — te chercherait encore noise dans quelque chemin de traverse,

Tè, dis, pèr ié barra la bouco,
Veici dous banihoun de souco...
Alor me fai presènt d'aquésti pistoulet. —
E Calendau de sa taiolo
Li daverè : dins la draiolo,
Coume un eissam de parpaiolo,
Li cassaire d'un bound faguèron roudelet ;

E sus lis escrinceladuro
Dardaiè sa regardaduro...
— Coumpan, avanças-vous e 'spinchas que travai :
Agachas coume aquéli veto
Ligon bèn dous brout d'óuliveto ;
E li platino ! e li claveto !
Tout d'argènt pur, e l'art vau bèlèu cènt cop mai !

Tenès, lou chin : emé si pauto,
Sèmblo pas qu'es en l'èr, que sauto ?
Dirias qu'emé li dènt vòu mordre lou peirard...
Certo, l'óubrié que tant raprocho
Èro un cassaire e di finocho :
Ié dison Gaut... Pèr la guignocho,
I'a mes un esquiròu qu'ai rèn vist de plus rar.

Pu liuen, signe de recoumpènso,
Brihon lis armo de Prouvènço :
Li Pau de Catalougno e Flourdalis d'Anjou,
Representant li dos meinado
Que libramen l'an gouvernado ;
Enfin moun noum, emé l'annado
Qu'intrè pèr Assessour Pascàlis... Pèr tres jou,

Tiens, dit-il, pour lui fermer la bouche, — voici deux crossettes de vigne... » — Et de ces pistolets alors il me fait don. » — A ces mots, Calendal de sa ceinture — les tira : dans le sentier, — comme un essaim de papillons de nuit, — les chasseurs, tout d'un bond firent cercle ;

Et sur les ciselures — ils dardèrent leurs regards... — « Compagnons, avancez-vous et voyez quel travail : — examinez comme ces rubans — lient bien deux rameaux d'olivier ; — et les platines ! et les clavettes ! — tout argent pur, et l'art vaut peut-être cent fois plus !

Tenez, le chien : avec ses pattes, — ne semble-t-il pas en l'air, qu'il s'élance ? — On dirait qu'il veut mordre le silex avec les dents... — Certes, l'ouvrier qui imite si bien — était chasseur, et des plus fins : — on l'appelle Gaut... Pour la détente — il a mis un écureuil qui est un vrai chef-d'œuvre.

Plus loin, indice de gratification, — brillent les armes de Provence* : — les Pals de Catalogne et Fleurs de lis d'Anjou, — représentant les deux familles — qui l'ont gouvernée librement ; — enfin mon nom, et l'an, — où Pascalis** entra comme Assesseur... Pour trois jours.

Dounc, nous baicron equipage,
Escudié, liò-tenènt e page,
Capitàni de gardo, e guidoun, e drapèu :
Erian de prince! E iéu, — riseire,
Tenès voste alen, — iéu, traseire
De fielat, ai lou dre de sèire
Dins li counsèu de-z-Ais, cubert de moun capèu !...

Lou lendeman, grandis aubado...
Zóu! l'alegresso es atubado :
Cènt jouious flahutet, cènt jouious tambourin
D'uno estrepado sèns pariero
Enfestoulisson li carriero ;
La farandoulo avans-courriero
Di Jo grand e pichoun entameno lou trin.

Mai anen plan, car fau que d'aro
Aguès lou mot de Santo Claro :
Tout, dins lou festenau, es significatiéu.
Lou rèi Reinié, ço dis l'istòri,
Lai figurè lou purgatòri
D'aqueste mounde, e la vitòri
Dóu bèn subre lou mau, la vitòri de Diéu !

Çai-sian. Li bello, enfenestrado,
Picon di man à la parado :
L'Abadié, la Bedocho, emé si Bastounié
Qu'arma de lanço l'on amiro,
Pèr li carriero soun en tiro.
Es la Passado, lan-tan-tiro !
Que meno soun pas d'armo... E tiro, l'Abadié !

Nous eûmes donc un équipage à nous, — écuyers, lieutenants et pages, — capitaines de gardes, et guidons et drapeaux : — nous étions des princes ! Et moi, — rieurs, tenez votre haleine, — moi, jeteur de filet, j'ai le droit de siéger — aux conseils d'Aix, couvert de mon chapeau !...

Le lendemain, grandes aubades... — En avant ! l'allégresse prend feu : — cent galoubets joyeux, cent joyeux tambourins, — par un trépignement qui n'a pas son égal, — mettent les rues en fête; — la farandole avant-courrière — prélude au train des jeux, grands et petits.

Mais tout doux, car il faut, dès à présent, — que vous ayez le mot de Sainte-Claire* : — tout, dans le festival, est significatif. — Le roi René, dit-on, — figura là le purgatoire — de ce monde et la victoire — du bien sur le mal, la victoire de Dieu** !

Nous y sommes. Les belles, des fenêtres, — battant des mains à la parade : — l'Abadie, la Basoche, avec leurs Bâtonniers — que l'on admire armés de lances, — par les rues se déploient. — C'est la Passade, *lan-tan-tire !* — qui mène son pas d'armes... *En avant l'Abadie**** !

Cavaleirous, de quatre en quatre,
Fan lou semblant de se coumbatre ;
E pèr tambour de guerro e timbre dansarèu
Lou bachas rounflo : cmé soun alo,
Li simpatio coumunalo,
Li remembranço naciounalo,
Caresson douçamen balcoun e badarèu...

Toumbo enterin l'oumbro nouturno,
E maufatan quiton si turno ;
Mai, dins lou tèms que dor, cinquanto chivalié
Gardon la vilo d'escalado :
Lou Ga trepo sus li calado,
Entre uno longo pegoulado
Que vai dóu Paganisme enlusi la foulié.

Dins li dos rego de flamado,
Veici d'abord la Renoumado
Troumpetant e lampant sus un chivau roubin ;
Un pau après, — ansin escase
A tout feloun ! — vènon dous ase
Que sus lou bast, noun vous desplase,
Charrounton la Duquesso e lou Duque d'Urbin.

Tóuti li diéu, tóuti li divo
Que sus l'Oulimpe e dins li nivo
Autre-tèms an chourla l'encèns e lou neitar,
De soun istòri fabulouso
Descèndon lis autour neblouso,
E, proucessioun espetaclouso,
Dirias qu'emé lis iue recercon sis autar...

Chevaleresquement, quatre par quatre, — ils simulent un combat; — comme tambour de guerre, comme timbre dansant, — le *bachas** ronfle : de leur aile, — les communales sympathies, — les souvenances nationales, — caressent doucement balcons et belvédères...

L'ombre nocturne tombe cependant, et malfaiteurs de quitter leurs repaires; — mais pendant qu'elle dort, cinquante chevaliers — gardent la ville d'escalade : — le Guet trotte sur les pavés, — au milieu d'un long défilé de torches — qui va du Paganisme éclairer la folie.

Dans les deux lignes flamboyantes, — voici d'abord la Renommée — sonnant de la trompette et galopant sur un cheval bai; un peu après, — ainsi advienne à tout félon ! — suivent deux ânes — qui sur le bât, ne vous déplaise, — cahotent la Duchesse et le Duc d'Urbin.

Tous les dieux, toutes les déesses — qui sur l'Olympe et dans les nues — ont jadis savouré l'encens et le nectar, — de leur histoire fabuleuse — descendent les nébuleux sommets, — et, procession prestigieuse, — on dirait que des yeux ils recherchent leurs autels...

Brave, Mòmus lou galejaire!
Brave, Còmus lou taulejaire!
Gais enfant de la Niue, de la Niue qu'aparèis
E qu'amudido s'enmantello
Dins soun caban clafi d'estello...
Mai, avalisco, farfantello!
De l'impudènto errour Mouïse roump lou crèis.

I Rascasselo, pople inmounde
Que se penchino, em'au vièi mounde
Que trovo aboucouna souto lou Vedèu d'or,
Lou grand dóutour israelito
Mostro la lèi: lou pople jito
Lou Cat, simbole de l'Egito,
Esclapo lou Vedèu e recounèis soun tort.

Garo! Plutoun e Prouserpino,
Sourne parèu, diéu de rapino;
La rèino dis Infèr, palo e bruno, à la man
Porto uno téso de presino:
Dins lou malur, l'escuresino,
Lou femelan, marrido eisino,
Encaro es un bèu lume ounte urous nous creman.

Mercùri, patroun di parlaire,
Di negouciant emai di laire,
Friquet, meno lis amo à l'Infèr. Li Diabloun
Secuton l'Armeto: la pauro,
Coume la fueio au cop de l'auro,
S'atremoulis... Enfin s'enauro,
Sauvado pèr la Crous e pèr soun Angeloun.

Bravo, Momus le plaisantin ! — Bravo, Comus le festoyeur ! — gais enfants de la Nuit, de la Nuit qui apparaît — et se drape, silencieuse, — dans son manteau semé d'étoiles... — Mais, arrière, hallucinations ! — De l'impudente erreur Moïse rompt l'accroissement.

Aux Rascassettes*, immondes gens — qui s'éluchent entre eux, et au vieux monde — qu'il trouve prosterné sous le Veau d'or, — le grand docteur israélite — montre la loi : le peuple jette — le Chat, symbole de l'Égypte, — met en pièces le Veau et reconnaît sa faute**.

Gare ! Pluton et Proserpine, — sombre couple, dieux ravisseurs ; — la reine des Enfers, pâle et brune, à la main — porte une torche de résine : — dans le malheur, l'obscurité, — la femme, vase de perdition, — est encore un flambeau splendide où nous sommes heureux de nous brûler.

Mercure, patron des parleurs, — des négociants et des larrons, — fringant, conduit les âmes en Enfer. Les Diablotins — houspillent la pauvre Ame : — comme la feuille au coup du vent, — elle frissonne... Puis elle prend son vol, — sauvée par la Croix et par son Ange.

D'aspro venjanço enebriado,
La grand gourrino Eroudiado
Coubesejo, en risènt au tiran Antipas,
La tèsto de sant Jan Batisto :
Douge Diablas, orre à la visto,
L'arpioun leva sus sa counquisto,
Encoumbisson lou crime e lou rèi, pas à pas.

Oh! mai lou bèu, Dièu m'afourtune!
Es Anfitrito emé Netune,
Emé li dièu di baus, di sèuvo e di valoun,
Li Faune e li Driado en finfo,
Pan, coursejant li vòu de Ninfo,
Sus la bouto Bacchus que trinfo,
La blanquinello Diano e lou rous Apouloun.

Pièi, s'espoumpis la Rèino Sabo :
Salamoun, tout-d'un-tèms en sabo,
Au bout de soun espaso, e tau qu'un balarin,
T'òufre un castelet d'or, e balo
Davans la dono; la timbalo,
En vounvounant, ié douno d'alo;
Sui timbaloun boumbu masseto van soun trin.

De l'oulimpiano ribambello
Tout lou restant, Junoun, Cibèlo,
Vènus, Minervo e Mars, e Saturne e Mourfièu,
E l'Amour qu'emé l'arc s'enarco,
E Jupitèr, lou grand mounarco,
Van dins un càrri; li tres Parco
Terminon, debanant, fielant, coupant lou fiéu.

Ivre d'âpre vengeance, — Hériodiade, la grande prostituée, — convoite, en souriant au tyran Antipas, — la tête de saint Jean-Baptiste ; — hideux à voir, douze grands Diables, — la griffe levée sur leur proie, — assiégent, pas à pas, et le roi et le crime.

Oh ! mais le beau, vertu de Dieu ! — c'est Amphitrite avec Neptune, — avec les dieux des monts, des vallons et des bois, — les Faunes et les Dryades en liesse, — Pan, poursuivant les Nymphes, — sur la tonne Bacchus triomphant, — Diane la blanche et Apollon le blond.

Puis se pavane, somptueuse, la Reine de Saba : — Salomon, sur-le-champ en humeur, — au bout de son épée, ainsi qu'un baladin, — lui offre un châtelet d'or, et balle — devant la dame ; la timbale bourdonnante lui donne des ailes ; — et baguettes, sur les tympanons bombés, d'aller leur train.

De l'olympienne ribambelle — tout le restant, Cybèle, Junon, — Vénus, Minerve et Mars, et Saturne et Morphée, — et l'amour qui se rengorge avec son arc, — et Jupiter, le monarque suprême, — s'avancent dans un char ; les trois Parques — terminent, dévidant, filant, coupant le fil.

Mai lou dimenche es la courouno.
Dins la sournuro e lis androuno
Se vènon d'esvali li faus diéu : lou soulèu
Vèi resplendi la lèi veraio;
E, tau qu'un flume larg que raio,
Ounte la terro se miraio,
Dóu règne evangeli s'alando lou tablèu.

Un davans l'autre, li Rèi Mage,
Ufanous, mut coume d'image,
Varaion pèr la vilo, en cerco de l'Agnèu,
E seguisson la Bello-Estello...
Lou rire estripo li ratello,
Quand, en pourtant li canestello,
Si page, pèr salut, ié fan lou reguignèu...

Passon. L'abouminable Erode
A sang e plour bouto lou rode
Ounte es nascu lou Crist : au sòu, li Tirassoun
Ajipouna de telo cruso,
Se tirassant à cambo nuso
Coume un rambai de lagramuso,
Mostron dis Innoucènt la pietouso meissoun.

E que dirai di Douge Apostò
Que s'acaminon costo à costo
Emé soun Mèstre?.. E que dirai de Sant Cristòu,
L'umble oumenas, la man seguro
Qu'en pourtant Diéu demoro escuro,
De l'umble pople grand figuro
Que porto en éu lou mounde e soun Messio en dòu?

Mais le dimanche est le couronnement. — Dans l'ombre et les ruelles — se sont évanouis les faux dieux : au soleil — resplendit la loi de vérité, — et tel qu'un fleuve au large cours, — où la terre se mire, — du règne évangelique se déroule le tableau.

Un devant l'autre, les Rois Mages, — pompeux, muets comme statues, — vont errant par la ville, en quête de l'Agneau, — et ils suivent la Belle-Étoile... — Le rire déchire les rates, — quand leurs pages, qui portent les corbeilles, — en guise de salut, miment des tordions...

Ils passent. L'exécrable Hérode — ensanglante et désole le lieu natal du Christ : par terre, les *Tirassouns* — engiponnés de toile écrue, — et se traînant nu-jambes — comme un tas de lézards gris, — montrent des Innocents la moisson lamentable.

Parlerai-je des Douze Apôtres — qui s'acheminent côte à côte — avec leur Maître?.. Parlerai-je de saint Christophe, — l'humble géant, la main solide — qui reste obscure en portant Dieu, — grande figure de l'humble peuple — qui porte en lui le monde et son Messie en deuil?

Plaço à Madamo de Limagno!
Plaço! car douno de castagno
I Chivau-Frus : E danso, o gus! E danso, o gus!
 En cavaucado virouleto
 Coume de gau que fan l'aleto,
 Emé li clàri cimbaleto,
Emé lou tambourin que dis : N'en volon plus!

 La Mort, segant la farandoulo :
 Hòu! hòu! la Mort-peleto idoulo...
S'esperlongon alor, en lènto prouccssioun,
 Li rengueirado vierginenco,
 Li Penitènt dins si bourrenco,
 E dins si raubo purpurenco
Lou Parlamen ilustre, e vint coungregacioun.

 Durant quatre ouro de reloge,
 Li Counfrarié, priéu e caloge,
Counfrarié mesteiralo emé si gounfaloun,
 Aqui defilon; tapissado
 Emé de richi pavesado
 Soun li carriero, e travessado
Pèr de tèndo; e de roso e de chato à mouloun...

 Alor, tambour e fifre en tèsto,
 Nàutre, li bailé de la fèsto,
L'Abadié, la Bedocho e lou Prince d'Amour,
 Souto li coulour ciéutadano
 Que fai vouga la tremountano,
 Dóu Cours intran sus lis audano :
Jamai mai, o patrio, ai senti ta cremour!

Place à Madame de Limagne! — car *elle donne des châtaignes* — aux Chevaux-Frus : *Et danse, ô gueux! Et danse, ô gueux!* — en cavalcade tournoyante — comme coqs amoureux et coquetant de l'aile, — au son des claires cymbalettes — et du tambourin qui dit : *Les gueux n'en veulent plus*!*

La Mort, fauchant la farandole, — la Mort, hideux squelette, hurle : *Hoou! hoou!...* — Alors se développent, en lente procession, — les longues rangées de Vierges, — les Pénitents drapés de toile, — et en robes de pourpre — le Parlement illustre, et vingt congrégations.

Quatre heures d'horloge durant, — les Confréries, leurs prieurs, leurs anciens, confréries de Métiers avec leurs gonfalons, — alors défilent; de riches draperies — les rues sont tapissées; et au travers, — des tentes; et puis, des jeunes filles et des roses en masse...

Et alors, précédés du tambour et du fifre, — nous les chefs de la fête, — l'Abadie, la Basoche et le Prince d'Amour, — sous les couleurs de la cité — qui voltigent au vent, — nous entrons dans les allées du Cours : — mieux que là, ô patrie, je n'ai jamais senti ta flamme!

De cènt campano la bricolo
Counvido lou plan e la colo,
Balalin! balalan! à la Benedicioun;
L'encèns tubo; à l'autar escalo
La mitro d'or pountificalo;
Plovon li flour; touto voues calo;
Lou fifre canto soul lis èr de la nacioun...

E se reglant sus la musico,
Li Bastounié prenon la Pico:
Tres fes autour dou còu la viron, e dins l'èr
Tres fes la brandon, pèr fai vèire
Coume picavon nòsti rèire,
Quand de la Mauro, un jour vincèire,
Anèron secuta lou Sarrasin cafèr;

Pièi, la bandisson dins l'espàci,
E la recasson emé gràci;
E d'un bras nervihous, zóu! sèmpre que plus aut
La remandon... Si qu'es poulido,
Quand peramount sèmblo esvalido
E que retoumbo, atremoulido
Coume uno serp voulanto, au bras que la reçaup!

Tè tu! tè ièu! Lou Porto-Ensigno
Desplego au vènt, e tors e guigno,
Lèu, souto bras e cambo, un drapèu: dòu Drapèu
Vesès la sedo que lusejo,
Ausès l'estofo que crusejo,
E, tant rapidamen passejo,
Lou creirias un pavoun qu'amourous fai lou bèu.

Le roulis de cent cloches — convie la plaine et la montagne, — *balalin! balalan!* à la Bénédiction ; — l'encens fume ; à l'autel gravit — la mitre d'or pontificale : — pleuvent les fleurs ; toute voix cesse ; — le fifre chante seul les airs de la nation...

Et sur le rhythme se réglant, — les Bâtonniers prennent la Pique : — trois fois autour du cou ils la tournent, et dans l'air — la brandissant trois fois, pour montrer — comment nos ancêtres frappaient, — lorsque, un jour de victoire, de la montagne Maure — ils allèrent chasser l'Arabe mécréant ;

Puis ils la lancent dans le ciel — et la rattrapent avec grâce ; et houp ! d'un bras nerveux, et de plus en plus haut, — ils la renvoient... C'est un plaisir — que de la voir, ce semble, se perdre dans l'espace, — et retomber, tremblante — comme un serpent volant, au bras qui la reçoit !

A qui mieux mieux ! Le Porte-Enseigne — déploie au vent, et lestement tord et agite, — par-dessous bras et jambe, un drapeau : du Drapeau — on voit miroiter la soie, on entend crier l'étoffe, — et si rapides sont les passes — que l'on dirait un paon, lorsque amoureux il fait la roue.

Li cor soun gounfle ; se destrio
Lou sentimen de la patrio
Qu'a boufa tout-d'un-cop sus li front amarra
Soun frejoulun ; esbalauvido,
L'amo pren vanc, l'amo es ravido :
Lou Diéu vivènt, lou Pan de Vido,
Entre li man dóu prèire, enfin, es adoura !

— De long païs lòngui nouvello...
Anan soupa ?... Quento favello !...
Roumpeguè bruscamen lou Comte Severan.
Ah ! vau la peno !... Ti prouesso,
Moun paure Abat, de ta mestresso
Noun t'an vaugu bren de caresso...
E dins toun labourat d'autre meissounaran.

— Meissounaran ? la malo pèsto !
Meissounaran ? guerro e tempèsto !
Repliquè lou pescaire en relevant lou toun,
Car, se voulès que vous lou digue,
Quau que n'en ploure o que n'en rigue,
Aro iéu triounfle, aro espigue,
Aro sus li niéulas cavauque d'assetoun !

Ah ! s'avias vist moun Esterello,
Quand sus la colo embaumarello
Arribère en cridant : M'an fa Cap-de-Jouvènt !
Coume lou fiò dos couloureto
Iluminèron sa careto,
E veguère toumba, clareto,
Li lagremo d'amour sus soun pitre mouvènt.

Les cœurs sont gonflés; on distingue — le sentiment de la patrie — qui a soufflé, soudainement, sur les fronts atterrés — son frisson; l'âme éblouie — prend son essor dans le ravissement : — le Dieu vivant, le Pain de vie, — entre les mains du prêtre, enfin est adoré! »

— « A beau conter qui vient de loin… — Allons-nous souper?.. Quelle faconde!.. — interrompit sur un ton brusque le Comte Sévéran. — Mais à quoi bon?… Tes prouesses, — mon pauvre Abbé, de ton amante — ne t'ont valu pas la moindre faveur… — Et dans ton labour d'autres moissonneront. »

— « Moissonneront? la malepeste! — Moissonneront? tempête et guerre ! — repartit le pêcheur sur un ton plus haut encore, — car, s'il faut vous le dire,— en pleure qui voudra ou bien en rie, — maintenant je triomphe, mon épi est monté, — et sur les noirs nuages maintenant je m'assieds, je chevauche !

Ah! mon Estérelle, si vous l'eussiez vue, — quand sur la colline odoriférante — j'arrivai criant : « On m'a élu Chef de Jouvence ! » — Deux rougeurs vives, vives comme le feu, — illuminèrent son visage, — et je vis tomber, claires, — les larmes de l'amour sur sa gorge mouvante.

Lagremo, vès, que ièu beguère!
D'aquéu neitar m'embriagnère,
Talamen que pèr ièu noun i'a plus de bessai;
Pèr ièu, mounte moun iue se fico,
Despièi, la terro es magnifico;
Despièi, mounte moun pèd trafico,
Tout es aplan e tout óudouro que-noun-sai;

Despièi, trove lou cèu plus vaste:
Despièi, di naturau countraste
Vese la resplendour e l'acord: sabe vuei
Perqué lou vènt bramo o souspiro,
E coume vai que se treviro
La mar oundenco, o se retiro
Langourouso, e, plagnènto, amato soun ourguei.

— *Ve, franc moun cors, que te retène,*
O, me diguè, ièu t'apartène...
Calendau! Calendau! res que tu noun m'es rèn,
E sies aquéu que desirave...
Ah! de s'avé sarié trop brave!
Mai perqué fau que l'on s'entrave,
Chasco fes qu'au bonur, li bras dubert, courrèn?

Vos, dis, counèisse l'estiganço?
Uno implacàblo e traito gauso
Me tèn: siéu maridado à-n-un falibustié!...
— *Ai! ai! lis estafié diguèron,*
La castagno peto!... E faguèron
Rire de chin; e ferniguèron
Li coumpagniero, (que deja soun cor batié

Larmes, voyez-vous, que je bus! — De ce nectar
je m'enivrai, — à tel point que pour moi, il n'est
plus de peut-être; — pour moi, partout où mon
œil frappe, — depuis la terre est magnifique; —
depuis, où mon pied s'aventure, — tout est uni,
tout fleure et ineffablement;

Depuis, je trouve plus vaste le ciel; — des contrastes de la nature — je vois depuis la splendeur et
l'accord : et aujourd'hui je sais — pourquoi le vent
brame ou soupire, — et comment il se fait que la
mer ondoyante — tantôt se bouleverse, et tantôt se
retire, — langoureuse, et rabaisse, plaintive, son
orgueil.

« Sauf, entends-tu? mon corps que je retiens, —
oui, je t'appartiens, me dit-elle... — Calendal!
Calendal! nul que toi ne m'est rien, — et tu es
celui que je désirais... — Ah! ce serait charmant
que de s'avoir! — Mais pourquoi donc faut-il chopper à quelque obstacle, — chaque fois qu'au bonheur
nous courons, les bras ouverts?

Veux-tu, dit-elle, connaître le pourquoi ? — Un
implacable et perfide lacet — me tient : d'un flibustier je suis l'épouse!... » — « Ahi! ahi! dirent les
stafiers, — le marron éclate!.. » Et ils rirent jaune;
— et frémirent les soubrettes, dont le cœur déjà
battait

Pèr Calendau). Mai lou pescaire,
Arderous, lou capèu de-caire:
— Vaqui, vaqui lou nous! lou nous que trencaren,
Se Diéu lou vòu! dis. Mai se cale,
Que moun vincèire noun escale
Sus sa figuiero, car lou chale
Ounte nado moun cor es founs, grand e seren

Coume lou cèu! E la Mort vano
Contro l'amour brèco si bano...
Lou cors de moun amigo es bèu coume lou jour!
Mai uno perlo, ounour dóu Gange,
Pòu arriba qu'un porc la mange....
Vuei, ço qu'adore, iéu, es l'Ange
Que dins aquelo perlo encarno soun sejour.

L'amour dóu cors, pasturo basso,
Coume un lourdige aro me passo:
De ma celèsto sorre amire vuei lou bèu
Interiour; e d'aquéu dintre,
Ounte iéu bade, ounte iéu intre
Tant que me plais, i'a gens de pintre
Que poscon soulamen n'en rauba lou simbèu...

O meraviho e gau de l'amo,
Sias bèn lou paradis! O flamo,
Ounte se purifico e s'abrando l'amour!
O penetranto mescladisso
De dous en un! O cantadisso,
Tèndro, acourdado, couladisso,
Que dis tout! O bonur e delicious coumbour!

Pour Calendal. Mais le pêcheur, — effervescent, le chapeau de travers : — « Voilà, voilà le nœud ! le nœud que nous trancherons, — si Dieu le veut ! dit-il. Mais si je plie, — que mon vainqueur ne monte pas — sur son figuier*, car la félicité — où mon cœur nage est profonde, grande et sereine

Comme le ciel ! Et l'impuissante Mort — contre l'amour brise ses cornes... — Le corps de mon amie est beau comme le jour ! — Mais une perle, honneur du Gange, — peut d'aventure être mangée par un pourceau... — Ce que j'adore, moi, à cette heure, c'est l'Ange — qui incarne son séjour dans cette perle.

L'amour des sens, pâture abjecte, — comme un vertige maintenant me passe : — de ma céleste sœur j'admire maintenant le beau — interne ; et de cet intérieur — où s'enivre ma vue, où j'entre, moi, — tant qu'il me plaît, il n'y a pas de peintre — qui puisse seulement en retracer l'enseigne...

O merveilles et joies de l'âme, — vous êtes le vrai paradis ! O feux — où se purifie l'amour, où il embrase ! — O pénétrant mélange — de deux en un ! O symphonie — harmonieuse, tendre, insinuante, — qui dit tout ! O bonheur et délicieux double !

La mort, tau que dous blot de mabre
Pòu afregi nòsti cadabre,
Ensèn li dos pensado à l'infini de Diéu,
Deja, volon inseparablo...
E dins la vido perdurablo,
O, l'adouraire e l'adourablo
Se soun coumunica tout ço qu'an d'agradiéu!—

Bouiènt, ansin lou calignaire
Parlè. Semblavo un semenaire
Que jito à plen de man, e courajousamen,
Lou blad de Diéu, dins uno routo
Aspro de pèiro emai de mouto:
Soun front de la susour degouto
Mai briho d'esperanço e de countentamen.

Ansin briho lou gènt countaire.
Avuglamen, lis escoutaire
Chaurihon au rebat de l'estrambord divin,
Coume lou miòu davans li lume
Que lou martèu trais de l'enclume;
Mai à la visto d'aquéu flume
De luminous amour e de bonur sèns fin,

D'aquelo unioun esperitalo
Que dins lou cèu, em'un cop d'alo,
Mounto foro d'atencho, e se ris de la mort,
Tóuti li ràbi despietouso,
Caïnarié, fèbre encitouso,
Mourbin, pegin, — coume ventouso
Au Comte Severan mordon, gounflon lou cor.

La mort, tels que deux blocs de marbre, — peut refroidir nos corps, — les deux pensées, ensemble, à l'infini de Dieu, volent déjà inséparablement.... — Oui, dans la vie illimitée, — l'adorateur et l'adorable — se sont communiqué tout ce qu'ils ont de charmes ! »

Ainsi le bouillonnant jeune homme — parla. Il ressemblait à un semeur — qui jette à pleines mains, et courageusement, — le blé sacré, dans une novale — hérissée de pierres et de mottes : — son front dégoutte de sueur, — mais il rayonne d'espérance et de contentement.

Ainsi rayonne le conteur gentil. — Aveuglément les auditeurs, aux réverbérations du divin enthousiasme, chauvissent des oreilles — comme le mulet devant les éclairs — que le marteau fait jaillir de l'enclume ; — mais au spectacle de ce fleuve — de lumineux amour et de bonheur sans fin,

De cette union spirituelle — qui, d'un coup d'aile, dans le ciel — s'élève hors d'atteinte et se rit de la mort, — toutes les rages implacables, — haine félonne, excitation fiévreuse, — et rancune et dépit, comme ventouses — au Comte Sévéran mordent, gonflent le cœur.

Talo pamens qu'uno bourdouio
De marrit chin cerco-garrouio,
En éu lis enmourraio e coustren : Calendau
A talamen gagna li cimo
Que la lusour de l'aubo primo
Cencho soun cap, e que l'estimo,
L'aflat, lou pur amour, dévon lou segre adaut!

De l'amo Calendau es mèstre,
Valènt-à-dire diéu! Pòu èstre
Despoudera dóu cors, tua sus lou carrèu,
Mes en póutiho : mai de l'amo
Que s'es dounado à-n-éu, que l'amo,
Restara mèstre! Es dounc la lamo,
La lamo que fau roumpre, e noun pas lou fourrèu!

Pèr la moulesso di delice
Mai pernicious que li suplice,
Fau dounc afemeli, courroumpre, desloumba
La forço vivo; e quand lou verme
Aura desmesoula lou germe
De l'aubre dur, enca plus ferme
Quand aguèsses li ren, ome, saras toumba! —

D'aquelo infernalo pensado
Sesi, lou Comte, uno passado
Après, douno signau, e dou castèu d'Eiglun
Tóutis ensèn prenon la draio,
Seguènt lou gaudre que varaio...
Lou soulèu, darrié li muraio
De la coumbo, enterin vèn d'amoussa soun lum.

Telles pourtant qu'un enchevêtrement — de mauvais chiens hargneux, — il les muselle et les contraint en lui : Calendal — a si bien gagné les cimes — que la lueur de la naissante aurore — lui ceint la tête, et que l'estime, — la faveur, l'amour pur, doivent le suivre en haut !

Calendal est maître de l'âme, — ce qui veut dire dieu ! Il peut être — dépossédé du corps, tué sur le carreau — et mis en poudre : mais de l'âme — qui s'est donnée à lui, qui l'aime, — il restera maître ! C'est donc la lame, — la lame qu'il faut rompre, et non pas le fourreau !...

Par la mollesse des délices — plus pernicieuses que les tourments, — il faut donc efféminer, corrompre et efflanquer — la force vive ; et quand le ver — aura rongé dans sa moelle le germe de l'arbre dur, — encore plus fermes, homme, eusses-tu les reins, tu seras abattu ! —

De cette pensée infernale — saisi, le Comte, un instant — après, donne le signal, et du château d'Aiglun — ils prennent tous ensemble le chemin, — le long du torrent qui serpente... — Le soleil, derrière les murs — de la gorge, cependant, vient d'éteindre sa lumière.

A l'ouriènt, — comme uno chato
Que plan-planet se desacato
E vai prene lou fres à sa fenèstro, plan
La jouino luno alin se lèvo;
Li gribet canton dins la glèvo;
Pèr li cebiero, mounte trèvo,
Lou terraioun escur bresiho en redoulant;

De-fes, uno tardivo caio
Sus la coustiero, amount, cascaio;
O bèn d'un perdigau esmarra lou plourun,
Au founs de quauco valounado,
Repièuto; mai la vesprenado
Fresquejo, e li rato-penado
A vòu precepita fèndon lou calabrun.

A l'orient, comme une jeune fille — qui doucement sort de ses couvertures — et va prendre le frais à sa fenêtre, doucement — la jeune lune là-bas se lève ; — les grillons chantent dans la glèbe ; — parmi les champs d'oignons, où elle erre la nuit, — l'obscure courtilière fredonne sa roulade ;

Parfois, une caille attardée — fait entendre son cri, là-haut, sur les versants ; — ou bien la voix en pleurs d'un perdreau égaré, — au fond de quelque val, — piaule de loin en loin ; mais la soirée — fraîchit, et les chauves-souris — à vol précipité fendent le crépuscule.

CANT VOUNGEN

LA DRIHANÇO

Au castelet d'Eiglun, lou Comte Severan semound à Calendau un festin sardanapalen. La terraio de Moustié; li pinturo vernissenco: la Princesso Clemènço, Voulandeto, Sermoundo, etc. Lou Brande di Gusas. Li danso catihouso; aquelo de l'Abiho. Calendau endigna bravejo la taulado, e revèsso la taulo e desfiso à la mort lou Comte Severan; mai un di sacamand l'engarro pèr treitesso, e lou mandon pourri dins un croutoun.

Liuen de Touloun, liuen de Marsiho,
Dins li roucas e roucassiho,
Lou castelet d'Eiglun, au bout d'un aupihoun,
Es empega. L'escuresino,
Emé la niue que s'avesino,
Coume un velet de cambresino
Agouloupo deja tourrelo e tourrihoun.

CHANT ONZIÈME

L'ORGIE

Au châtelet d'Aiglun, le Comte Sévéran offre à Calendal un festin sardanapalesque. La faïence de Moustiers ; les peintures de l'émail : la Princesse Clémence, Volandette, Sermonde, etc. Le Branle des Gueusards. Les danses lascives ; celle de l'Abeille. Calendal indigné brave tous les convives, et renverse la table et défie à la mort le Comte Sévéran ; mais un des flibustiers lui donne un coup de Jarnac, et on l'envoie pourrir dans un cachot.

Loin de Toulon, loin de Marseille, — dans les rochers et les rocailles, — le châtelet d'Aiglun sur une petite alpe — est collé comme un nid. L'obscurité — de la nuit qui s'approche, — comme un léger voile de gaze, — enveloppe déjà tourelles et donjon.

Mai peralin lou clar de luno
Laisso entre-vèire dins la bruno
Lou pounchoun blanquinéu dis Aup ennevassa
Qu'eirisson encaro sis erso,
Coume lou jour de boulouverso
Ounte en furour, ounte à reverso
La matèri escapè dòu Caos abrasa...

V'eici l'enclaus e la baragno :
Entre qu'arribo la coumpagno,
Lou cledat s'es dubert à-n-un cop de siblet;
E japon li chin dins l'andano,
E sourne lou pargue tresano,
E sus li branco di platano
Li pavoun ajouca cridon; — e li varlet

Presènton l'aigo lavarello,
Lèu, i cassaire e cassarello,
Qu'aparon sus si man l'eigadiero d'argènt.
S'intro... En metènt pèd dins li salo
De la barouno prouvençalo,
Calendau un souspir eisalo,
De vèire, o crèbo-cor! aquelo malo gènt

S'empatrouna, faire boufigo
Dins lou palais de soun amigo!
— Paciènci ! calo-te, moun cor, dis, calo-te ! —
Aquéu palais de la barouno
Gardavo encaro la courouno
E l'aparènci proun ferouno
Di tèms ounte au païs quichavo lou coutet.

Mais le clair de lune, au lointain, — laisse entrevoir dans la brune — les pitons blancs des Alpes qui, couvertes de neige, — hérissent encore leurs vagues, — ainsi qu'au jour de cataclysme — où en fureur, à profusion, — la matière échappa du Chaos embrasé...

Voici l'enclos, avec la haie : — dès qu'arrive la compagnie, — à un coup de sifflet la grille s'est ouverte; — et les chiens aboient dans l'allée, — et le parc ténébreux résonne, — et sur les branches des latanes — les paons juchés crient; et les valets, vites,

Présentent l'eau, pour se laver, — aux chasseurs et aux chasseresses, — qui tendent leurs mains à l'aiguière d'argent. — On entre... Comme il met le pied dans les salles — de la baronne provençale, — Calendal exhale un soupir, — en voyant, ô crève-cœur! cette engeance perverse

S'impatroniser, faire ostentation — dans le palais de son amie!... — « Patience! calme-toi, dit-il, calme-toi, mon cœur! » — Ce palais de la baronne — conservait encore la crénelure — et l'apparence quelque peu farouche — des temps où il pressait la nuque du pays.

Dedins pamens si mèstre noble
Avien renouvela lou moble :
Tauleto e chaminèio en amelat rousen,
Escudelié 'mé de balustre,
Tapis de Perso, e, darrié lustre,
Darrier ourguei d'un sang ilustre,
Desplegado en tablèu la Guerro di Baussen.

Li Parroucèu, fièu de Brignolo,
Avien aqui de soun escolo
Espandi la lumiero e la coulouracioun
Meravihouso. — De ragage,
De bastimen e de naufrage,
Representavon pièi l'image
De la marino ; e meme, en grando amiracioun

Recouneissènt lou baus Canaio,
Emé la conco ounte se naio
Cassis, lou Cassiden mai-que-mai fuguè nè...
Aquéu celèbre que, dis oundo
Pèr estudia la caro broundo,
En tèms d'aurige, à la couroundo
D'uno barco, intrepide, un cop s'encadenè,

Vernet, avignounenco estello,
Aqui brihavo sus la telo.
Entremen lou perfum di mèisse prouvençau
Em' un galoi cascai d'eisino
Mounto deja dè la cousino :
Dins la sartan l'òli brounzino,
E qu trisso de pebre e qu trisso de sau.

A l'intérieur, pourtant, ses nobles maîtres —
avaient renouvelé l'ameublement : — guéridons et
cheminées en brèche rose, — dressoirs à balustres,
— tapis de Perse, et, dernière splendeur, — dernier
orgueil d'un sang illustre, — déroulée en tableaux
la Guerre des Baussencs*.

Les Parrocels, fils de Brignoles**, — avaient
répandu là-dedans — la lumière et le coloris merveil-
leux de leur école. — Des grottes marines, des bâti-
ments et des naufrages, — plus loin, représentaient
l'image — de la vie maritime ; et même, avec admi-
ration

Reconnaissant le cap Canaille — et le petit bassin
où se baigne — Cassis, le Cassidien grandement fut
ébahi... — Ce peintre célèbre qui, pour étudier la
physionomie des flots en courroux, — en temps
d'orage, au mât — d'une barque, intrépide, une fois
s'enchaîna,

Vernet, étoile avignonaise***, — là brillait sur la
toile. — Cependant le parfum des mets provençaux,
— avec un joyeux cliquetis d'ustensiles, — monte
déjà de la cuisine : — dans la poêle l'huile frémit, —
et l'un pile du poivre, l'autre égruge du sel.

Mai, dins lis aubre ounte soumbrejo
Lou pargue tout-d'un-cop lambrejo,
E deforo aparèis, dreissado en plen jardin,
Uno superbo taulo. Messo
Coume de ninfo e de princesso,
Tòuti li dono, em' agilesso,
Descèndon l'escaliè, boudenflo de satin.

E Fourtuneto diligènto,
E Fourtuneto la plus gènto
Aganto douçamen lou bras de Calendau.
Tòuti seguisson. — Jóuini bello,
Iè vèn lou Comte, à sa capello
Lou diéu dóu plesi nous apello :
Jouïssen! Jouïssen, noun pas à l'escandau,

Mai à bèl èime! — A sa paraulo,
Cadun aprovo, pièi s'entaulo.
Souto l'argentarié, qu'insoulèn fan brusi,
La richo taulo s'espalanco;
La ciro, bluio, roso e blanco,
Brulo, óudourouso, sus li branco
Di candeliè massis; e l'on vèi treluisi

E li càrrafo e li saliero,
Li got, li tasso, lis óuliero,
Cristau acoulouri de tòuti li façoun,
E travai rare : soun fasèire —
Que travaiavo, çai-en-rèire,
De man de mèstre, sus lou vèire, —
Èro Fèrri, veirié de Reiano... — Ounte soun,

Mais dans le sombre des arbres, — le parc s'éclaire tout à coup, — et dehors apparaît, dressée en plein jardin, — une table superbe. Mises — comme des nymphes et des princesses, — toutes les dames, avec agilité, — descendent l'escalier, bouffantes de satin.

Et Fortunette diligente, — Fortunette la plus gentille, — prend doucement le bras de Calendal. — Ils suivent tous. — « Jeunes beautés, s'écrie le Comte, à sa chapelle — le dieu du plaisir nous convie : — jouissons ! Jouissons, non pas avec mesure,

Mais à cœur-joie ! » A ces mots, — chacun approuve, puis s'attable. — Sous l'argenterie, que fait bruire leur insolence, — la riche table ploie : — la cire, bleue, et blanche et rose, — brûle, odorante, sur les branches — des chandeliers massifs ; et à l'œil resplendissent

Et les carafes et les salières, — les gobelets, les tasses, les huiliers, — cristal colorié de toutes les façons, — et travail rare, dont l'auteur, — qui travaillait jadis, — de main de maître sur le verre, — était Ferri, verrier de Reillane*... Où sont-elles,

Bèu pescadou, vòsti clauvisso?
Coumenço alor la charradisso,
E lou toun de madrago, ounte es, que lou tasten?...
— *Lou vin es bon, mai la clareto*
Passo au galet coume uno aureto...
— *Voulès d'aiòli, coumeireto?*
Acò 'mbaumo la bouco e remounto lou ten.

— *Ho! ho! de figo proumeirenco?*
— *Es pas verai, dono Flamenco?*
A taulo e dins l'amour, càmbi douno sabour.
— *An! pourgès-nous la carbounado!*
— *Noun! la brandado e la panado!*
— *Cęrto, s'arrapo i rougnounado*
Aquéu feisan gavot! — *Touquen, misè Tibour!*

Ansin galejon. Encitouso,
Ferigoulado, capitouso,
Li sausso e li bevèndo alumon li palai
Emai li lengo. Dins li roure,
Li servicialo vesès courre
Que porton, gros coume de tourre,
Li pastis sus la tèsto; e vesès dins li plai

Esbrihauda l'iue di machoto...
— *Pichoto, lou roustit! Pichoto,*
Li vin vièi, li glacet, lou dessèr, li liquour! —
E de la crolo e de l'estivo,
Li chambreiroun, despachativo,
Aduson, vuejon i counvivo
Aquélis elissir qu'empuron la vigour,

Beau pêcheur, vos *clauvisses**? — commence alors la causerie, — et le thon de madrague, où est-il, que l'on y goûte?... » — « Le vin est bon, mais la *clarette*** — passe au gosier comme une brise... » — « Petite commère, voulez-vous de l'*aïoli**** — Ça parfume la bouche et remonte le teint. »

— « Ho! ho! des figues précoces! » — « N'est-ce pas? dame Flamenque, — à table et en amour changement donne saveur. » — « Passez-nous donc la *carbonade!* » — « Non! la *brandade* et la *panade!* » — « Certes, il prend aux rognons, ce coq de bruyère! » — « Trinquons, *misè* Tibour ****! »

Ainsi devisent-ils. Excitantes, — aromatisées, capiteuses, — les boissons et les sauces allument les palais — et les langues. Parmi les rouvres, — on voit courir les servantes — qui portent, gros comme des ours, — les pâtés sur la tête; et dans les sycomores, on voit

Étinceler l'œil des hibous... — « Petites, le rôti! Petites, — les vins vieux, les sorbets, le dessert, les liqueurs! » — Et de la cave et du cellier, — les jeunes chambrières se hâtant — apportent, versent aux convives — ces élixirs qui attisent la vigueur,

Dounon l'ebrieta, lou rire,
La calourado e lou delire,
E di quau lou secrèt, antan, à mèste Arnaud
De Vilo-Novo, pèr li Mouro
Fuguè trasmés ; aduson, quouro
Li fru nouvèu emé sa bourro,
Quouro li counfimen e nougat terrenau...

Mai la taulado se miraio
Dins lou vernis de la terraio ;
Se poudié, vous dirai, rèn vèire de plus bèu.
Dous Mousteiren, artisto lèri,
De milo flour e refoulèri
N'avien ourna l'esmaut : Oulèri,
Que pèr acoulouri l'argelo èro un flambèu,

E l'autre, lou famous Clerici,
Rivau de l'agenés Palissi.
Ressourtien li trelus que soun four avié cue
Coume li veno blavinello
Souto la pèu di pichounello ;
E chasco assieto blanquinello
Èro uno miniaturo à vous prene pèr l'iue !

Dins l'uno apercevias Clemènço,
Fiho dóu Comte de Prouvènço
Carle Segound lou Goi, emé li mandadou
Dóu rèi de Franço, qu'en mariage
Vou l'enmena : mai es lou viage
A coundicioun que d'abihage
Elo se mostre nuso, e qu'i regardadou

Donnent l'ébriété, le rire, — l'échauffaison des sens et la folie, — et dont le secret, autrefois, à maître Arnaud de Villeneuve* — par les Mores fut transmis; elles apportent, tantôt — les fruits nouveaux dans leur duvet, — tantôt les confitures et nougats indigènes...

Mais la table entière se mire — dans le vernis de la faïence; — on ne pouvait voir, en vérité, rien de plus beau. — Deux artistes de Moustiers**, artistes brillants, — de mille fleurs et fantaisies — en avaient orné l'émail : Oléry, — qui, pour colorier l'argile, était un maître,

Et l'autre, le fameux Cléricy, — rival de Palissy d'Agen... — Les splendeurs transluisantes, que leur four avait cuites, ressortaient — comme les veines bleuâtres — sous la peau des jouvencelles; — et chacune des assiettes blanches — était une admirable miniature !

Dans l'une on apercevait Clémence, — fille du Comte de Provence Charles II le Boiteux, avec les envoyés — du roi de France qui veut l'emmener comme épouse : mais le voyage — est à la condition que de tout vêtement — elle se montre dépouillée, et qu'elle, aux inspecteurs,

Se manifèste sènso deco.
Aucèu voulant cren pas la leco,
Ni cristau lou soulèu ; l'ourguei de sa bèuta
Doumtant sa crento rouginello,
Adounc vesias la vierginello
Que s'estrassavo sa gounello,
Cridant : « Sara pas di que m'ague defauta,

Pèr un camisoun, la courouno
Di flourdalis ! » — Après, paurouno !
Lou pintre terraié, pèr contro, avié chausi
La damisello de Manosco
Pudico tant que passè l'osco...
Noblo mancipo ! dins la closco
Se bouto que lou rèi la vòu pèr soun plesi ;

Car Voulandeto èro coumplido,
E, de la vèire ansin poulido,
Lou rèi Francés Proumié, que passavo à chivau,
Avié guincha 'no passadeto.
Pèr vous terni, margarideto,
N'en fau pas mai ! E Voulandeto
Cour s'embarra : jouinesso, adièu ! Dins soun mirau

En souspirant aqui se fàcio
Un darrié cop, pièi se disgràcio
Emé lou fum dòu sòupre amaramen. Lou rèi,
Dison, plourè ; mai de Manosco
L'antique ounour mountè d'uno osco.
D'uno autro assieto dins la closco,
L'óubrié s'èro ispira d'un cant de nòsti vièi :

Se manifeste sans défaut. — Oiseau qui vole ne craint pas le piège, — ni cristal le soleil ; l'orgueil de sa beauté — domptant sa honte rougissante, — lors on voyait la jeune vierge — déchirer sa gonelle — et s'écrier : « Il ne sera pas dit qu'elle m'ait défailli,

Pour une chemisette, la couronne — aux fleurs de lis*! » Après, pauvrette! — le peintre faïencier, pour contraste, avait choisi — la demoiselle de Manosque** — dont la pudeur alla trop loin... — Noble fille! elle se met en tête que le roi la veut pour son plaisir ;

Car Volandette était parfaite, — et, à l'aspect de tant de charmes, — le roi François Premier, qui passait à cheval, — avait regardé un instant. — Pour vous ternir, ô marguerites, — il n'en faut pas plus! Volandette — court s'enfermer : jeunesse, adieu! Dans son miroir,

En soupirant, là elle se contemple — une dernière fois, et puis se disgracie — à la fumée du soufre, amèrement. Le roi — pleura, dit-on ; mais de Manosque — l'antique honneur monta d'un cran. — Dans le creux d'une autre assiette, — l'ouvrier s'était inspiré d'un chant de nos vieillards*** :

Flour dóu païs, jouino e braveto,
Li Mouro raubon Escriveto;
En àbi de roumién, soun nòvi, après sèt an,
L'a destraucado : pèr li mourre
Au grand galop vesès s'encourre
Lou gai paren, e sus sa tourre
Se derraba li peu lou prince courdouvan.

Pièi, dins uno autro, mèste Oulèri
Avié retra lou reboustèri
De Sermoundo manjant lou cor de soun ami.
Ai! talo ourrour noun s'imagino :
— Coume as trouva la sóuvagino
Que t'ai cassado à la bourgino?
Ié vèn tout-en-un-cop l'espous, traite enemi.

De Cabestang toun calignaire
Acò 's lou cor! — Elo, pecaire!
Subran cugè mouri... Mai en un mot largant
De tout soun òdi lou delièure :
— Talamen bon que jamai vièure,
Respoundeguè, ni jamai bèure
Me levara soun goust! — A noun plus, lou bregand

Se precepito emé sa lamo
Pèr la clava... La pauro damo,
Nèscio, fuge au balcoun e cabusso eilabas.
Alegramen coume en naturo,
D'uno autro assieto la pinturo
Representavo l'aventuro
Dóu valent troubadour Rimbaud de Vaqueiras,

Fleur du pays, et jeune et sage, — les Mores enlèvent Escrivette; — en habit de pèlerin, son fiancé, après sept ans, — l'a découverte : par les monts, — au grand galop on voit s'enfuir — le joyeux couple, et sur sa tour — le prince de Cordoue s'arrache les cheveux.

Puis, dans une autre, maître Oléry — avait dépeint le funèbre repas — de Sermonde mangeant le cœur de son ami*. — Hélas! pareille horreur est loin de sa pensée : — « Comment as-tu trouvé la venaison — que je t'ai prise avec le lacs? — lui demande soudain l'époux, traître ennemi.

De Cabestang ton bien-aimé — c'était le cœur! » La malheureuse — du coup pensa mourir... Mais lâchant, en un seul mot, — l'explosion de toute sa haine : — « Tellement bon que jamais vivre, — répondit-elle, ni boisson, — ne m'en fera perdre le goût! » Le brigand, outré,

Se précipite avec son glaive — pour la percer... La pauvre dame, — folle, fuit au balcon et se jette là-bas. — Allégrement, au naturel, — la peinture d'une autre assiette — représentait l'aventure — du vaillant troubadour Raimbaud de Vaqueiras,

Quand lou marqués Don Bounifàci
Lou decaupè, — qu'en bono gràci
Dourmié contro sa sor, la gènto Beatris
De Mount-Ferrat : d'abord chancello
Se lou foulas e la dounzello
Noun dèu feri... Basto li cèlo
Emé lou siéu mantèu, e, plus sage, n'en ris.

Èro descricho aiour l'engano
Dóu femelan, nosto Mourgano :
Tres galant, Savari de Mau-Leoun, Jaufret
Em' Elias Rudèu, fan rodo
Autour d'uno damo que brodo.
Elo, emé d'iue mourènt de brodo,
Bouqueto fai à l'un, tèn l'autre dins la ret

En ié pourgènt sa man amigo,
L'autre amourousamen caucigo,
E chascun, embria, crèi d'èstre lou mignot.
D'uno autro assieto la mejano,
Enfin, avié pèr estajano
Sa Majesta la rèino Jano
Entre si camarlen e page cafinot :

Souto lou pàli, magnifico,
En Avignoun se justifico,
Poulidamen, davans lou papo Clemènt Sièis,
D'avé trama 'no mort crudèlo
E trena meme la courdello
Pèr soun espous; mai es tant bello
Qu'un dous trefoulimen cour, entre que parèis,

Quand le marquis Don Boniface le surprit — qui, en bonne fortune, dormait près de sa sœur, la gente Béatrix — de Montferrat : d'abord il hésite... — Ne doit-il pas frapper le téméraire et la damoiselle ?... Bref, il les couvre — de son propre manteau, et, plus sage, il en rit.

Ailleurs était décrit l'artifice — de la femme, notre Morgane* : — trois galants, Savary de Mauléon, Geoffroy — et Hélias Rudel, font cercle — autour d'une dame qui brode. — Elle, l'œil mourant de langueur, — sourit à l'un, tient l'autre dans le rets

En lui tendant sa main amie, — et amoureusement presse le pied de l'autre ; — et chacun, dans l'ivresse, croit être le mignon. — D'une autre assiette le milieu, — enfin, avait pour habitante — Sa Majesté la reine Jeanne, — de ses chambellans entourée et de ses pages élégants :

Sous le dais, magnifique, — en Avignon elle se justifie, — galamment, devant le pape Clément Six, — d'avoir tramé une cruelle mort — et tressé même le cordon — pour son époux ; mais elle est si belle — qu'un doux tressaillement court, dès qu'elle paraît ;

Tre que parèis, tout lou pretòri
A sa bèuta canto vitòri...
E 'i avié, coume acò, toujour que mai galant,
Uno sequèlo d'episòdi
Que de li dire vendrié 'n òdi...
Di taulejaire lou senòdi,
Sèmpre mai, devenié libertin e brulant.

La luno, pèr moumen, à rèire
De nivo negras e courrèire,
S'escoundié; pau à pau lou tèms se fasié lourd;
Coume de giscle d'esmeraudo,
Voulant dins l'atmousfèro caudo,
Milo luserno fouligaudo
Crousavon si belugo; e d'uiau de calour

Partien à la cimo di colo.
De-fes, quand la risèio folo
Toumbavo, claramen ausias lou brut di font
E di jo d'aigo; e d'espouscado
Venien, sus li gauto enfioucado,
Traire, de-fes, sa refrescado,
E sus lou fió di gauto aquèu fres èro bon.

Uno oundo serpentino e puro,
Oundeto cascant de l'auturo,
Pèr diferènt regòu, esgaiejavo l'ort;
Aqui s'estalouiravo en mueio,
Eila dardaiejavo en plueio;
Pièi dins lou bos o dins la brueio
Jougavo is escoundudo, en abéurant si bord.

Tout le prétoire, dès qu'elle paraît, — à sa beauté chante victoire... — Et gracieux de plus en plus, il y avait ainsi — une série d'épisodes — qu'il serait ennuyeux de retracer... — Des festoyeurs le brouhaha — devenait, de plus en plus, libertin et brûlant.

La lune, par moments, derrière — des nuages noirs et rapides, — se cachait; peu à peu le temps se faisait lourd; — comme des jaillissements d'émeraudes, — volant dans la chaude atmosphère, — mille lucioles folâtres — croisaient leurs étincelles; des éclairs de chaleur

Partaient du sommet des montagnes. Parfois, quand la folle risée — tombait, on entendait distinctement le bruit des fontaines — et des jets d'eau; et des éclaboussures — venaient, sur les joues enflammées, — jeter, parfois, leur rafraîchissement, — et sur le feu des joues ce frais était bon.

Une onde serpentine et pure, — cascatelle sautant des hauteurs, — par différents canaux égayait le jardin; — ici, en nappe, s'étalait nonchalante, — là s'élançait en jaillissante pluie, — ensuite dans le bois ou la verdure — jouait à cache-cache, en abreuvant ses bords,

De tousco de planto òudourouso,
Jaussemin, roso, tuberouso,
Escampavon en l'èr sa deliciouso òulour,
En l'èr sus la troupo afebrido;
E la fleirour di cantarido,
Que pèr li frais èron nourrido,
Mesclavo sa coutigo au treboulun di flour.

— Après li joio de la pauso,
Vènon d'à poun bricolo e danso...
Disès pas coume iéu? lou castelan faguè.
Vèire la car jouino e poulido
Batre lou sòu entrefoulido,
Es uno voulupta coumplido
Ounte l'ome bèn na touslèms s'embriaguè.

Au! li cepoun de la vidasso,
Anen! li Fraire de la Tasso,
Tòuti, d'un bon oustau fasès vèire que sias!.. —
N'i'avié de rèsto: caud e rouge,
Aqui se drèisson dès o douge
En entounant un cant ferouge,
E s'arrapon : — *Dansen lou Brande di Gusas!*

Mai coume fau pèr faire un brande,
Vènon ansin, fau que se mande
Au diable li capèu... Pin! pòu! recoumenças! —
E li capèu voulant au diable,
Recoumençavon fourmidable:
— Anen, li dur, lis indoumtable!
Dansen un brande fòu, lou Brande di Gusas!

Des touffes de plantes embaumées, — jasmins, roses, tubéreuses, — épandaient dans l'air leur délicieux arome, — dans l'air sur la troupe enfiévrée; — et la senteur des cantharides, — qui étaient nourries par les frênes, mêlait sa titillation à l'odeur troublante des fleurs.

— « Après les joies du ventre, viennent à point danses et bonds... — N'êtes-vous point de mon avis? fit le châtelain. — Voir la chair en délire, la chair jeune et jolie battre le sol, — est une volupté exquise — où l'homme bien né, de tout temps, s'enivra.

Allons, les piliers de la *vie !* — Allons! les Frères de la Tasse! — tous, de bonne maison faites voir que vous êtes!... » — Il n'en fallait pas tant : chauds et rouges, — là, ils se dressent dix ou douze — en entonnant un chant farouche, — et ils se prennent par la main : — « Dansons le Branle des Gueusards!

Mais pour qu'un branle soit bien fait, — ce disent-ils, il faut qu'on flanque — au diable les chapeaux... Pif! paf! recommencez! » — Et les chapeaux volant au diable, — ils recommençaient formidablement: — « Allons, les durs, les indomptables! — Dansons un branle fou, le Branle des Gueusards!

Mai coume fau pèr faire un brande,
Au diable, zóu! fau que se mande
Li vèsto e li courset!... Pin! pòu! recoumenças! —
E bandissènt li vièsti, rounflo!..
Pitre pelous e buerbo gounflo
Brounzissien mai coume de rounflo:
— Dansen un brande fòu, lou Brande di Gusas!

Mai coume fau pèr faire un brande,
Au diable, zóu! fau que se mande
Li braio e li soulié!... Pin! pòu!.. recoumenças! —
E bandissènt li causso: — Alerto
Li camisard! Foro cuberto
Li caracolo escalaberto!..
Dansen un brande fòu, lou Brande di Gusas!

Mai coume fau pèr faire un brande,
Au diable, zóu, fau que se mande
Taiolo emai camiso... — Alto! derroumpeguè
Lou Comte. Avans de traire i flamo
Vòsti camiso e vòstis amo,
Noun óublidés qu'aquéli damo
An rèn fa vèire encaro!... — E tout acò riguè.

— D'aut! à-de-rèng, coume à la voto!
Tricoutas-nous uno Gavoto...
E'm' acò Balandran, musicaire en umour,
Pren lou vióuloun; e d'aboundànci,
Ispira meme pèr lou lànci
Di vin dóu Rose, jogo l'ànci,
Jogo la petelego e lou ruscle d'amour.

Mais pour qu'un branle soit bien fait, — au diable, sus! il faut qu'on flanque — et vestes et gilets!... Pif! paf! recommencez! » — Et les habits bas, de plus belle — poitrails velus et panses pleines — tournaient, ronflaient comme sabots : — « Dansons un branle fou, le Branle des Gueusards!

Mais pour qu'un branle soit bien fait, — au diable, sus! il faut qu'on flanque — culottes et souliers!... Pif! paf! recommencez! » — Et jetant bas les chausses : — « Alerte, les *camisards** ! A découvert — les caracoles extravagantes! — Dansons un branle fou, le Branle des Gueusards!

Mais pour qu'un branle soit bien fait, — au diable, sus! il faut qu'on flanque — ceintures et chemises... »
— « Halte! interrompit le Comte. Avant de jeter au feu — et vos chemises et vos âmes, — n'oubliez pas que ces donzelles — n'ont rien montré encore!... »
Et tout le monde rit.

« Çà, tour à tour, comme à la fête!... — Tricotez-nous une *Gavotte*. » — Aussitôt, Balandran, musicien en humeur, — prend le violon, et d'abondance, — inspiré même par la pointe — des vins du Rhône, il joue le trouble, — il joue la pétulance et l'appétit d'amour.

Li cavalié, lou poung sus l'anco,
Fan vis-à-vis i raubo blanco:
Tout ié prus; afouga, trepon sus lou coudere,
E treparien sus d'avaussibo!...
Mai Calendau rèsto en sesibo,
Gueirant lou Comte, que moussibo...
— *Menestrié, menestrié, ço cridon, chanjo d'èr!* —

E coume pres de la cigalo,
Danson la vivo Martegalo:
Zóu toujour! Li balaire, afama de poutoun,
Voulien rauba si balarello;
Mai, lèsto, li calignarello,
En ié dansant la Fougnarello,
Esquivavon lou bais coume d'Esperitoun.

La fèbre dóu plesi mountavo,
Noto à cha noto, soun óutavo;
Dins la ramo di roure e di pin, amoundaut,
Trasien li tourtouro tendrino
De dous murmur; la fam gourrino
Rendié li caro fouscarino;
Intravo dins li veno un delice mourtau.

— *Arrèire tóuti! vèn Flamenco.*
Grando, d'iue bru, tarascounenco,
Avié caligna d'ouro, e segui pèr foulié
Un bèu tiraire de granado
Que l'avié d'ouro, abandounado:
Superbo, mai desvergougnado,
Au comte Severan èro ço que falié:

Le poing sur la hanche, les cavaliers — font vis-à-vis aux robes blanches : — ils frétillent ; ils trépignent, fougueux, sur la pelouse, — et sur des buissons ils trépigneraient !... — Mais Calendal demeure assis, — ne perdant pas de vue le Comte, qui mâchonne... — « Ménétrier, ménétrier, s'écrient-ils, change d'air ! »

Et comme gris, — ils dansent la vive *Martégale :* — en avant ! Les danseurs, affamés de baisers, — voulaient enlever leurs danseuses ; — mais, lestes, les galandes, — en leur dansant la *Fougnarelle*, — esquivaient le baiser telles que des lutins.

La fièvre du plaisir montait, — note à note, son octave ; — dans la haute ramée des rouvres et des pins, — les tourterelles tendres poussaient — de doux murmures ; la lubricité — rendait les visages blafards ; — dans les veines entrait un délice mortel.

— « Arrière tous ! » cria Flamenque. — Grande, l'œil bleu, Tarasconaise, — elle avait aimé jeune, et suivi par folie — un beau conteur de bourdes — qui l'avait tôt abandonnée : — superbe, mais dévergondée, — c'était ce qu'il fallait au Comte Séveran,

E l'aduguè dins soun repaire
Coume sambé pèr si coumpaire;
Ansin dis autro. — Lèu! garas-vous de davans,
Diguè la dono beluguelo:
Vau vous dansa la Bouleguelo...
E'm'acò part: faguè liguelo
De soun rire d'abord e de si mòu balans;

Pièi se bidoursant, la sereno,
Coume dins l'aigo uno moureno,
Cantè: — De que risès, Rouselo mis amour?
— Rise d'avé fa lou passage
Dóu bos... em'un ami trop sage...
— Bono!... Voulès, aro, qu'assaje
Un brout de Rigaudoun, messiés? — cridè Tibour.

Èro, Tibour, uno pichouno
Qu'à la maniero di Gascouno
D'un moucadou de sedo avié lou pèu sarra.
— Nàni! perqué sian alargado,
Faguè Malen quàsi empegado,
Se dansavian la Revergado!..
L'Abat de la Jouvènço aqui barbelara. —

Misè Malen èro poupino
E facho au tour: uno crespino
Ié retenié lou pèu; emé d'iue! e de dènt!
E catibouso, e cafinoto!
Basto, li dos arrouganoto,
D'un pas egau marcant la noto,
Boumbisson: li regard li seguisson, ardènt.

Qui l'amena dans son manoir — comme un appeau
pour ses compères. — Ainsi des autres. « Vite !
Gare devant, — dit l'alerte donzelle : — je vais
danser la *Bouleguette*... » — Et elle part : d'abord,
elle fit montre de son rire et de ses mous balance-
ments ;

Puis se tortillant, la sirène, — comme une mu-
rène dans l'eau, elle chanta : — « De quoi riez-
vous, Rosette mes amours ? — Je ris d'avoir passé
le bois — avec un ami trop sage... » — « Très
bien !... Et maintenant, voulez-vous que j'essaie —
un brin de Rigaudon, messieurs ? » cria Tibour.

Tibour était une petite — qui, à la mode des
Gasconnes, — dans un mouchoir de soie avait les
cheveux serrés. — « Non ! puisque nous voilà lan-
cées, fit Malèn en goguettes, — si nous dansions la
Revergade * !... — L'Abbé de la Jeunesse y mourra
de désirs. »

Misè Malèn était potelée — et faite au tour : une
résille — retenait sa chevelure ; et des yeux ! et des
dents ! — et piquante ! et coquette ! — Bref, les
deux effrontées, — d'un pas égal marquant la note,
— bondissent : les regards les suivent ardemment.

Coume d'aucèu, coume de fado,
Prenon en l'èr soun abrivado...
A ço que laisson vèire emé si gavelet,
Au pur countour di cambo fino
Que se destapon, l'iue devino
Que dèu la formo èstre divino...
Hopo! en un virouioun acabon lou balet,

E desparèisson li panturlo
Entre lis aubre. La canturlo
Bramavo dins lou sang; entre lis aubre sour,
N'i'a qu'i brassado e poutouneto
Deja courrien; mai la bruneto
Qu'èro noumado Fourtuneto:
— A ièu! dis. E d'un mot ié tanco sa prusour.

Aquesto, ardido aventuriero,
Èro nascudo à Couloubriero,
Dins li mountagno Mauro, un nis de Sarrasin.
De Couloubriero à Roco-Bruno,
Païs de bos e de feruno,
Aviè lusi la Miejo-Luno
Contro li Prouvençau long-tèms; mai à la fin,

Davans la Crous s'èro amoussado,
Pèr lou rèi d'Arle desbaussado.
Raço pamens racejo; e dóu pople vincu
Emai li fiéu praticon aro
La lèi dóu Crist, gardon encaro
Lou sang bouiènt, la bruno caro,
E proun us barbarin que si paire an agu.

Comme des oiseaux ou des fées, — elles prennent en l'air leur élan. — A ce que laissent voir leurs sauts légers, — au pur contour des fines jambes — qui se découvrent, l'œil devine — que la forme doit être divine... — Houp ! une pirouette termine le ballet,

Et les drôlesses disparaissent — entre les arbres. L'ivresse — hurlait dans le sang; d'aucuns, entre les arbres sombres, — aux embrassements, aux caresses, — déjà couraient; mais la brunette — dont Fortunette était le nom : — « A moi ! » dit-elle. Et d'un seul mot elle modère leur impatience.

Hardie aventurière, celle-ci — était née à Colobrières, — dans les montagnes Maures, un nid de Sarrasins. — De Colobrières à Roquebrune, — pays de bois et de bêtes farouches, — le Croissant avait lui — contre les Provençaux longtemps; mais il s'était enfin

Éteint devant la croix, — du haut des crêtes précipité par le roi d'Arles*. — Race pourtant fait race; et du peuple vaincu — bien que les fils pratiquent maintenant — la loi du Christ, ils conservent encore — le sang bouillant, le brun visage, — et maint us barbaresque, que leurs pères ont eus.

— *Fau que te danse uno Mouresco,*
Iéu! e veiras coume se tresco
I païs dòu soulèu, l'escamandre diguè
A Calendau... Balandran! jogo
L'èr de l'Abiho, e 'n pau de fogo! —
Adounc la musico, analogo
Au vounvoun de l'abiho, en trin se meteguè.

Sus Calendau mut, impassible,
Elo, espressivo à l'impoussible,
Escampè tout d'abord, à long rai, la langour
De si grands iue negre; à la lèsto,
Pièi de pertout viro la tèsto
Em'un ressaut, e manifesto
Uno terrour panico, e lóugiero s'encour...

En aio, pèr fugi l'abiho
Que vounvounejo à soun auriho,
Revèn; e soun capèu, bourda d'un galoun d'or,
Sa catalano blanquinello
Arranco e jito; li trenello
De sa couroio, pèr anello,
Vouguejon, enterin que fai sis estrambord...

Mai a bèu courre: sènt la bèsti
Que s'enfourniho dins soun vièsti...
D'esfrai censado folo, arranco soun droulet:
E lis espalo de la bello,
Coume de pruno mirabello,
Fan tentacioun à l'iue que bèlo
De soun deforo ambren, armounious e glet.

— « Je vais t'exécuter une *Moresque*, — moi, et tu verras comment on danse — aux pays du soleil, dit la bacchante à Calendal... Balandran! joue — l'air de l'*Abeille,* et un peu de fougue! » — Alors la musique, analogue — au bourdonnement de l'abeille, se mit en train.

Sur Calendal muet, impassible, — elle, expressive étrangement, — épancha tout d'abord, à longs traits, la langueur — de ses grands yeux noirs ; puis vivement, — de toute part elle tourne la tête — avec un soubresaut, et manifeste — une terreur panique, et légère s'enfuit...

En émoi, pour éviter l'abeille — qui à son oreille bourdonne, — elle revient ; elle arrache, elle jette son chapeau bordé d'un galon d'or, — sa blanche coiffe catalane ; les tresses — de ses cheveux roulés flottent en boucles, pendant qu'elle se démène...

Mais elle a beau courir : elle sent la bête — s'insinuer dans son vêtement... — De frayeur censée folle, elle arrache son *droulet** : — et de la belle les épaules, — comme des prunes mirabelles, — provoquent l'œil avide — de leur dehors ambré, harmonieux et mat.

Au valènt drole aro arroganto
Fai la bèbo, aro suplicanto
Lou bèu; aro, en courrous, ié planto si vistoun
Semblable en dous coutèu; o palo,
Dins li souspir aro se chalo...
Mai lou vounvoun de la mouissalo
Au dansun tourna-mai encagno si petoun.

Oh! i'a qu'un crid e qu'un eslùci,
Quand, bruscamen, coume un destrùssi,
Elo, mandant li man à soun boumbet ounden,
Se descourdello, tempestouso,
E laisso reboumbi, la touso,
Uno espelido vouluptouso
Que fai parpeleja lou jouine Cassiden...

Noun! s'agis plus de pantoumimo!
La desbadarnado trelimo
De faire crida sebo à l'insensibleta
Dòu juvenome: fernissènto,
L'iue flamejant, li dènt crussènto,
Estrasso tout, e trelusènto
Se lanço, dins lou nus de touto sa bèuta!

Subit, coume un perdu s'aubouro,
Lou poung en l'èr, la caro bourro,
Subit, coume un perdu s'aubouro Calendau:
— O bourdelage infame! crido,
Se pòu?... Se pòu qu'uno nourrido
D'arpian, de bagasso abourrido,
Fague carementrant e tripet dins l'oustau,

Tantôt impertinente, au vaillant gars — elle fait la moue, et tantôt suppliante — elle le boit ; et tantôt, courroucée, elle lui plante ses prunelles — comme deux couteaux ; ou, pâle, — tantôt elle soupire mollement... — Mais le murmure de l'insecte — à la danse de nouveau émoustille ses pieds.

Oh ! il n'y a qu'un cri et qu'un éclair, — quand, brusquement, comme une énergumène, — elle, portant les mains à son corsage ondé, — se délace tempêtueuse, — et laisse rebondir, la fille ! — une éclosion voluptueuse — qui fait cligner les cils au jeune Cassidien.

Non, il ne s'agit plus de pantomime ! — L'impudique pétille — de faire crier merci à l'insensibilité du jeune homme : frémissante, — l'œil flamboyant, les dents qui grincent, — elle déchire tout, et radieuse, — s'élance, dans le nu de toute sa beauté !

Soudain, comme un perdu se dresse, — le poing levé, la mine austère, — soudain, comme un perdu se dresse Calendal : — « Oh ! s'écrie-t-il, prostitution infâme ! — Se peut-il ?.... Se peut-il qu'un troupeau — de voleurs, de gouines abjectes, — fasse dans la maison ses orgies et ses orges,

E que la rèino legitimo,
La vierge puro, la vitimo
D'aquéu traite capoun, se maque lis artèu
    Sus lou Gibau? Es pas terrible
    Qu'uno cadeno, mai, la rible
    Au desounour dóu gus ourrible?
E fai pas tremoula li tourre dóu castèu

    De vèire dins toun jas, armino,
    Gourrineja talo vermino?...
Deforo bóumianaio e ribaudaio, bèh!
    Au cadarau acò s'enane!
    Deforo, tóuti, o, Dièu me dane!
    Vous engranarai, coume engrane
Aquesto taulo iéu!... — E la taulo arrambè,

    E 'mé sa lourdo curbecello
    De plat, de fiolo, de veissello,
Proumte la sóulevant à bras, emé fracas
    La bardassè. Dins lis auraio,
    Lou rièu de vin que s'escaraio,
    Li tèst de vèire e de terraio,
S'abrivon en furour li counvivo bouscas,

    E dès pougnard fan sa lusido
    Dins li tenèbro. Mai, d'ausido,
Éu, à brulo-perpoun, bracant si pistoulet :
    — Avis! Au proumiè que boulego,
    Ié vèn, espóutisse li brego! —
    Li sacamand, tenènt la rego,
S'aplanton : fernissié la man sus l'estilet.

Et que la légitime reine, — la vierge pure, la victime — de ce fourbe gredin, se meurtrisse les pieds — sur le Gibal? N'est-ce pas terrible — qu'en outre, une chaîne la rive — à l'opprobre de l'horrible gueux ? — Et les tours du château ne tremblent-elles pas

De voir dans ton gite, ô hermine, — crapuler cette vermine-là?... — Hors d'ici, truandaille et ribaudaille, pouah ! — A la voirie que l'on s'en aille! — Hors d'ici tous, ou, Dieu me damne ! — je vous broierai, comme je broie — cette table, moi !... » Et il saisit la table,

Et avec son lourd couvert — de plats, de bouteilles, de vaisselle, — brusque la soulevant à bras, avec fracas — il la jeta par terre. Dans les restes, — le ruisseau de vin qui se répand, — les tessons de verre ou de poterie, — s'élancent en fureur les sauvages convives,

Et dix poignards brillent — dans les ténèbres. Mais prompt, — lui, à brûle-pourpoint, braquant ses pistolets : — « Avis ! Au premier qui remue, — dit-il, je casse la mâchoire ! » Les coupe-jarrets, immobiles, — s'arrêtent : sur la dague frémissait la main.

Au sòu la taulo revessado
Subre li candèlo amoussado
Avié tout mes dins l'oumbro. — Aro, lou jouine eros
Countinuè : Severan ! ause
Lou cop valènt que te prepause ;
— E, moustre ! se noun sies un sause,
O, se noun vos passa pèr un ome de bos,

Digo grègo ! — A la coutelado,
Au fusièu, is armo amoulado,
Au jujamen de Diéu, sarié, de tout segur,
Se nous batian, uno regalo,
Car de ta pèu ai la fangalo !...
Mai la partido es inegalo :
Iéu, te subre-vivènt, aurièu trop de bonur !

Noun, lucben mies ! L'amour suprème
Es dins lou sacrifice estrème...
I'a, sus lou mount Venturi, un garagai afrous,
E que se perd dins lis entraio
De la terro : se noun t'esfraio,
Vène, camino après mi braio,
E dins l'engloutidou cabussen tóuti dous !

Vène, se toun sang noun se gibro,
Vène, Esterello sara libro !...
Esterello, aquéu lume, aquelo resplendour,
Que de terni, pèr lou brumage
De noste alen, sarié daumage,
Merito bèn l'entier óumage
De nòsti vido... E bròu ! de touto soun autour,

A terre la table renversée — sur les bougies éteintes — avait tout mis dans l'ombre. Le jeune héros poursuivit : — « Maintenant, Sévéran, écoute — la vaillantise que je te propose ; — et, monstre ! si tu n'es point un saule, — oui, si tu ne veux passer pour un homme de bois.

Accepte le défi ! A coups de couteau, — au fusil, aux armes émoulues, — au jugement de Dieu, sans doute, ce serait, — si nous nous battions, un régal, — car de ta peau, j'ai faim canine !.. — Mais la partie est inégale : — moi, te survivant, j'aurais trop de bonheur !

Non, luttons mieux ! L'amour suprême — est dans l'extrême sacrifice... — Sur le mont Venturi* est un affreux abîme — qui se perd dans les entrailles — de la terre : si cela ne t'effraie point, — viens, marche après mes trousses, — et dans le gouffre plongeons tous les deux !

Viens, si cela ne glace pas ton sang, — viens, Estérelle sera libre !... — Estérelle, cette lumière, cette splendeur — qu'il serait dommage de ternir par le brouillard de notre haleine, — mérite bien l'entier hommage — de nos vies... » Et soudain, de toute sa hauteur,

E de-revès Calendau toumbo,
Coume ensuca pèr uno boumbo.
Plan-plan, e pèr darriè, Quinge-Ounço èro vengu
De-rebaloun, e dins li garro
L'aviè gibla d'un cop de barro.
Lou chaplachòu de la bagarro
Adounc bramè terrible à l'entour dóu vincu.

— Zòu! que s'estripe e s'escourtegue
Aquéu marrias, aquéu rastegue!
Zòu! toumbas-ié dessus! — Dins li clamour de mort
De la moulounado counfuso,
Se destriavo la voues cruso
Di courtisano mita-nuso,
E lou crid di pavoun sus lis aubre de l'ort.

— Noun, leissas-lou, qu'avèn un comte
Long à regla, diguè lou Comte. —
E li tacan de pas, qu'avien leva coutèu
Sus Calendau, se retenguèron;
Mai d'abiranço lou cauquèron,
Riboun-ribagno l'estaquèron,
E ié cridè lou Comte: — Aro, marrit cadèu,

Gingoulo, fai lou saut d'escarpo,
Sènso recours sies dins mis arpo...
Ah! dins la serpatiero as vougu t'avanqui!
Ah! miserable sardinaire!
Es tu que sies lou calignaire,
Lou counseiaire, l'encagnaire
De ma nòvio!.. O venjanço! à la fin te vaqui!

Calendal tombe à la renverse, — comme frappé par une bombe. — Doucement, par derrière, Quinze-Onces était venu — en rampant, et aux jarrets — l'avait ployé d'un coup de perche. — Le hourvari de la bagarre — mugit alors terrible autour du vaincu.

— « Haro! Qu'on l'éventre et qu'on l'écorche, — ce morveux-là, ce grimelin! — Haro! Tombez sur lui! » Dans les clameurs de mort — de la cohue tumultueuse, — on discernait les voix cruelles — des courtisanes demi-nues, — et le cri des paons sur les arbres du jardin.

— « Non, dit le Comte, laissez-le, car nous avons un compte long à régler. » — Et les brigands, qui levaient le couteau — sur Calendal, se retinrent; — mais de haine ils le foulèrent aux pieds, — bon gré, mal gré, ils l'attachèrent, — et le Comte lui cria : « Maintenant, mauvais chien,

Glapis, gémis, et fais le saut de carpe, — tu es, sans recours, dans mes griffes... — Ah! dans le repaire du serpent tu as voulu t'aventurer! — Ah! misérable marchand de sardines! — C'est toi qui es l'amant, — le conseiller, l'instigateur — de mon épousée!... O vengeance! à la fin te voilà! »

*E virouiavo lou fihastre
Em' uno joio de malastre
A l'entour dóu jouvènt : ansin, de gloutounié
  Dóu biòu, lou loup lico l'araire.
  — A Roumo, dis, un emperaire,
  Dison qu'antan, pèr se destraire,
Em'uno espinglo d'or li mousco trepougnié :*

*E iéu peréu, fau qu'à moun aise
E me delèite e me palaise
A pougne, à clavela li mousco que m'an poun!
  Ah! double Noum de Diéu! Aquelo
  Que m'a trahi, malur à-n-elo!
  Dins un croutoun, dins uno pielo
Fau que la coumpeligue à se rouiga li poung!*

*O, l'infidèlo èro perdudo,
O, m'as après soun escoundudo :
Gramaci, Calendau! la vau querre... D'abord
  Qu'avès l'amour talamen flame,
  Vous ligarai, iéu, em'un liame
  Que voste cor fau que n'en brame,
Car sara pèr toui dous lou destré de la mort!*

*En sello, coumpagnoun, en sello!
Sus lou trapé de la gazello
Es tèms, o jamai noun, de courre! E 'n atendènt
  Que de si baus e cafaroto
  La péu-tireu, dins uno croio
  Fai, tu, l'amour i babaroto,
E contro ta cadeno, alan, limo ti dènt.*

Et tournoyait le mauvais fils, — avec une sinistre joie, — autour du jouvenceau : ainsi, friand du bœuf, le loup vorace lèche la charrue. — « A Rome, dit-il, un empereur, — jadis, pour se distraire, — piquait, dit-on, les mouches avec une épingle d'or :

Et moi aussi, à mon aise, je veux — me délecter, me régaler — à poindre et à clouer les mouches qui m'ont point ! — Ah ! double Nom de Dieu*! A celle — qui m'a trahi, malheur ! — Il faut qu'en un cachot, que dans une auge — je la contraigne à se ronger les poings !

Oui, l'infidèle était perdue, — oui, tu m'as appris sa cache : — grand merci, Calendal ! je vais la chercher... Puisque — votre amour est si flambant, — je vous lierai, moi, d'un lien tel — que votre cœur en beuglera, — car ce sera pour tous les deux l'étreinte de la mort !

En selle ! En selle, compagnons ! — Sur les foulées de la gazelle — il est temps, ou jamais de courir ! Et en attendant — que de ses rocs et de ses antres — nous l'arrachions, dans une cave — fais, toi, l'amour aux cloportes, — et contre ta chaîne, clabaud, lime tes dents. »

CANT DOUGEN

LOU TRELUS

Lou Comte Severan part emé sis estafié à la coucho d'Esterello. Calendau, delicura pèr Fourtuneio, vers lou Gibau s'entancho pèr apara la Princesso di Baus. Pren la mar à Cano e coustejo la Prouvènço: lis Isclo de Lerin, lis Isclo d'Or, Touloun, etc. Soustèn un orre sèti contro soun aversàri, qu'embrando la pinedo e peris de malo mort. Li Cassiden courron au fió, e Calendau triounflo dins l'amour e dins la glòri.

> Parton lis ome de magagno ;
> Parton, à l'oumbro di mountagno,
> Lou castelan d'Eiglun emé sis estafié :
> Tau qu'uno ardado coucharello,
> Van à la casso d'Esterello,
> Van à travès di suverello,
> Di pin, dis escaviho e dis aliboufié.

CHANT DOUZIÈME

LA SPLENDEUR

Le Comte Sévéran part avec ses estafiers à la poursuite d'Estérelle. Calendal, délivré par Fortunette, vers le Gibal se hâte pour défendre la Princesse des Baux. Il prend la mer à Cannes et côtoie la Provence ; les Iles de Lérins, les îles d'Or, Toulon, etc. Il soutient un siège horrible contre son adversaire, qui incendie le bois de pins et périt de male-mort. Les Cassidiens courent au feu, et Calendal triomphe dans l'amour et dans la gloire.

Ils partent, les hommes de mal ; — il part, à l'ombre des montagnes, — le châtelain d'Aiglun avec ses estafiers : — ainsi qu'une meute pressante, — ils vont à la chasse d'Estérelle, — ils vont à travers les chênes-lièges, — les pins, les jasmins jaunes et les aliboufiers.

En uno sourno basso-fosso
Calendau enterin se trosso :
— *Ah! dis, malau de sort e malurous que sièu!*
I loup ai dubert la vanado!
E se la troupo aferounado
Entourno çai, encadenado,
La Princesso di Baus, lou soul coupable es ièu! —

E Calendau se desespèro
D'agué trahi sis amour fèro :
— *Ah! dis, qu me dara li forço de Sansoun?...*
E de soun còu bendo li tènto,
E contro li muraio tènto
De bussa ; mai se despoutènto,
E retoumbo esglaria dins soun orro presoun.

— *Oh! dis, qu me dara lis alo*
Tant soulamen de la mouissalo?...
— *Ièu! à travès la porto uno voues iè respond.*
D'un bound lou paure se relèvo,
Estabousi... Qu'es acò? Rèvo?
O 's lou jouguet de quauque trèvo?...
Desferrouion la porto... O miracle! es de-bon!

Es Fourtuneto la brunello
Que d'éu s'avanço, palinello,
Em'un det sùs la bouco, un calèu à la man ;
Es Fourtuneto divagado
Que dins si bras cour, afiscado,
E qu'à si pèd toumbo estacado
Coume toumbo lou ferre e s'estaco à l'eimant.

Dans une sombre basse-fosse — Calendal cependant se tord : — « Ah ! dit-il, fatalité ! malheureux que je suis ! — Aux loups j'ai ouvert le bercail ! — et si la troupe forcenée — ramène ici, chargée de chaines, — la Princesse des Baux, c'est moi le seul coupable ! »

Et Calendal se désespère — d'avoir trahi ses sauvages amours : — « Ah ! qui me donnera les forces de Samson ?... » dit-il. — Et il roidit les tendons de son cou, — et contre les murailles il tente — de heurter de la tête ; mais en efforts vainement il s'épuise, — et, hagard, il retombe dans sa prison horrible.

— « Oh ! dit-il, qui me donnera les ailes — seulement du moucheron !... » — « Moi ! » répond une voix au travers de la porte. — L'infortuné bondit et se relève — stupéfait... Qu'est-ce ? Rêve-t-il ? — Ou est-il le jouet de quelque esprit ?... — On tire les verrous de la porte... O miracle ! c'est réel !

C'est Fortunette la brunette — qui s'avance de lui, toute pâle, — un doigt sur la bouche, une lampe à la main ; — c'est Fortunette hors de sens — qui dans ses bras court, passionnée, — et à ses pieds tombe adhérente — comme le fer tombe à l'aimant et y adhère.

— Tè! rangoulejo sa voues rauco,
Me couche à ti pèd : se vos, cauco!
Lou Rose noun segur escantirié lou fió
De ma fruchaio!... Mai aplico
Ta bouco d'or e de melico
Sus la miéu, ta bouco angelico,
E moun restauramen quatecant aura lió. —

E Fourtuneto barbelavo.
— Sarai, disié, toun umblo esclavo;
Iéu te regardarai, se 'n-cop dormes, dourmi;
Dins toun barquet, despeitrinado,
Te seguirai, iéu, à la nado...
En un mot, toun amo danado,
Coumando, vau daga toun mourtal enemi...

Sabe, disié, que siéu impuro.
Mai l'amour aspre que m'empuro
Me purificara coume lou ferre auben,
Coume lou ferre dins la fargo...
E s'es permés de faire targo
De soun ardour, te sarai largo
E de tóuti li flour e de tóuti li benc

Que pòu reva ta coubesènço!.. —
Mai éu, sènso la vèire, sènso
L'ausi, sènso ié dire un mot, lou Cassiden,
Que noun a d'iue ni de pensado
Que pèr aquelo qu'a leissado
Sus lou mount Gibau, espausado
A la gorjo dóu loup, escarto emé desden

— « Tiens, râle sa voix rauque, — je me couche à tes pieds : si tu veux, foule-moi ! — Le Rhône assurément n'éteindrait pas le feu — de mes entrailles !... Mais applique — ta bouche d'or et de miel — sur la mienne, ta bouche angélique, — et sur-le-champ je serai restaurée... »

Et Fortunette pantelait. — « Je serai, disait-elle, ton humble esclave ; — je te regarderai, pendant ton somme, dormir ; — dans ta nacelle, gorge nue, — je te suivrai, moi, à la nage... — En un mot, ton âme damnée, — commande : je vais daguer ton mortel ennemi...

Je sais, disait-elle, que je suis impure. — Mais l'amour âpre qui me brûle — va me purifier comme le fer chauffé à blanc, — le fer chauffé dans la forge... — Et s'il est permis de se targuer — de son ardeur, je te serai prodigue — et de toutes les fleurs et de tous les piquants

Que peut rêver ta convoitise !... » — Mais, sans la voir, lui, — sans l'entendre, sans lui dire un mot, l'enfant de Cassis, — qui n'a des yeux ou des pensées — rien que pour celle qu'il laissa — sur le mont Gibal, exposée — à la gueule du loup, écarte avec dédain

La courtisano, bouto en berlo
Em' un cop de pèd la pousterlo,
E libre, volo, volo, au mitan de la niue
E di mountagno souloumbrouso.
Espèro-me, noblo amourouso,
Crido en courrènt, e benurouso
Ma mort, s'en t'aparant espirave à tis iue ! —

Courrènt, courrènt, à peno aflouro
Lou sòu; mai n'es pas di qu'à l'ouro
Arribe, avant d'à pèd e lis autre à chivau;
Noun, es pas di que la gazello
Escape encaro à la meissello
Dóu loup furious. — E ié bacello
Terriblamen lou cor, e vague l'estivau !

— *Jamai, jamai pourrai ajougne,*
Dis, se la remo noun empougne !.. —
E 'm'acò s'alantis vers la mar, vers la mar
Que l'atiro, eilalin jasènto,
E qu'i rai de l'aubo neissènto
S'esperluco, roso e risènto.
Ansin lou mount Cheiroun, e Cipiero e lou Bar,

Davalo lèu; e 'm' acò toumbo,
De baisso en baisso, dins la coumbo
Di Grassen: vau d'amour, palestino, encensié,
Ounte lou ro, la capitello,
D'óuliveiredo s'enmantello,
Ounte li femo à canestello
Meissounon jaussemin, tuberouso e rousié.

La courtisane, met en pièces, — d'un coup de pied, la poterne, — et libre, vole, vole, au milieu de la nuit — et des montagnes ténébreuses. — « Attends-moi, noble amie, — s'écrie-t-il tout courant, et bienheureuse — ma mort, si en te défendant j'expirais à tes yeux ! »

Courant, courant, il ne fait qu'effleurer — le sol ; mais qu'il arrive à l'heure, lui allant à pied, les autres à cheval, ce n'est pas dit ; — non, il n'est pas dit que la gazelle — échappe encore à la mâchoire — du loup furieux. Et de lui battre, — le cœur, terriblement, et bottine d'aller !

— « Jamais, dit-il, jamais je ne pourrai atteindre, — si je n'empoigne pas la rame !... » — Et il se hâte vers la mer, — vers la mer qui l'attire, gisante au lointain, — et qui, aux rayons naissants de l'aube, — s'éveille lumineuse, et rose, et souriante. — Ainsi, par le Cheiroun, et Cipières, et le Bar[*].

Il descend promptement ; et le voilà, — de pente en pente, dans la vallée — de ceux de Grasse : val d'amour, encensoir, terre promise, — où le roc, la hutte en pierres sèches, — de bois d'oliviers s'enveloppent, — où les femmes, à pleines corbeilles, — moissonnent les jasmins, les tubéreuses, les rosiers.

De l'oundo, alin ounte souleio,
L'azur sèmpre que mai s'espeio;
Dins l'èr sèmpre que mai tempouriéu, clar e dous,
L'aloués flouris, la limo embaumo,
E lou datié, dins la calaumo,
Jito soun aut bouquet de paumo :
Es Cano, emé soun cèu de-longo amistadous,

E soun urouso coustalado
Franco d'ivèr e de gelado...
Pèr vint lègo de courso amaluga, pamens
Lou jouvenome, sus l'areno
Dòu ribeirés, aqui s'arreno,
Manjo, e s'endor à la sereno...
La niue, trèvo de Diéu, se passo entandóumens.

Mai tout-escas lou jour trampello
Sus la marino, s'esparpello
Lou valènt Calendau, que noun pòu tempouri;
E, pèr desenredi si muscle
E de soun sang amoussa l'uscle,
Sautant à l'aigo, dins lou ruscle
Refresco soun bèu cors, soun cors endoulouri...

Hopo-lanlèro ! — Hè ! pescaire,
Calendau crido, un bon vougaire
Emé sa bèto ! Pague un louvidor : quau vèn
A Cassis ? — Iéu ! — Largo la velo !
E qu'au geinoun pete l'anguielo !... —
Lèu, de si rèm e de sa telo
La barco es armejado, e viron velo au vènt.

De l'onde, là-bas, où frappe le soleil, — l'azur de plus en plus devient limpide; — dans l'air, de plus en plus tempéré, clair et doux, — l'aloës fleurit, lé citron embaume, — et le dattier, dans la calme étendue, — lance son haut bouquet de palmes : — c'est Cannes avec son ciel toujours clément,

Et son heureuse suite de coteaux — exempts d'hiver et de gelée... — Toutefois, éreinté par ses vingt lieues de course, — le jeune homme, sur l'arène — du rivage, là, se laisse tomber, — et, après son repas, à la belle étoile s'endort... — La nuit, trêve de Dieu, en même temps se passe.

Mais le jour tremble à peine — sur la mer que déjà se frotte les paupières — le vaillant Calendal, impatient du repos; — et, pour se dégourdir les muscles — et de son sang éteindre l'incendie, — sautant à l'eau, dans le rejaillissement — il retrempe son beau corps, son corps endolori...

Puis, haut le pied! — « Ohé, pêcheurs, Calendal crie, un bon vogueur — et son bateau ! je paie un louis d'or : qui vient — à Cassis ? » — « Moi ! » — « Largue la voile ! et que l'anguille se rompe au genou*!... » — Vite, de toile et d'avirons — la barque est équipée, et ils orientent la voile.

— *Boufo ! lou Cassiden souspiro*
A l'Eisserò que plan espiro,
Boufo, boufo, mignot ! — *E lou gai ventoulet,*
A bèl esprèssi pèr iè plaire,
Dirias avis que buto l'aire ;
E dins l'espàci tremoulaire
S'alargo vivamen lou trume dindoulet.

Dóu fres matin souto la tèndo,
E dins la lus de si legèndo,
Lis Isclo de Lerin, verd plumet de la mar,
Sourtien de l'oundo acoulourido ;
E d'Ounourat, de Margarido
Sa sorre, li paumo flourido,
Coume d'aubre divin, se mouvien dins lou clar.

Poujavo la velo boufeto,
Rapido coume uno gafeto :
Remejant arderous, e metènt pèd sus banc
Pèr se douna de forço e d'ande,
Nòsti barquié, d'un soulet brande,
Rude taiavon lou flot cande
Qu'éu-meme de la bèto abrivavo lou vanc.

En rèn de tèms, rason la costo,
Mourrudo, brequihouso e tosto,
De l'Esterèu : la mar, sereno dis iue blu,
I'a cènt milo an, o tan vau dire,
Que chaspo si flanc de pourfire ;
Mai sèmpre fau que se retire
Davans l'austère acuei dóu gigant capelu.

— « Souffle ! » dit au Siroc le Cassidien en soupirant, — au Siroc qui doucement respire. — « souffle, souffle, mignon ! » Et le gai petit vent, — tout exprès pour lui plaire, — semble pousser l'air ; — et, dans l'espace qui clapote, — vivement s'élance au large le grêle tillac.

Sous la tente du frais matin, — dans la lueur de leurs légendes, — les Iles de Lérins, verte aigrette des flots, — sortaient de la mer colorée ; — et d'Honorat, de Marguerite — sa sœur, — les palmes fleuries, — ainsi que des arbres divins, se mouvaient dans le clair*.

La voile bouffante cinglait, — rapide comme une mouette ; — nageant avec ardeur, et les pieds sur le banc — pour se donner de la force et du large, — nos bateliers, d'un branle unique, — taillaient rudement le flot pur, — qui lui-même du bateau accélérait l'élan.

Ils rasent, en moins de rien, la côte — renfrognée, ébréchée et rôtie, — de l'Estérel : la mer, sirène aux yeux bleus, — depuis cent mille ans, ou tout comme, — lui palpe ses flancs de porphyre ; — mais toujours force lui est de reculer — devant l'austère accueil du géant chevelu.

Rounflo toujour! Veson la plajo
D'Agai, sanguinello e sóuvajo;
Veson la Porto d'Or de l'antico Frejus,
— *Qu'au noumbre ama de si tetaire*
Noumo Gallus lou dous cantaire,
Agricola, lou counquistaire
Dis Isclo Bretounenco, e tu, divin Roscius! —

De Sant-Troupez mounton la pouncho,
E remo dur! Longo es la jouncho,
Mai l'esperanço ajudo autant que l'Eisserò...
Vers toun estello, bèu calandre,
Amiro, e va! Que s'espeiandre
Lou sen de la bluio! Leandre,
Guida pèr lou flambèu de soun amigo Erò,

Travessavo li Dardanello
A la nado... Zóu! la pinello
Deja boumbejo au pèd di baus espetaclous
Di mountagno Mauro: pinedo,
Argelassiero e rancaredo,
Pèiro-frejau, blancasso e gredo,
Passon, pleno d'ourrour, de soulèu e de flous.

Un souleias que desparpello!
Intron deja dins l'archipèlo
Dis Isclo d'Or: proumiero, aquelo dóu Titan;
Après, Port-Cros, uno ardeirolo,
Pièi la bouscouso Pourqueirolo,
Pièi la Fournigo, clapeirolo,
E la lengo de Gien que gapis en estang.

Vogue toujours ! Ils voient la plage — d'Agay*, sauvage d'aspect et sanguinolente : — ils voient la Porte d'Or** de l'Antique Fréjus — qui, au nombre de ses nourrissons chéris, — nomme Gallus le doux chanteur, — Agricola le conquérant — des Iles Britanniques, et toi, divin Roscius !

Ils doublent de Saint-Tropez la pointe, — et force de rames ! Longue est la traite, — mais l'espérance, autant que le Siroc, les aide... — Vers ton étoile, beau compagnon, — hausse les yeux, et va ! Déchire — le sein de la bleue ! Léandre, — guidé par le flambeau de Héro son amie,

Traversait à la nage les Dardanelles... En avant ! L'embarcation — déjà bondit au pied des caps vertigineux — des montagnes Maures : forêts de pins, — landes d'ajoncs, chaînes de roches, — de pierre granitique, et de schiste et de craie, — passent, pleines d'horreur, de fleurs et de soleil.

Un soleil splendide, aveuglant ! — Ils entrent déjà dans l'archipel — des Iles d'Or : celle du Titan, la première ; — après, Portcros, un nid brûlé ; — puis Porqueirole couverte de bois, — puis la Fourmi, petit écueil, — et la langue de Giens qui croupit en étang.

Noun s'entendiè que lou soulòmi
Di barquejaire, emé lou bòmi
De l'erso que s'esclapo entre li roucassoun
 E repeteno sus la gravo:
 La barco folo s'aloungavo
 Coume uno anguielo: ié mancavo
Que la paraulo; enfin, vous dise, èro un peissoun.

 Iero, amoundaut, verdo e flourido
 Coume un Jardin dis Esperido,
Iero fugis, emé si coutau adrechous
 E sis arange e si mióugrano;
 Fugis la seco Carqueirano,
 E dóu perfum di majourano
Subre-carga, lou vènt aleno mens couchous.

 Tout-en-un-cop dins la remaisso,
 Alin, sus l'oundo que s'encaisso,
Negrejo, parpelous, lou Caume de Faroun:
 Au pèd, Touloun emé sa rado
 Terriblamen assegurado,
 Emé sa floto abandeirado,
Soun arsena guerrié, sis oubradou feroun

 Ounte se bastisson, se maston,
 E se carenon e s'avaston
Li gràndi nau dóu Rèi... Mai Calendau, ta fort!
 Passo, de bound o de voulado,
 E li felouco afistoulado
 E li galèro escrincelado
De la poupo à la pro, mounte remon d'acord

On n'entendait que le souffle plaintif * — des nautoniers, et le vomissement — de la vague qui se brise entre les rochers épars — et qui grésille sur la grève ; — la barque, éperdue, s'allongeait — comme une anguille : il ne lui manquait — que la parole ; c'était, en un mot, un poisson.

Hières, là-haut, verte et fleurie — comme un Jardin des Hespérides, — Hières, avec ses coteaux exposés au midi, — et ses oranges et ses grenades, fuit ; — et fuit l'aride Carqueirane. — et du parfum des marjolaines — surchargé, le vent souffle moins vite.

Tout à coup dans l'accalmie, — au loin, sur l'onde qui s'encaisse, — s'estompe, sourcilleux, le Caume de Faron ** : — au pied, Toulon avec sa rade — fortifiée terriblement, — avec sa flotte pavoisée, — son arsenal de guerre, ses ateliers farouches

Où se construisent et se mâtent, — où se carènent et se lancent — les grandes nefs du Roi... Mais courage ! Calendal, — de bond ou de volée, franchit — et les sveltes felouques — et les galères sculptées — de la poupe à la proue, où rament en cadence

Li galiot à jargau rouge ;
Fuso entre li veissèu gravouge,
Floutànti ciéutadello amagant cènt canoun,
Grouant la mort ; e fai arrasso
Dins touto aquelo bouscarasso
Que, fourmidablo, se rebrasso
Envers lis enemi de noste libre noum.

Mai just, tout-just, a 'mé grand peno
Mounta Cicié, contro la peno
De l'antenolo — pico un revoulun frescas :
Lou tèms à l'auro-drecho sauto,
Ai ! pèr lou vènt presso de-gauto,
La bèto cour à la mar auto
Emé soun aubriboun aclin sus li ragas...

D'Ouliéulo, de Sièis-Four e d'Èvro
Li cresto bescuchado, arèbro,
Se bausson en azur... Salut i vièi Ligour !
Aquéli roco èron si bàrri,
E d'eilamount cridavon àrri
A quau pourtavo lis ensàrri...
Desplegant au timoun soun art e sa vigour,

Vite, pèr uno eisservo torso,
Lou Cassiden gouverno à l'orso,
E fai li tasseiroun, e vogo en escalant.
Pale, relènt, si man calouso
Ié reboulisson, ampoulouso ;
Mai vers la terro nivoulouso
Tant bravamen bourdejo, aluco tant e tant

Les forçats à casaques rouges; — il sille parmi les lourds vaisseaux, — citadelles flottantes, cachant en elles cent canons, — couvant la mort; et se fraie un passage — dans toute cette épaisse forêt — qui lève ses bras formidables — contre les ennemis de notre libre nom.

Mais à peine, et laborieusement, — a-t-il doublé le cap Cicié*, contre l'extrémité — de la petite antenne frappe un revolin grand frais : — le temps saute à la bise, — aïe! Pris en flanc par le vent, — le bateau court à la haute mer — avec son mâtereau penché sur les abimes...

D'Ollioules, de Six-Fours et d'Èvenos — les crêtes calcinées, abruptes, — découvrent leurs escarpements d'azur... Salut aux vieux Ligures! — Ces roches étaient leurs remparts, — et de là-haut ils criaient : Hue! — à quiconque subissait le bât**... — Déployant au timon son art et sa vigueur,

Par une bordée sinueuse, aussitôt — le Cassidien gouverne au lof, — et prend des ris, et vogue à la dérive. — Il est pale, suant; ses mains calleuses — ont des ampoules qui bouillonnent; — mais vers la terre nébuleuse — il louvoie si bravement, et tant et tant son œil regarde,

Qu'à la perfin, o benuranço!
A descubert sa desiranço,
Lou Gibau! lou Gibau, eilalin, eilalin!
Afeciouna, repren courage;
Recounèis tóuti li parage,
Bandòu, li Leco, dous marage
Plen d'óulivié, plen d'éuse e plen de petelin.

En aquéu rode mounte l'oundo
Franjo d'argènt l'areno bloundo
E mounte de fielat pènjou au secadou,
La vilo grèco de Taurènto,
Que de Marsiho èro parènto,
Souto un linçou d'aigo mourènto
Dor, ignourado vuei meme di pescadou.

Basto, abrama de prene terro,
Encaro mai de courre en guerro,
Souto lou Bè de l'Aiglo e dins l'anso dóu Se.
Lou jouine eros enfin amarro;
E 'scarlimpant la ribo amaro,
Lèu dins li colo amount s'esmarro,
Aguènt refa si forço em' un bon revesset.

Destrassounant la voues di coumbo,
Lou biéu, lou biéu terrible roumbo;
De soun aspre sejour la bello dóu Gibau
L'entendeguè: — Rèino escarido,
Fuge! lou brun jouvènt ié crido
En l'ajougnènt d'uno escourrido,
L'arpian, veici l'arpian sus toun nis couloumbau!

Qu'à la fin des fins, ô bonheur! — il aperçoit l'objet de ses désirs, — le Gibal! le Gibal, au lointain, au lointain! — Il reprend courage ardemment; il reconnaît tous les parages, — Bandol, les Lèques, doux littoral — plein d'oliviers, de chênes-verts, de térébinthes.

A cet endroit, où l'onde — frange d'argent la blonde arène — et où pendent des filets qui se sèchent, — la ville grecque de Tauroentum, — parente de Marseille, — sous un linceul d'eaux expirantes, — dort, ignorée même, aujourd'hui, des pêcheurs.

Bref, âprement désireux d'atterrir, — plus encore de courir en guerre, — sous le Bec de l'Aigle, dans l'anse du Sec*, — enfin le jeune héros amarre; — et vite, escaladant la rive amère, — là-haut dans les collines il se perd, — après avoir refait ses forces avec une bonne aillade.

Réveillant en sursaut la voix des gorges, — le buccin, le buccin terrible résonne; — de son scabreux séjour la belle du Gibal — l'entendit : « Reine bien aimée, — fuis! » — crie le brun jouvenceau — en l'atteignant tout d'une traite, — « voici l'oiseau de proie sur ton nid de colombe!

Fuge, te dise ! Emé sa bando
Aloubatido, sacamando,
Ve-lou, ve-lou que vèn ! Deja, de-rebaloun,
Deja, pèr li draio viranto,
Escalon coume de taranto...
Soun dès ! Mai quand sarien quaranto,
Es moun jour ! laisso-me coumbatre Ganeloun !... —

E, verai, la maudicho colo
D'à pautoun grimpavo la colo,
Tout à l'entour dóu baus fasènt lou fur, tenènt
D'à ment, testejant auribouso;
Bramavo enterin esfraiouso
L'auro dins la fourèst furiouso;
Afera, lou soulèu tremountavo au Pounènt.

— *O, la princesso diguè, palo,*
En s'apielant sus soun espalo
De soun bras nus, ami, tèn-te lèst, car es éu !
O, que l'astrado s'acoumpligue !...
Mai, comtes pas que iéu fugigue !
Car, desenant, à tu me ligue
Pèr l'ur d'aquesto vido, — e de l'autro perèu !

Aubre dóu mount Gibau ! Pinedo,
Éusiero, nerto e mourvenedo !
E tu, soulèu tremount ! e tu, campèstre siau !
E tu, mar superbo ! à l'angòni,
Vous prene, iéu, pèr testimòni
De moun eterne matrimòni !...
Aucèu de la fourèst, cantas lou cant nouviau !

Fuis, fuis, te dis-je! Avec sa bande — féroce, affamée, scélérate, — vois-le, vois-le qui vient! Déjà, en se rasant, — déjà, par les voies tortueuses, — ils grimpent comme des geckos*... — Ils sont dix! Mais seraient-ils quarante, — c'est mon jour! Laisse-moi combattre Ganelon**!... »

En effet, la troupe maudite — gravissait la colline à quatre pattes, — autour de la falaise furetant, guettant, et de partout tendant l'oreille; — cependant mugissait effrayante — la bise dans la forêt feuillue: — au ponant, le soleil se couchait effaré.

— « Oui, » dit la princesse, pâle, — en s'appuyant sur son épaule — de son bras nu, « ami, tiens-toi prêt, car c'est lui! — Oui, que le destin s'accomplisse!... — Mais ne crois pas que j'aille fuir! — Car à toi désormais je me lie — pour l'heur de cette vie, comme de l'autre!

Arbres du mont Gibal! Bois de pins, — bois d'yeuses, myrtes et genévriers! — et toi, soleil couchant! et toi, lande tranquille! — et toi, mer superbe! à l'agonie, — je vous prends, moi, pour témoins — de mon éternel hyménée!... — Oiseaux de la forêt, chantez le chant de noce!

O moun espous, o moun dous mèstre,
Mèstre assoulu de tout moun èstre,
Tè, vaqui lou pougnard di vièi prince Baussen :
Vai, eme lou crid de mi rèire :
A l'asard !... E, coume es de crèire,
Se noun demores lou vincèire,
Quatecant, o moun bèu, planto-lou dins moun sen!

O Diéu! O Diéu, suprème asile!
D'abord qu'as fa tant defecile,
En aquest mounde bas, l'acès dòu grand amour,
Perdouno is amo trop bouiènto
Que l'entravadis impaciènto,
E que lou sauton... E, vaiènto,
Duerbe-ié lou clarun que n'a gens de brumour !... —

D'uno santo embriagadisso
Calendau trespourta s'eirisso
Coume un jouine lioun que vèi dins soun draiòu
Veni lou tigre; em' alegresso
Quicho la man de sa mestresso;
Aganto l'armo, la caresso;
Pièi s'avanço intrepide au bord dòu degoulòu.

Pèr un grand bàrri de naturo
Que de tout caire l'encenturo
Lou Gibau, de tout caire, aparèis taia drec,
Inabourdable; i'a qu'un rode
Pèr ié mounta : dire vous pode
Que noun farias teni un code
En aquèu raspaioun autant soude qu'estrè.

O mon époux, ô mon doux maître, — maître absolu de tout mon être, — tiens, voici le poignard des vieux princes des Baux : — va, avec le cri de mes pères : *Au hasard !...* Et si, comme c'est probable, — tu ne demeures pas vainqueur, — sur-le-champ, ô mon beau, plonge-le dans mon sein !

O Dieu ! O Dieu, suprême asile ! — puisque tu fis si malaisé, — en ce bas monde, l'accès du grand amour, — pardonne aux âmes trop bouillantes — qui, impatientées par l'obstacle, — le franchissent... Et, vaillantes, — ouvre-leur la clarté qui n'a point de brouillards ! »

D'un saint enivrement — Calendal transporté se hérisse — comme un jeune lion qui voit dans son sentier — venir le tigre ; allégrement — il presse la main de son amante, — il saisit l'arme, la caresse, — puis s'avance intrépide au bord du précipice.

Par une grande escarpe naturelle — qui l'enceint de toute part, — le Gibal de toute part apparaît taillé à pic, — inabordable ; il n'est qu'un point — pour y monter : je puis vous dire — que vous ne feriez pas tenir un caillou rond — sur cette rampe aussi raide qu'étroite.

Or, à l'estrème de l'escalo,
Pas-pulèu Calendau se calo
Qu'esbarluga dóu cop, li dès assalidou
Se traison adavau en rèire;
Lou Comte éu-meme, de recèire
Perciluamount soun empegnèire
E fièr coume Artaban, toumbo dóu joucadou.

Pièi, revenènt de soun dessòuti
En un vira-d'iue : — Aneu tòuti! —
E, pistoulet au poung, se lançon à l'assaut.
Mai l'aparaire d'Esterello,
Em' uno fourmidablo grelo
De roucassiho toumbarello
E d'afrous massacan, lis acuei d'amoundaut.

Li balo siblon, e li roco
Fan d'estramas e de bachoco;
Quinge-Ounço lou proumié barrulo, encervela;
Pourrejitant milo escoumenge,
Furious, desesperant d'atenge,
Sis acoula, cridant revenge,
A la precipitado an tòuti davala.

Ourlon, trepejon, viron, tournon,
E sa venjanço noun ajournon :
— Aniue, cridon, bastard, dins ta closco de chin,
Qu' insoulènto d'amount nous nargo,
Chourlaren lou vin de la Margo!... —
E s'abrivon à la recargo...
Lou Comte Severan èro verd dóu pegin.

Or, à l'extrémité du roidillon, — à peine Calendal se campe-t-il — que les dix assaillants, tout éblouis du coup, — se jettent là-bas en arrière ; — et le Comte, lorsqu'il revoit — son agresseur au haut du mont — et fier comme Artaban, il tombe lui-même des nues*.

Puis, revenant de sa surprise — en un clin d'œil : « Allons tous ! » — Et, pistolet au poing, ils s'élancent à l'assaut. — Mais le défenseur d'Estérelle, — avec une grêle effroyable — de rocaille croulante — et d'affreux éclats de pierre, les accueille d'en haut.

Les balles sifflent et les roches — heurtent violemment et meurtrissent ; — Quinze-Onces le premier roule, le crâne ouvert ; — vomissant mille imprécations, — furieux, désespérant d'atteindre, — ses compagnons, criant revanche, — précipitamment sont tous descendus.

Ils hurlent, piaffent, tournent, virent, — et n'ajournent point leur vengeance. — Ils crient : « Cette nuit, bâtard, dans ta tête de chien, — qui, insolente, nous nargue de là-haut, — nous savourerons le vin de la Margue**!... » — Et à la charge de nouveau ils se ruent... — Le Comte Sévéran était vert de dépit.

E Calendau eigrejo, arranco
Un clapas moustre : l'avalanco
Trestoumbo, sauto e roto, escracho Trenco-Serp,
Estróupio dins sa redoulado
Ventabren... A la reculado,
Pèr fourvia la periclado,
S'esvarton li bandit enca 'n cop. — Lucifèr!

Maladicioun! terro de l'aule!
Mai sara di que iéu me traule
Davans aquéu rasclet? — diguè, caro-vira,
Lou capitàni, — en pléni noço
Iéu que noun ai clina cabosso
Davans moun paire, malo-bosso!
Iéu que, davans l'esglai di lèi, noun ai vara,

Ni davans crime inespiable,
Ni davans Diéu, ni davans Diable,
Ni davans lou bourrèu dóu rouge Parlamen!
Iéu que gouverne l'invesible,
Iéu rèi dóu mau, iéu invincible,
Iéu Severan, sarié poussible!!...
E de-mourre-bourdoun, acò di, rudamen

En amoudant sa troupelado,
S'embrounco mai à l'escalado.
Abord, de soun Oulimpe, abord de roucassoun
Lou jouine diéu en van fai plòure
Coume un groupas : sènso s'esmòure
Di pèiro que podon lou mòurre,
Lou fourban, tèsto aqui, s'acroco is avaussoun,

Et Calendal soulève, arrache — un bloc monstrueux : l'avalanche — culbute, bondit en virevoltes, écrase Trenco-Serp, — et dans sa rotation estropie — Ventabren... A la reculade, — pour éviter le foudroiement, — derechef les bandits s'éloignent. — « Lucifer !

Malédiction ! Terre infernale* ! — Comment ! moi, je lâcherai pied — devant ce pelé-là ? » dit le chef, les traits décomposés, — « en pleines noces, moi qui n'ai pas courbé le front — devant mon père, malebosse ! — Moi qui n'hésitai point devant l'épouvantail des lois,

Ni devant crimes inexpiables, — ni devant Dieu, ni devant Diable, — ni devant le bourreau du rouge Parlement ! — Moi qui gouverne l'invisible, — moi, l'invincible roi du mal, — moi Séveran, quoi ! ce serait possible ! !... » — Et, la tête baissée, à ces mots, rudement

En entraînant sa horde, — à l'escalade il revient s'aheurter. — A foison, de son Olympe, à foison et en vain, — le jeune dieu fait pleuvoir les rochers — comme un orage : sans s'émouvoir — des pierres qui peuvent le moudre, — l'opiniâtre forban aux chênes-nains s'accroche,

E mounto dur e mounto sèmpre,
Se desounglant li quatre mèmbre,
Apelant, afrountant Calendau sournaru
    Qu' amount dins l'oumbro uiausso e trono,
    Quand, tou̇ti au cop, reçaupènt drono,
    Bèl-Aubre, Boucaru, Jan-Trono,
Pousson un bram terrible, escana... Boucaru

    Es eslabra coume un vièi quèli;
    Toumbon coume de sànti-bèlli
E Jan-Trono e Bèl-Aubre, escrebassi; grand gau
    Aguè lou Comte d'èstre en foro,
    Car autramen coume uno toro
    Lou meme clap lou metié 'n boro.
Rajous, e tout cubert dòu sang de sis esclau,

    Que sus la reco se tirasson,
    Eissejon, rouncon e s'esbrasson,
Rajous, asèmpro alor li darrié survivènt:
    — Abren la bauco, abras li teso!
    E que la sèuvo, dis, empreso
    De pertout, coume uno carqueso
S'abrande emé li bòujo e la furour dòu vent!

    Anas, courrès, venjanço e guerro!
    Brulen, se fau, mar, cèu e terro!
Embarren lou Gibau dins un fiò de clarjas!
    Fiò! fiò! Que lou peirard se founde!
    Que la mountagno se prefounde!
    Fiò! fiò! Lou cat-pudis inmounde
E la fouino estuben, roustissen dins soun jas! —

Et rondement il monte, et il monte toujours, — usant les ongles de ses quatre membres, — appelant, affrontant Calendal taciturne, — qui dans l'ombre, là-haut, éclaire et tonne, — quand, tous ensemble, subitement frappés, — Bel-Arbre, Boucaru, Jean-Trone, — poussent un beuglement terrible, étranglé... Boucaru

Est égueulé comme un vieux vase; — tombent comme des saints de plâtre — et Jean-Trone et Bel-Arbre, hideusement crevés; grand bonheur — pour le Comte fut d'être en dehors, — sans quoi, ainsi qu'une chenille, — le même quartier de roc le broyait. — Rageant, et tout couvert du sang de ses esclaves,

Qui sur le roc se traînent, — gémissent, renâclent, et se tordent les bras, — rageant, lors il requiert les derniers survivants : — « Allumons l'herbe, allumez les massifs ! — et que la forêt, dit-il, incendiée — de partout, comme une fournaise — s'embrase aux grands soufflets et à la fureur du vent !

Allez, courez, guerre et vengeance ! — Brûlons, s'il faut, mer, ciel et terre ! — Enfermons le Gibal dans un brasier de forge ! — Feu ! feu ! Que la silice fonde ! — Que la montagne s'engloutisse ! — Feu ! feu ! L'immonde putois — et la fouine, étouffons-les, rôtissons-les au gîte ! »

Vers l'estelado escuresino
Uno esfraiouso tubassino
S'aubouro quatecant, mai encro que la niue,
S'aubouro einormo e segrenouso
Au Vènt-Terrau que la desnouso,
Que l'escavarto... E, luminouso,
Uno pouncho de flamo escalustro lis iue.

Souto lou vènt, abrasamado,
Se precepito la flamado,
Rapidamen petejo, e d'aqui-aqui pren
La ramo de la pinatello,
Que se rabino, e que rantelo
Pereilamoundaut lis estello
Em' un long revoulun de belugo... Sèns fren,

Uno erso enferounido, roujo,
Que d'autro, encaro mai feroujo,
Seguisson, à travès de la mountagno cour,
Arrapo, desrusco, rousigo,
Devoro, fendasclo, bousigo,
Mord lis anguielo-de-garrigo
Boufant e boumbejant dins aquèu vabre engourd.

La rastegagno grasihado
Mesclo sa vivo-fusihado
Au pet, au brounzimen di pigno, que dins l'èr
Parton en s'esclatant; se torson
Lis éuse, li pin se bidorson,
Li cade, li drui se perforçon
E sauton, derraba pèr uno arpo d'Infèr.

Vers les ténèbres étoilées — une fumée épaisse, effrayante, — s'élève aussitôt, plus noire que la nuit, — s'élève, énorme et sinistre, — au Vent-Terral* qui la dénoue, — qui la disperse... Et, lumineuse, — une pointe de flamme offusque les yeux.

Sous le vent, avec violence — la flamme folle se précipite, — et rapidement pétille, et prend, de proche en proche, — la ramure des pins, — qui se havit, et va masquer, — dans les hauteurs célestes, les étoiles — par un long tourbillon d'étincelles... Sans frein,

Une vague furibonde, rouge, — que d'autres, plus farouches encore, — suivent, à travers la montagne court, — attrape, écorce, ronge, — dévore, gerce, fouille, — mord les anguilles de buisson**, — qui soufflent et bondissent dans ce torrent vorace.

Le mort-bois qui se grille — mêle sa vive fusillade — à la détonation, au ronflement strident des pommes de pin, qui dans l'air — partent en éclatant; se tordent — les yeuses, les pins se tortillent, — les *cades*, les chênes druidiques*** se tourmentent — et sautent, arrachés par des griffes d'enfer.

Coume demòni, emé la caro
Que ié triounflo, ardènto e claro,
Courron à vai-e-vèn li bouto-fió, jitant,
Espargissènt de tousco en tousco
Lis atubau; lou flèu tabousco,
S'alargo, s'alongo, fai bousco,
Empresouno lou baus dins un ourrible estang.

E l'entourtounio e l'estoufègo
De flamo, de fum e de pego.
Uno aubo espetaclouso ensaunousis lou cèu,
Esfraio la naturo, trenco
Pèr soun dardai la niue oumbrenco...
Talo la velo purpurenco
Espandido autre-tèms sus lou grand Coulisèu.

L'usclado folo, gisclarello
Vers Calendau, vers Esterello
Refoufo pèr oundado en furour: espanta,
Lou cor batènt, la voues estencho,
De mai en mai veson restrencho
A soun entour la caudo cencho:
Li brusc dóu planestèu ounte soun aplanta

Deja se torron; coume un diable
Lou Mistrau rounflo, fourmidable,
E bourroulo e sagagno e 'mpuro lou coumbour
Que resplendis, tau qu'un Vesùvi,
Despièi la mar fin-qu'à l'Artùbi,
E qu'eilavau, en sang e rùbi,
Repinto dins la mar soun inmènso flambour.

Tels que démons, la mine — ardente et claire et triomphante, — courent et vont et viennent les incendiaires, jetant, — éparpillant de touffe en touffe — les combustibles; le fléau gagne le taillis — en long et en large, échauffe l'atmosphère, — emprisonne le mont dans un étang horrible,

Et l'entortille et le suffoque — de flamme, de fumée et de poix. — Une aurore prodigieuse ensanglante le ciel, — épouvante la nature, et par son éruption tranche la nuit ombreuse... — Pareille à la voile de pourpre — déployée autrefois sur le grand Colisée.

L'incendie déchaîné, jaillissant, — vers Calendal, vers Estérelle — refoule ses flots en fureur : consternés, — le cœur battant, la voix éteinte, — ils voient de plus en plus se resserrer — autour d'eux l'enceinte brûlante; — les bruyères du plateau sur lequel ils sont debout

Déjà se torréfient; comme un diable — le Mistral ronfle formidablement, — et fourgonne, et tracasse, et attise la conflagration — qui resplendit, semblable à un Vésuve, — depuis la mer jusqu'à la Nartubie*, — et qui, là-bas, en sang et écarlate — reflète dans la mer son immense flamboiement.

De liuen en liuen entèndon, subre,
Coume un cop de canoun lugubre;
Après, noun auson plus, dins lou vaste desert,
Que la cremour apetegado
Que se raprocho: de brancado
A si pèd toumbon, enfioucado;
Acantouna, perdu, soun au nis de la serp,

De milo serp badant la goulo...
Mai dintre l'auro que gingoulo,
Tout-d'un-cop, peralin, à la sournuro, don!
Uno campano sono e plouro,
Don! don! campenejant subr'ouro...
De Calendau lou cor s'aubouro:
Campano de Cassis, a couneigu toun son!

Sono, campano! Sono vite!
E qu'à ta voues se precepite
Un pople entié! Toun fièu, lou fièu qu'as bateja,
S'envai peri de mort crudèlo...
Di Cassiden lou cor boundello;
Cassis entiero se courdello,
E lando vers lou bos que se vèi ardeja...

Sono, campano benesido!
Touti li fucio soun brounzido.
La cimo dóu Gibau s'atubo... Li cafer,
Au brut dóu toco-sin, en aio
Mai-que-mai, zóu! dins la broussaio,
Zóu! multiplicon si fassaio,
Pèr avinci lou bout de soun óubrage fèr,

De loin en loin ils entendent, soudain, — comme un coup de canon lugubre; — puis, ils n'entendent plus, dans le vaste désert, — que la combustion crépitante — qui se rapproche; des branches entières — à leurs pieds tombent, enflammées; — ils sont perdus et acculés dans le repaire du serpent*,

De mille serpents aux gueules béantes... — Mais à travers la bise qui glapit, — tout à coup, dans l'obscurité lointaine, don! — une cloche résonne et pleure, — don! don! sonnant à heure indue... — Le cœur de Calendal se hausse : — cloche de Cassis, il a reconnu ta voix!

Sonne, cloche! Sonne à coups redoublés! — Et qu'à tes sons se précipite — tout un peuple! Ton fils, le fils que tu as baptisé, — s'en va périr de mort cruelle... — Des Cassidiens le cœur bondit; — Cassis lace sa robe, et tout entière — s'élance vers le bois qui flambe à l'horizon.

Sonne, cloche bénite! — Toutes les feuilles sont brouies, — la cime du Gibal prend feu... Les mécréants, — au bruit du tocsin, s'agitant — plus que jamais, hardis! dans les broussailles, — hardis! multiplient leurs brandons — pour atteindre le but de leur œuvre sauvage,

Quand un estras crussis terrible,
Acoumpagna d'un crid ourrible :
Lou Comte Severan, o miracle de Diéu!
Souto lou trounc, souto la ramo
D'un grand pinastre tout en flamo,
Es aclapa, qu'idoulo e bramo...
Per lou mitan dóu cors es arrapa tout viéu.

— *Ai! treitamen tu que m'escraches,*
Crido en mourènt, negre Diéu! saches
Qu'à pèd joun ai cauca toun noum, tant qu'ai pouscu!
O, dis, dóu founs d'aquest abime
Ounte iéu, rangoulous, me rime,
Te jite à la fàci mi crime,
En foro de ta lèi glourious d'agué viscu!... —

E, lis iue rouge coume un bàbi,
Fai si darrié badai, de ràbi
Escumous e bramant coume un tau qu'a manja
D'estranglo-chin o de varaire.
Mai d'Esterello l'aparaire
Vèi en courrènt veni si fraire
Dins l'aubo dóu matin que pounchejo deja.

E tout un pople, dous milo amo,
Intron en lucho emé li flamo;
Au flèu desbadarna copon camin; l'azur,
Dins lou levant, de rai s'asoundo;
E Calendau, lou fiéu de l'oundo,
E di crestèn la rèino bloundo,
Eu, emé si dos narro uberto à l'aire pur,

Quand, terrible, un déchirement craque, — accompagné d'un cri horrible : — le Comte Sévéran, ô miracle de Dieu! — sous le tronc, sous les branches — d'un grand pin tout en flammes, — est terrassé hurlant, beuglant... — Par le milieu du corps il est saisi tout vif.

— « Aïe! traîtreusement toi qui m'écrases, — crie-t-il en mourant, Dieu noir! sache — qu'à pieds joints j'ai foulé ton nom, tant que j'ai pu! — Oui, dit-il, du fond de cet abîme — où je roussis et où je râle, — moi, je te jette à la face mes crimes, — en dehors de ta loi glorieux d'avoir vécu!... »

Et, les yeux rouges comme ceux d'un crapaud, — il expire, de rage — beuglant et écumant comme un taureau qui a mangé — du colchique ou de l'hellébore. — Mais le défenseur d'Estérelle — voit ses frères accourir — dans l'aube du matin qui déjà point.

Et deux mille âmes, tout un peuple, — entrent en lutte avec les flammes: — au fléau effréné ils coupent le chemin; l'azur, — dans le levant, s'inonde de rayons; — et Calendal, le fils de l'onde, — et des sommets la blonde reine, — lui, avec ses narines ouvertes à l'air pur,

Elo, soun pèu que iè penjourlo
Coume un bèu liame de ginjourlo,
Souto aquéu giscle d'or, de safir, de diamant
Que li recuerb coume un cebòri,
Alor se mostron, fasènt flòri
Dins lou soulèu e dins la glòri,
A la cimo dóu baus, aganta pèr la man.

L'aplaudimen de dous milo amo
E li saludo e lis aclamo :
— Calendau ! Calendau ! Planten, planten lou Mai
Au counquistaire d'Esterello !
Éu glourifico, éu desfourrello
Nosto calanco pescarello...
Noumen, noumen-lou Conse, e Conse longo-mai ! —

Acò disènt, la moulounado
I nòvi fai l'acoumpagnado,
I nòvi generous, amourous, benurous ;
E lou soulèu, que Diéu doumino,
Lou grand soulèu mounto, ilumino,
En coungrèiant sènso termino
De nouvèus estrambord, de nouvèus amourous.

Elle, avec ses cheveux qui pendent — comme un corymbe de jujubes, — sous cette saillie d'or, de saphir, de diamant, — qui les recouvre comme un porche, — alors se montrent, triomphants — dans le soleil et dans la gloire, — à la cime du mont, et la main dans la main.

De deux mille âmes l'applaudissement — et les salue et les acclame : — « Calendal ! Calendal ! Plantons, plantons le Mai — au conquérant d'Estérelle ! — Il glorifie et il tire de l'ombre — notre *calanque* de pêcheurs... — Nommons, nommons-le Consul, Consul perpétuel ! »

Disant cela, la multitude — fait cortège aux fiancés — aux fiancés généreux, amoureux, bienheureux : — et le soleil, dont l'empire est à Dieu, — le grand soleil monte, illumine, — en procréant sans limite ni fin — de nouveaux enthousiasmes, de nouveaux amoureux.

Mai lou finau me sèmblo coume :
Adiéu, vendémi! .. E vaqui coume
Un pescadou d'anchoio, un enfant dòu païs,
Pèr èstre l'ome de Prouvènço
Lou mai valènt entre Arle e Vènço,
Devengué Prince de Jouvènço,
Poussessour d'Esterello e Conse de Cassis.

Maiáno (Bouco-dóu-Rose), i Calèndo de l'an 1866.

Mais la cuve me semble comble : — adieu, vendange !... Et voilà comme — un enfant du pays, simple pêcheur d'anchois, — pour avoir été de Provence — l'homme le plus vaillant, de Vence à Arles, — devint prince de la Jeunesse, — possesseur d'Esrérelle et Consul de Cassis.

Maillane (Bouches-du-Rhône), à la Noël de l'an 1866.

NOTES

CHANT PREMIER

P. 3.* — Cassis, *Cassis*, petite ville de Provence, sur la Méditerranée et au Sud-Est de Marseille, patrie de J.-J. Barthélemy, auteur du *Voyage du jeune Anacharsis en Grèce*. — *Gàubi* (italien *garbo*, roman *galaubia*), grâce, gentillesse, bonne façon, adresse naturelle, aisance. — *Voio* (italien *voglia*), volonté d'agir, entrain, vaillance. — *Gagnè li joio*, gagna les joies. *Joio* signifie en même temps joie et prix. On dit *courre li joio*, courir les prix. Les fleurs décernées aux Jeux Floraux de Toulouse étaient appelées *joyas*. De là le mot français *joyau*.

P. 5.* — Quand les barons picards, allemands, bourguignons, *quand li baroun picard, alemand, bourguignoun*, allusion à la guerre des Albigeois et aux sièges de Toulouse et de Beaucaire par les envahisseurs du Nord.

Bien que la croisade commandée par Simon de Montfort ne fût dirigée ostensiblement que contre les hérétiques du Midi et plus tard contre le Comte de Toulouse, les villes libres de Provence comprirent admirablement que sous le prétexte religieux se cachait un antagonisme de race ; et quoique très catholiques, elles prirent hardiment parti contre les Croisés.

Il faut dire, du reste, que cette intelligence de la nationalité se manifesta spontanément dans tous les pays de langue d'Oc, c'est-à-dire depuis les Alpes jusqu'au golfe de Gascogne et de la Loire jusqu'à l'Èbre. Ces populations, de tout temps sympathiques entre elles par une similitude de climat, d'instincts, de mœurs, de croyances, de législation et de langue, se trouvaient à cette époque prêtes à former un État de Provinces-Unies. Leur nationalité, révélée et propagée par les chants des Troubadours, avait mûri rapidement au soleil des libertés locales. Pour que cette force éparse prît vigoureusement conscience d'elle-même, il ne fallait plus qu'une occasion : une guerre d'intérêt commun. Cette guerre s'offrit, mais dans de malheureuses conditions.

Le Nord, armé par l'Église, soutenu par cette influence énorme qui avait, dans les Croisades, précipité l'Europe sur l'Asie, avait à son service les masses innombrables de la Chrétienté, et à son aide l'exaltation du fanatisme.

Le Midi, taxé d'hérésie, malgré qu'il en eût, travaillé par les prédicants, désolé par l'Inquisition, suspect à ses alliés et défenseurs naturels (entre autres le Comte de Provence), faute d'un chef habile et énergique, apporta dans la lutte plus d'héroïsme que d'ensemble, et succomba.

Il fallait, paraît-il, que cela fût, pour que la vieille Gaule devînt la France moderne. Seulement, les Méridionaux eussent préféré que cela se fît plus cordialement, et désiré que la fusion n'allât pas au delà de l'état fédératif. C'est toujours un grand malheur quand par surprise la civilisation doit céder le pas à la barbarie, et le triomphe des *Franchimands* retarda de deux siècles la marche du progrès. Car, ce qui fut soumis, qu'on le remarque bien, ce fut moins le Midi matériellement parlant que l'esprit du Midi. Raimond VII, le dernier Comte de Toulouse, reconquit ses États, et ne s'en dessaisit qu'en 1229, de gré à gré et en faveur de Louis IX. Le royaume et comté de Provence subsista longtemps encore, et ce ne fut qu'en 1486 que notre patrie s'annexa librement à la France, *non comme un accessoire à un principal, mais comme un principal à un autre principal*. Mais la séve autochthone qui s'était épanouie en une poésie neuve, élégante, chevaleresque, la hardiesse méridionale qui émancipait déjà la pensée et la science, l'élan municipal qui avait fait de nos cités autant de républiques, la vie publique enfin circulant à grands flots dans toute la nation, toutes ces sources de politesse, d'indépendance et de virilité, étaient taries, hélas! pour bien des siècles.

Aussi, que voulez-vous? bien que les historiens français condamnent généralement notre cause, — quand nous lisons, dans les chroniques provençales, le récit douloureux de cette guerre inique, nos contrées dévastées, nos villes saccagées, le peuple massacré dans les églises, la brillante noblesse du pays, l'excellent Comte de Toulouse, dépouillés, humiliés, et d'autre part, la valeureuse résistance de nos pères aux cris enthousiastes de : *Tolosa! Marselha! Avinhon! Provensa!* il nous est impossible de ne pas être ému dans notre sang, et de ne pas redire avec Lucain : *Victrix causa Diis placuit, sed victa Catoni*.

P. 5.** — Mirabeau, *Mirabéu*. Le célèbre orateur de ce nom, bien que né par accident hors de Provence pendant un voyage de sa mère, était, comme on sait, provençal par sa famille. Avant d'être député d'Aix aux États-Généraux de 1789, il avait fait partie des États de Provence, et c'est dans cette assemblée, en s'occupant de la révision de la constitution provençale, qu'il avait révélé son éloquence.

P. 5.*** — Le bruit du Rhône et de son vent, *lou brut dóu Rose e dóu Rousau*. *Lou Rousau*, par syncope *Rouau*, et par contraction *Rau*, vent qui vient du côté du Rhône, vent d'Ouest pour les Provençaux.

P. 5.**** — Calanque, *calanco*, crique, anse, cale, abri formé par deux pointes de rochers ou de terre, hâvre, petit port. Ce mot, et quelques autres que nous allons expliquer ici parce qu'ils reviennent assez souvent dans les poëmes de *Mirèio* et de *Calendau*, sont des plus anciens de la langue. Ils appartiennent à la terminologie géographique du pays.

Aup (en roman *Alp*), nom que les habitants des Alpes donnent aux diverses ramifications de ces montagnes : *l'Aup de l'Infernet*, *l'Aup de la Vaquiero*, *l'Aup d'Enchastraio*. De là les noms de lieux *Aups*, *plan d'Aups*, etc. — *Aupiho*, petite alpe, alpille. — *Aupihoun*, petite alpille. — *Mountagno*, montagne, chaîne de montagnes. — *Mount*, montagne isolée. — *Colo*, *couelo*, colline, montagne en général. — *Còu*, col de montagne : *lou còu de Tèndo*. — *Coulet*, monticule. — *Puc*, *piue*, *pié*, *pech*, ou *pioch* en Languedoc, pic, puy. — *Pùgel*, petit pic. — *Serre*, piton, pointe d'un pic. — *Serricro*, *loubo*, crête dentelée en scie. — *Touret*, *turoun*, butte aplatie au sommet. — *Tru*, *truquet*, *tucoulet*, *trucal* en Languedoc, tertre. — *Mourre* (latin *murex*), mamelon. — *Aguïo*, rocher en forme d'obélisque. — *Dènt*, *dentello*, rocher en forme de dent. — *Leco*, rocher dont la forme rappelle le piège nommé *quatre de chiffre*. — *Peno*, rocher en forme de rempart. — *Rancaredo*, chaîne de rochers, masse de roches. — *Baus*, escarpement dont le sommet est plat, falaise, cap. — *Cap*, *testau*, cap, promontoire. — *Bausset*, petit escarpement. — *Calanc*, pente abrupte. — *Pas*, *brè* (roman *brec*), défilé entre des rochers escarpés.— *Cengle*, corniche d'une falaise, sentier naturel qui couronne un escarpement circulaire. — *Caumo*, plateau rocheux qui domine une montagne. — *Causse*, plateau calcaire. — *Planestèu*, petit plateau, plate-forme. — *Cresten*, crête. — *Trecòu*, point culminant d'un col. — *Aigo-vers*, arête, ligne de partage des eaux d'une montagne — *Adré*, versant méridional. — *Avers*, *uba* (lat. *opacus*), versant septentrional. — *Auturo*, éminence, haut lieu en général. — *Baisso*, lieu bas, bas-fond, la basse Provence, le sud, — *Costo*, côte. — *Coutau*, *coustalo*, coteau. — *Pendènt*, *pendis*, *pendoulié*, penchant. — *Apènd*, appendice, contre-fort.— *Vau*, *valado*, val, vallée.— *Valengo*, ou *valeto*, petite vallée. — *Valoun*, vallon. — *Coumbo*, vallée escarpée. — *Gorgo*, gorge. — *Clusn*, *cluo*, gorge fermée. — *Angouisso*, défilé, détroit. — *Casèr, baucau, estanco, acòu*, gradin qui soutient un terrain en pente. — *Desbaus, caraven, desbalen, degoulòu*, précipice. — *Garagai, ragas*, abîme, gouffre. — *Aven, toumple, gourg*, gouffre d'eau. — *Coupo*, cratère. — *Baumo, espelounco*, grotte, antre. — *Ragage*, grotte marine. — *Cafourno*, caverne. — *Cauno, cafaroto*, cavité, anfractuosité. — *Cougniero*, fondrière de neige. — *Cros*, creux, fosse, fondrière de marais. — *Gaudre*, torrent. — *Vabre, valat*, ravin. — *Ensarriado*, ravine double, qui descend des deux côtés d'une colline. — *Delicure, delubre*, brèche par où crève un torrent. — *Roubino, besaliero*, fossé d'écoulement. — *Riéu, rajeiròu*, ruisseau. — *Lauroun, cissourg*, source à fleur de terre. — *Font*, fontaine. — *Ouide*, aqueduc souterrain, pierrée. — *Ribiero*, rivière. — *Flume*, fleuve. — *Lono*, eau profonde et tranquille. — *Mueio*, lagune, mare. — *Clar*, flaque, petit lac. — *Estang*, étang. — *La mar*, la mer Méditerranée, — *La mar dòu pounènt, la mar majouro*, l'Océan. — *Gou, gouf*, golfe. — *Conco*, bassin, anse de mer. — *Grau, boucau*, embouchure d'un fleuve, entrée d'une rade, pertuis. — *Roumpènt* brisant. — *Revòu, embu*, tourbillon d'eau. — *Estèu*, écueil. *Se, seco*, récif. — *Barraioun*, barre, banc de sable sous-marin. — *Tes*, îlot de sable. — *Isclo*, île. — *Pouncho*, pointe de terre. — *Lengo*, langue de terre, isthme. — *Mountiho*, dune. — *Dougo*, berge. — *Dougan ribeirés*, rivage. — *Coudouliero*, grève. — *Plajo, ceuno*, plage. — *Marage, cousticro*, littoral. — *Erme, campas, campèstre, trescamp*, lande. — *Gres*, terrain graveleux. — *Crau*, plaine de galets — *Palun*, marais. — *Draio*, chemin rural.

On trouvera de plus amples détails dans le *Dictionnaire Provençal-Français* de F. Mistral, 2 vol. in-4° (Avignon, librairie Roumanille ; Paris, librairie Champion).

P. 7.* — La Gardiole, *la Garduelo*, chaîne de montagnes qui longe le bord de la mer, entre Marseille et Cassis.

P. 7.** — Le Comte de Provence et de Forcalquier, *lou Comte de Prouvènço emai de Fourcauquié*. Les souverains de Provence s'intitulaient : Par la grâce de Dieu, rois de Naples, Comtes de Provence, Forcalquier et terres adjacentes. — Cette formule a fait partie des titres des rois de France jusqu'en 1789. Elle avait été stipulée dans l'acte d'union des deux pays.

P. 11.* — Gibal, *Gibau*, nom d'un escarpement voisin de Cassis. *Gibel*, en arabe, signifie montagne, et *Gebal* en hébreu, borne, terme.

P. 13.* — Sel de Berre, *sau de Berro*. Le sel que l'on extrait des salines de Berre, petite ville près d'Aix, passe pour le plus beau de France.

P. 17.* — La Fée Estérelle, *la Fado Esterello*. « Ces montagnes, dit Millin en parlant de l'Estérel, étaient autrefois, suivant la tradition du pays, le séjour d'une fée appelée Estérelle, qui leur a donné son nom. Selon les Actes de saint Armentaire, on lui offrait des sacrifices, et elle donnait aux femmes stériles des breuvages qui avaient la vertu de les rendre fécondes. » *(Voyage dans le Midi de la France, t. II.)*

P. 23.* — L'herbe à la cire, *la cirouso*, caille-lait jaune, plante qui attire les abeilles. Son odeur rappelle celle de la cire.

P. 25.* — Les Alpilles, *lis Aupiho*, chaîne de montagnes de l'arrondissement d'Arles, au milieu de laquelle se trouvent les ruines de la ville des Baux. Les francisants indigènes écrivent à tort *Alpines*, mot qui signifie *habitantes des Alpes*.

P. 29.* — Car alors Berthe, comme dit la chanson, filait au rouet, *car Berto, coume dis la cansoun, alor fielavo au tour*; locution proverbiale pour dire : C'était alors le bon vieux temps. On dit aussi : *Dou tèms que Marto fielavo*.

P. 29.** — Mont-Pahon, *Mount-Pavoun*, nom d'une des Alpilles, où était un manoir des princes des Baux.

P. 31.* — Avec sa Louve, *emé sa Loubo*. « *Peire Vidal amava la Loba de Pueg-Nautier, se fazia appelar lop per ela e por-*

tava armas de lop. Et en la montanha de Cabaretz el se fes cassar als pastors ab cas et ab maustis et ab lebriers, si com om cassa lop; e vestia una pel de lop per donar á entendre qu'el fos lop, etc. » (Biographies des Troubadours.) — *Fouquet l'abouminable.* Le troubadour Foulquet, dit de Marseille, mais natif de Gênes, après la mort de sa dame se fit moine, devint évêque de Toulouse au temps de la guerre des Albigeois, embrassa le parti des Croisés, et se fit remarquer par son acharnement contre son bienfaiteur le Comte Raimond VI.

P. 33.* — Pour des paupières de pie, *pèr de parpello d'agasso*, pour des vétilles, des bagatelles.

P. 35.* — Gérard de Roussillon, *Girard de Roussihoun*, chanson de geste ancienne. Elle a été publiée en provençal et en français, d'après les manuscrits de Paris et de Londres, par Francisque Michel (Paris, P. Jannet, 1856). — *Flamenco (Flamenca)*, joli roman provençal du XIIIe siècle, publié par Paul Meyer, d'après le manuscrit unique de Carcassonne, avec traduction et glossaire. (Paris, librairie Franck, 1865) — *Aio la bello Avignounenco*, Aye la belle d'Avignon, chanson de geste qui, quoique française, avait pénétré dans le Midi et était au nombre des poèmes que tout bon jongleur devait savoir. Elle a été publiée en 1861 par MM. F. Guessard et P. Meyer. (Paris, librairie Vieweg) — *Li quatre fiéu d'Eimoun*, les Quatre fils Aymon, roman chevaleresque attribué à Huon de Villeneuve.

P. 35.** — Soulas *(solatz)*, aubade *(alba)*, congé *(comjatz)*, roman *(romans)*, sirvente *(sirventés)*, ballade *(balada)*, tenson *(tenson)*, pastourelle *(pastorela)*, chanson *(canson)*, noms des principaux genres de poésies cultivés par les troubadours. Mais ce n'étaient pas les seuls : ils avaient encore le *vers*, la *dansa*, le *descortz*, le *partimen*, la *retroncha*, le *plang*, l'*escondig*, le *cossir*, le *reversari*, le *relais*, la *gilosesca*, l'*estampida*, la *bréu-doble*, etc.

P. 37.* — Et les Baussencs levèrent l'étendard contre les Barcelone, *e li Baussen levéron guerro i Barciloun*. Le dernier roi d'Arles et Comte de Provence, de la dynastie des Bosons, avait eu deux filles, Stéphanette et Douce, mariées, la première au seigneur des Baux, la seconde à Raimond-Bérenger, Comte de Barcelone. De là les prétentions de la maison des Baux à la couronne de Provence, qui était échue aux princes barcelonais.

P. 39.* — Tyran, *catau*. Ce mot (en roman *captal*, contraction de *capital*, chef) s'emploie en bonne part dans le sens d'homme riche, personnage marquant, gros bonnet, et en mauvaise part dans le sens d'aristocrate, fléau du peuple. C'est un titre que prenaient les plus illustres maisons d'Aquitaine : le *Captal de Buch*.

CHANT DEUXIÈME

P. 41.* — Aiglun, *Eiglun*, village des Alpes-Maritimes.

P. 43.* — L'Estéron, *l'Esteroun*, rivière des Alpes-Maritimes, affluent du Var.

P. 45.* — Florins d'or, *flourin d'or*, ancienne monnaie provençale, ainsi nommée parce qu'elle portait une fleur de lis.

P. 45.** — Les Blacas, *li Blacas*, ancienne famille provençale, originaire d'Aups (Var).
Les Adhémar, *lis Ademar*, seigneurs de Montélimar et comtes de Grignan (Drôme).
Les Castellane, *li Castelano*, anciens barons de Castellane (Basses-Alpes).
Ces trois maisons illustres ont fourni à notre langue des poètes distingués.

P. 45.*** — Les Barras, vieux comme les rochers, *li Barras, vièi coume li roucas*, originaires de Barras (Basses-Alpes).
On disait autrefois en proverbe :

> *Noble coume li Barras,*
> *Autant vièi que li roucas.*

Le directeur Barras appartenait à cette famille.

P. 47.* — Les Agoult, *lis Agòut*, anciens barons de la vallée de Sault (Vaucluse). Ils tiraient leur nom du village d'Agoult, aujourd'hui Gouït, *Gòui*.

P. 47.** — Les Porcellets, *li Pourcelet*, anciens gentilshommes d'Arles. Guillaume des Porcellets, gouverneur de Calatafimi, fut, en considération de sa vertu, le seul provençal ou français épargné aux Vêpres Siciliennes.

P. 47.*** — Les Sade, *li Sado*, ancienne famille noble de Provence.

La belle Laure, chantée par Pétrarque, était l'épouse de Hugues de Sade.

P. 47.**** — Les marquis de Sabran, *li marqués de Sabran*, anciens seigneurs du Castelar, d'Uzès et de Forcalquier. Garsende de Sabran apporta en dot le Comté de Forcalquier au Comte de Provence Alphonse II.

P. 47.***** — Les Arlatan, *lis Arlatan*, nobles arlésiens. Selon une tradition, le chef de cette famille avait reçu le surnom d'Arlatan, pour avoir délivré le territoire d'Arles d'un dragon ou crocodile qui le ravageait.

P. 47.****** — Et Villeneuve, et Montolieu et les Forbin, *e Mount-Ouliéu, e Vilo-Novo, e li Fourbin*.

— Les Villeneuve, anciens barons de Vence et de Trans, étaient issus du célèbre ministre du Comte de Provence Raimond-Bérenger III, Romieu de Villeneuve, que Dante a mis dans son paradis :

> *E dentro alla presenta margherita*
> *Luce la luce di Romeo, di cui*
> *Fu l'opra grande e bella mal gradita* (Canto VI).

— Les Montolieu, de Marseille, noblesse très ancienne. Selon César Nostradamus, saint Cyprien, évêque de Toulon au VIe siècle, appartenait à cette famille.

— Les Forbin, d'Aix, seigneurs de Soliers, dont les deux plus illustres sont Palamède Forbin, ministre du roi René, principal auteur et négociateur de l'union de la Provence et de la France, et le Comte Claude de Forbin, chef d'escadre sous Louis XIV.

P. 53.* — Allons plus loin, et Berre apparaîtra, *anen avans e veiren Berro*, locution proverbiale usitée à Aix dans le sens de *poursuivons, avançons et la lumière se fera*. Berre apparaît, en effet, lorsqu'on débouche au couchant des montagnes qui environnent Aix.

P. 57.* — La Tour-Magne, *la Tourre-Magno,* antique monument qui domine la ville de Nîmes et dont on ne connaît pas la destination. Il y a aussi une tour de ce nom au village de Lagarde-Adhémar (Drôme).

P. 57.** — L'Empereur d'Allemagne, *l'Emperaire d'Alemagno*. L'ancien royaume d'Arles ou de Provence, démembrement de l'empire carlovingien, relevait nominalement de l'Empire Germanique. Un souvenir de ce lien féodal est resté dans la langue populaire : les mariniers du Rhône se servent du mot *empèri* (empire) pour désigner la rive gauche, c'est-à-dire le côté de la Provence, et du mot *reiaume* (royaume) pour la rive droite, c'est-à-dire le côté de la France.

P. 59.* — Vice-Légat d'Avignon, *Vice-Legat d'Avignoun,* titre du prélat qui administrait pour le pape le Comtat-Venaissin, avant la réunion de cette province à la France.

P. 63.* — Bise glacée, *Cisampo,* dérivé probablement du latin *aura cisalpina,* vent cisalpin.

P. 69.* — Funèbre banquet, *reboustèri*. C'est proprement le repas qu'on donne à ceux qui ont assisté au convoi d'une personne morte à la campagne; du roman *rebost,* enseveli, *repositus* en latin.

P. 69.** — La fin des Anthorons, *la fin dis Antouroun*, locution usitée pour dire *fin tragique* : allusion à des meurtriers de ce nom qui furent exécutés à Montpellier avant la Révolution.

P. 75.* — Lièvre blanc, *blanchoun,* espèce de lièvre qui en hiver devient blanc. Il est commun sur les montagnes de la Haute-Provence.

P. 75.** — Garrigue, *garrigo,* lande couverte de chênes à kermès, qui en roman se nommaient *garrig*, et qui se nomment aujourd'hui *garrus* ou *avau*.

P. 81.* — Mandrin, fameux capitaine de brigands, né en 1715 à Saint-Étienne-de-Geoire, en Dauphiné, roué à Valence en 1755. Fils d'un contrebandier et contrebandier lui-même, il disciplina une nombreuse bande avec laquelle il battit plusieurs fois les gens du roi. Il avait bonne façon, était ami des belles, ne rançonnait, dit-on, que les fermiers-généraux, et posait volontiers comme redresseur d'abus et vengeur des opprimés.

CHANT TROISIÈME

P. 85.* — Cuges, *Cujo*, localité des Bouches-du-Rhône.

P. 85.** — Signes, *Signo*, dans le Var. Il s'y tint, au moyen âge, une Cour d'Amour célèbre, présidée par Clarette des Baux.

P. 85.*** — Méounes, *Méuno*, dans le Var ; — le Gapeau, *Gapéu*, rivière qui se jette dans la mer près d'Hières.

P. 85.**** — La Roque-Brussane, *la Roco-Broussano* (la roche couverte de bruyères, *brousso*), chef-lieu de canton, près de Brignoles.

P. 85.***** — Riante nourrice de nos Comtes, *risénto nourriguiero de nòsti Comte*. Les souverains de Provence avaient à Brignoles une résidence d'été ; leurs épouses venaient y faire leurs couches, et cette ville, à cause de cela, était appelée dans les chartes *alumna, domus puerorum*. Brignoles est la Patrie de saint Louis d'Anjou, évêque de Toulouse, et du savant Raynouard, qui a publié les *Poésies originales des Troubadours* et un *Lexique de la langue romane*.

P. 85.****** — Adieu à Vins, adieu à Carces, deux noms fameux, *adiéu à Vin, adiéu à Carce, dous noum famous*. Ce sont deux villages des environs de Brignoles qui, au temps de la Ligue, donnèrent leurs noms à deux célèbres chefs de partisans, Hubert de Garde, Seigneur de Vins, et Jean de Pontevès, Comte de Carces.

P. 87.* — Lorgues, *Lorgo* (en roman *Lorcas*), petite ville près de Draguignan.

P. 89.* — Le Luc, *Lou Lu* (Var), renommé pour ses marrons. — Salerne, *Salerno* (Var), renommé pour ses figues.

P. 89.** — La Nartubie, *Artùbi*, petite rivière qui passe à Draguignan et se jette dans l'Argens.

P. 89.*** — La fête de l'aire ou du sol, *la soulenco*, nom que porte dans quelques endroits la fête qui se célèbre partout, mais sous des noms différents, après les travaux de la moisson.

P. 89.**** — Saint Éloi, *sant Aloi*. Le vénérable orfèvre limousin, patron des maréchaux-ferrants, et par suite protecteur des bêtes de labour, est fêté en Provence par de nombreuses confréries d'agriculteurs. Après la bénédiction des bestiaux de ferme par l'officiant, une charrette revêtue de feuillage et ornée de gerbes de blé, *la carreto ramado*, à laquelle tous les paysans aisés se font un honneur d'atteler un cheval ou un mulet brillamment harnaché, est promenée au pas ou à la course dans les principales rues de la localité. Les *bandeiroun de sant Aloi* sont des fanions de papier portant l'image du saint. On les plante aux colliers des bêtes qui font partie de la cavalcade.

P. 91.* — Calas, Fayence, *Calas, Faïènço*, petites villes du département du Var. — Saint-Auban, *Sant-Auban*, dans les Alpes-Maritimes. Il y a, dans ce pays, une très belle gorge qu'on nomme la *Clue* ou *Cluso*.

P. 97.* — Et si, en attendant, je vous dévisageais, *e s'enterin vous adourave*. Ce sens (frapper ou toucher au visage) que les Provençaux donnent quelquefois ironiquement au verbe *adoura*, adorer, rappelle l'étymologie latine, *ad ora manum admovere*.

P. 103.* — Bel-Arbre, Ventabren, Quinze-Onces, Balandran et Trenco-Serp, surnoms populaires. *Ventabren* est un nom de lieu, mais il signifie aussi *évente-son*, fanfaron. — Un *balandran*, c'est la bascule d'un puits de campagne; c'est aussi un lourdaud, qui va les bras ballants. — *Trenco-Serp* veut dire *tranche-serpent*.

P. 105.* — Calendal, *Calendau*, nom qui vient de *Calèndo*, Noël, et qui peut signifier *né à Noël*. On dit *pan calendau*, pain de Noël, *bos calendau*, bûche de Noël, etc.

P. 105.** — Proverbe local :

Tau qu'a vist Paris,
Se noun a vist Cassis,
Pòu dire : N'ai rèn vist.

Ce fier dicton des pêcheurs de Cassis rappelle le proverbe andalous :

Quien no ha visto á Sevilla
No ha visto á maravilla.

P. 105.*** — Rieu, *Rièu*, île située entre Marseille et Cassis.

P. 107.* — Girelle, *girello* (labrus julis de Linnée), poisson de forme élégante et richement coloré. Il vit par troupes au milieu des roches marines.

P. 107.** — Sardinal, *sardinau*, filet pour la pêche des sardines et des anchois. — *Calamar*, perche qui soutient hors du bateau le filet appelé *calèu* en provençal, et *carrelet*, balance ou *échiquier* en français.

P. 107.*** — Cap Canaille, *baus Canaio*, ainsi nommé, dit-on, parce qu'il est très dangereux.

P. 111.* — Nos pêcheurs appellent *art menu* la petite pêche, la pêche côtière, celle qui se fait avec de petites embarcations, et *grand art* la grande pêche, que l'on fait avec des tartanes *(lahut)* et autres navires.

P. 113.* — *Tartano, gàngui*, grands filets que l'on traîne avec des bateaux, tartanes, etc.

P. 115.* — Garlaban, montagne voisine d'Aubagne. Ce sont probablement les navigateurs phéniciens qui ont baptisé le mont *Garlaban (gabaa-laban*, colline blanche, en hébreu).

La blancheur de ce sommet calcaire a du reste valu au pays qu'il domine le nom latin d'*Albania*, Aubagne.

P. 119.* — La trigle, *lou belugan* (de *belugo*, étincelle, en prov.), *trigla adriatica* de Linnée ; — *molo*, lune de mer, *tetraodon mola* de Linnée, poissons phosphorescents.

P. 119.** — Les Fantines et les Dracs, *li Dra e li Fantino*, esprits des eaux, dans la mythologie du Midi.

P. 121.* — *Péis-orgue*, littéralement *poisson-orgue*. C'est la trigle milan, *trigla milvus*. « Des pêcheurs m'ont assuré qu'elle fait entendre un espèce de râlement quand on la retire de l'eau. » (Risso.) — C'est peut-être le même poisson que les Américains appellent *Sirène* ou *Musico*, lequel a un chant sonore qui ressemble, à s'y méprendre, aux sons moyens des orgues d'église entendus d'une certaine distance.

P. 123.* — La palangre, *la palangro*, longue corde lestée avec des pierres de distance en distance et armée de lignes garnies d'hameçons. On prend avec cet engin les poissons qui habitent les profondeurs de la mer.

P. 123.** — *Mounge*, squale griset, *squalus griseus* de Linnée ; — *pagre*, pagre, *sparus pagrus* ; — *gerre*, picarel, *sparus maris*, poissons.

P. 123.*** — Le poisson de saint Pierre, *lou péis Sant-Pèire*, *zeus faber* de Linnée, excellent, recherché pour la *bouillabaisse* (potage de poissons que l'on verse bouillant sur des tranches de pain).

CHANT QUATRIÈME

P. 129.* — Avait été consul, *èro estα Conse*. C'est le nom que prirent les magistrats municipaux des communes du Midi au XIIe et XIIIe siècles et qu'ils gardèrent jusqu'en 1789. Ils avaient déjà porté ce titre sous les Romains. On dit encore: *Au tèms di Conse*, sous les Consuls, dans l'ancien régime.

P. 129.** — Les Cassidiens l'ont fait Prud'homme, *li Cassiden l'an fa Prudome*. Les Prud'hommes sont des pêcheurs élus juges par leur corporation, pour connaître des contraventions et des contestations relatives à la pêche maritime. Cette juridiction patriarcale, très ancienne dans le Midi, a été maintenue dans son état primitif par un décret du 19 novembre 1859. « Les partis arrivent à l'audience de la Prud'hommie sans citation, par leur consentement mutuel, et sur le seul appel du garde de la communauté, après avoir chacune déposé dans la boite de *Saint-Pierre* une obole (10 centimes), souvenir vivant de la procédure romaine. Elles exposent elles-mêmes brièvement leurs prétentions et leurs droits. Les témoins sont aussitôt entendus et le jugement est prononcé immédiatement ou à l'audience suivante, toujours en provençal. Le plus souvent la formule est celle-ci : *La lèi vous coundano*, ou bien : *Tu as tort, as resoun*... Près de 10,000 pêcheurs des côtes provençales de la Méditerranée sont soumis à la juridiction de douze prud'hommies, successivement fondées de 1431 à 1820. Les Prud'hommes n'ont pas plus changé de costume que de coutumes. A Marseille, ils portent à leur tribunal une sorte de justaucorps, un mantelet de drap noir, une fraise autour du cou, le chapeau rond orné de plumes, des guêtres, l'épée large et courte avec laquelle ils saluent en cérémonie. (*Les corporations ouvrières de l'ancien régime en Provence, par Charles de Ribbe, Aix, imp. Illy, 1865*).

P. 131.' — Cavares, Ligures, *Ligour, Cavare*. Dans le sixième siècle avant J.-C., le littoral du midi des Gaules était habité par la race ligurienne. Les Ibéro-Ligures tenaient la côte des Pyrénées au Rhône, les Celto-Ligures du Rhône aux Alpes, et les Ligures proprement dits, des Alpes à l'Arno.

Les Grecs appelaient ces peuples Ligyens, ce qui veut dire *mélodieux*, selon Hermias. Dans le Phèdre, Platon fait dire à Socrate : « Venez, Muses, vous qu'on nomme Ligyes, soit à cause du caractère de vos chants, soit à cause des Ligyens, ce peuple si musicien. »

Les Cavares occupaient le pays compris entre le Rhône, la Durance et l'Isère.

P. 131.'' — Les Phocéens, fondateurs de Marseille (600 ans avant J.-C.), apportèrent aux Salyens, peuplade ligurienne, les arts de la civilisation grecque. — *L'art de la rèsso*, l'art de la scie, la charpenterie. — *Pèr puget lou gàubi dóu ciseu*. pour Puget l'adresse du ciseau : le grand sculpteur Pierre Puget naquit à Marseille en 1622 et y mourut en 1694.

P. 133.* — Agde, *Agde* (latin *Agatha*, grec 'Αγαθή) ; — Antibes, *Antibo* (latin *Antipolis*, grec, 'Αντίπολις) Nice, *Niço* (latin *Nicea*, grec Νίκαια), colonies marseillaises.

P. 133.'' — *Caius Sextius Domitius Calvinus*, proconsul romain, fonda la ville d'Aix (*Aquæ Sextiæ*), 123 ans avant J.-C. — *Caius Marius*, vingt ans après, tailla en pièces une armée innombrables de Teutons et d'Ambrons, au pied du mont Venturi (*Mons Victoriæ*), à quelque milles d'*Aquæ Sextiæ*.

P. 133.*** — Marseille, fidèle alliée de Rome, embrassa le parti de Pompée contre César, et attaquée par ce dernier, fût prise et subjuguée après un siège mémorable (49 ans avant J.-C.).

P. 135.* — Saint Honorat l'anachorète, *sant Ounourat lou soulitàri*, après avoir vécu en solitaire dans une des îles de Lérins, fonda la célèbre abbaye de ce nom et mourut évêque d'Arles en 429. — *Lou paure Aldri*, Hilaire le pauvre, successeur de saint Honorat au siège d'Arles, distribua tous ses biens aux pauvres et s'illustra par son éloquence. Il mourut en 449. — *La flamo ardènto de Cesàri*, saint Césaire, lumière de l'Eglise gallicane au sixième siècle, consacra l'argent et les vases sacrés de sa cathédrale au soulagement de ses diocésains désolés par l'invasion des Barbares.

P. 137.* — Les Raimonds-Bérengers ou Raimonds de Toulouse, *li Ramoun-Berenguie vo Ramoun toulousan*. Sous les dynasties rivales des Raimonds-Bérengers, Comtes de Provence (1112-1246) et des Raimonds de Toulouse, souverains du Languedoc, le Midi, y compris le Limousin et la Catalogne, atteignit un degré d'indépendance politique, de culture littéraire, de tolérance religieuse, d'élégance de mœurs et de prospérité matérielle, supérieur à l'état général du reste de l'Europe. Le règne de ces princes a un reflet de cette lumière qui dore dans l'histoire l'époque de Périclès et celle des Médicis.

P. 137.** — Mise nu-pieds et bâillonnée, *messo à péd nus, badaiounado*. « Si les troubadours dirent franchement et courageusement son fait à la Croisade (contre les Albigeois), celle-ci en prit sa revanche. Ses suites furent mortelles pour la poésie provençale. Les procédures de l'Inquisition contre les personnages suspects d'hérésie, l'institution d'une Université à Toulouse, *la guerre déclarée aux livres écrits en langue romane*, etc., accélérèrent la chute de la littérature provençale ; elles la tuèrent en fleur, sans lui laisser le temps de porter des fruits. » (*Introduction à l'Histoire de la Croisade contre les hérétiques albigeois écrite en vers provençaux par un poète contemporain, traduite et publiée par Fauriel*, Paris, 1837.) Ajoutez à cela l'interdit impitoyable qui proscrit encore notre idiome des écoles de l'Université. Est-ce que les Français du Midi ne paient pas comme les autres l'impôt de la terre et du sang ?...

P. 139.* — Ah ! par saint Cyr ! *ah ! pèr sant Cèri !* C'est le nom d'un village entre Cassis et Toulon, ancien lieu de pèlerinage.

P. 145.* — L'Estérel, *l'Esterèu*, chaîne de montagnes entre

Fréjus et Cannes. Les porphyres qui la constituent lui donnent des teintes rougeâtres.

P. 149.* — Saint Gent, *sant Gènt*, ermite honoré à Monteux (Vaucluse). Voyez *Mirèio*, c. VIII. — Saint Caprais, *sant Crapàsi*, solitaire des îles de Lérins, compagnon de saint Honorat.

P. 149.** — Les Maures boisées, *li Mauro abouscassido*, massif de montagnes, entre Hières, Saint-Tropez et Draguignan. Les Sarrasins, qui envahirent la Provence au VIIIe siècle, s'y étaient retranchés et maintenus pendant plus de deux cents ans. De là son nom.

P. 151.* — Les Enféés, *li Fada*, ceux qui semblent charmés par les fées ; se dit des simples, des pauvres d'esprit, des idiots.

P. 153.* — Sol couronné, *sòu courouna*, ancienne monnaie provençale, en argent.

P. 153.** — La pierre de la Fée, *la Pèiro de la Fado*, dénomination vulgaire d'un dolmen qui se trouve à un kilomètre de Draguignan.

P. 155.* — La Napoule, *la Napoulo*, nom de lieu, au pied de l'Estérel. C'est peut-être l'ancienne *Athénopolis*, colonie marseillaise.

P. 155.** — Ne faisons pas la toilette du chat, *penchinen pas la cato*, ne nous amusons pas à des vétilles ; locution populaire.

P. 157.* — La rivière d'Asse, *la ribiero d'Asso*, affluent de la Durance. Son gravier mouvant, qui la rend dangereuse à passer à gué, a donné lieu au proverbe suivant :

La ribiero d'Asso,
Noun la counèis que quau la passo.

P. 161.* — Il y a de l'algue au filet, *i'a d'augo à la ret*, il y a quelque obstacle, quelque embarras, quelque anguille sous roche ; locution usitée parmi les pêcheurs.

P. 165.* — Royaume d'Arles, *reiaume d'Arle*, nom primitif de l'État de Provence constitué, sous les Carlovingiens, au profit du Comte d'Arles Boson.

CHANT CINQUIÈME

P. 169.* — Et nous ordonnent d'être sur nos gardes, *e d'estre en gàrdi nous ourdounon*. L'arrivée des maquereaux, *auriòu, auruou*, ou *veirat*, annonce ordinairement aux pêcheurs l'arrivée des thons, parce que ces derniers leur font la chasse.

P. 169.** — Je sais la cachette de Jeanne, *sabe mounte dor Jano*, je sais où il y a de l'argent ; locution proverbiale.

P. 177.* — *Jaume, Nourat, Peiroun, Anfòssi* ou *Anfos*, Jacques, Honorat, Pierre, Alphonse.

P. 183.* — Ce ne sont pas des figues à cueillir, *eiçò n'es pas de figo bourjassoto*, expression populaire qui signifie : ce n'est pas chose de peu d'importance. La *bourjassoto* est une variété de figue noire.

P. 187.* — *L'argentin*, le lépidope, beau poisson recouvert d'une poussière argentée qui se nuance en reflets d'or, d'azur et de feu.

P. 187**. — Des Iles d'Or, *dis Isclo d'Or*, nom que portaient au moyen âge les Iles d'Hières. — Le Garbin, *lou Garbin*, vent frais et agréable qui vient du Sud-Ouest. Il ne souffle qu'en été, et se dirige de la mer vers les côtes méditerranéennes. — *Lugar*, un des noms de Vénus, l'étoile du berger.

P. 189.* — Voici une mont-joie d'écus, *i'a de senepo uno mount-joio*. Au propre, les *senepo* sont des clous à large tête ; ce sont aussi les crampons dont les calfats se servent pour maintenir l'étoupe dans les joints des navires ; mais familièrement, ce sont les pièces de monnaie.

P. 191.* — Laure de Noves, *Lauro de Novo*. Selon C. Nostradamus, la dame chantée par Pétrarque était fille d'Audibert de Noves, consul d'Avignon.

P. 191.** — Un reliquaire ovale venant du Saint-Pilon, *un coucounet de relicle venènt dóu Sant-Picloun*. Le Saint-Pilon est le nom du rocher à pic dans lequel est creusée la grotte où se retira sainte Magdeleine. On y vend au pèlerin de petites boîtes d'ivoire renfermant un chapelet.

P. 191.*** — Les Maies, *li Maio*. « La coustume est très ancienne de choisir des plus belles et jeunes filles des quartiers, que l'on attife gorgiesement avec couronnes de fleurs, guirlandes, joyaux et accoutrements de soie sur des thrones et sièges eslevés en guise de jeunes déesses posées dans des niches, communément appelées *Mayes*, auxquelles tous les passants, au moins de condition honneste, sont invités et obligés de contribuer quelque pièce d'argent, moyennant un baiser. » (César Nostradamus.) — Sauf le baiser, ce gracieux usage existe encore. A Marseille, on nomme les *jeunes déesses* Belles-de-Mai, mot qui, comme celui de *Maio*, indique le mois où a lieu la cérémonie.

P. 199.* — Une vue céleste, *un celèstre*. Ce mot, qu'on prononce quelquefois *salèstre*, signifie ciel-ouvert, vue sur le ciel.

CHANT SIXIÈME

P. 201.* — Coup de filet, *bóu*, du grec βόλος, même signification. L'idiome hellénique, popularisé sur nos côtes par les Phocéens, a laissé nombre de vocables dans la langue des pêcheurs, ainsi: *argue*, cabestan, ἔργον ; *bletoun*, clou, βλῆτρον ; *brume* ou *brime*, cordage, πρυμνήσιον ; *bris*, trempé, mouillé, βραχείς ; *broufounié, brefounié*, bruit de la tempête, gros temps, βαρυφωνία; *cala*, descendre, jeter dans la mer, χαλᾶν ; *calaumo* ou *calamo*, relâche, calme, — câble servant à remorquer, χάλασμα ; *cau*, câble, κάλως ; *escaume*, tolet, σκαλμός ; *estrop*, corde qui attache la rame au tolet, στρόφος; *estéu*, écueil, στῆθος ; *gàngui*, filet, γαγγάμη ; *bourgin*, *bregin*, filet, βροχίς ; *madrago*, parc de pêche, μάνδρα ; *nau*, nef, ναῦς ; *tes*, îlot de sable, θίς ; et beaucoup de noms de poissons, *cante*, κάνθαρος, *carambot*, κάραβος, *làmi*, λαμία, *sarg*, σάργος, *romb*, ῥόμβος, etc.

P. 203.* — Saut sur l'Outre, *Saut-sus-lou-Bout* (roman et catalan *bot*, outre). Les Grecs nommaient ce jeu ἀσκωλιασμὸς et l'exécutaient dans les fêtes de Bacchus nommées *Ascolies*. Les Romains l'appelaient *cernualia*.

P. 203.** — Aux demi-hommes, *i miech-ome*, terme de lutteur. Ce sont les adolescents.

P. 209.* — Toutes ces danses, les Cordelles, les Pastourelles, les Moresques, la Jarretière, les Treilles, les Olivettes, et plusieurs autres (*li Fielouso, li Boufet*, etc.), s'exécutent encore aujourd'hui, mais seulement à de certaines occasions.

et lorsqu'il se rencontre des administrateurs intelligents. Elles symbolisent à ravir la plupart des travaux agricoles.

Comme on voit, nos pères excellaient à poétiser les choses de la vie. Cette idéalisation du labeur quotidien et ce caractère national donné par eux à toute manifestation publique, ne contribuaient pas peu à faire aimer à chacun la condition et la patrie où le bon Dieu l'avait fait naître. Il est positif, par exemple, que les cavalcades de Saint-Éloi (v. P. 89.*** Chant III), par leur chevaleresque mise en scène, provoquent plus vivement et plus noblement l'émulation de nos *meinagié* que les médailles, primes d'argent, discours et drapeaux, qui reparaissent uniformément dans les fêtes des Sociétés et Comices agricoles.

Pour les airs de toutes ces danses, voyez l'ouvrage provençal intitulé : *Lou Tambourin*, par F. Vidal (Aix, librairie Remondet-Aubin; Avignon, Roumanille, 1864).

P. 211.* — Qui ne perdent jamais terre de vue, *qu'emé lis iue noun perdon terro*. La ville de Berre, bâtie au nord de l'étang de ce nom, — qui n'est autre que la mer, une mer intérieure, — est entourée d'un horizon de collines.

P. 213.* — Eissaugue, *eissaugo*, bateau pêcheur dont on se sert ordinairement pour la joute. Il tire son nom d'un filet qu'il sert à traîner, appelé comme lui *eissaugo*, σαγήνη, en grec.

P. 213.** — La quintaine, *la quintaino*, planche sur laquelle se tient le jouteur. En terme de manège, on nomme *quintan* un mannequin monté sur un pivot et armé d'un bâton avec lequel il frappe le cavalier qui le touche maladroitement. Dans ce dernier sens on dit aussi en français *courir la quintaine*. Nos jouteurs, par corruption, prononcent *tintaino*.

P. 217.* — Toucher *les cinq sardines*, locution familière aux pêcheurs, pour dire toucher la main.

P. 219.* — Ceyrèste, *Ceirésto*, près de la Ciotat. C'est l'ancienne *Citharista*, Κιθαριστή, colonie marseillaise.

P. 219.** — O belles Saintes de Camargue, *o bélli Santo de Camargo*, les Saintes-Maries de la Mer, patronnes des marins. (V. *Miréio*, chant I. P. 51**.)

P. 221.* — Notre-Dame de la Ciotat, *Nosto-Damo de la Ciéutat*, cantique provençal. Il a été recueilli par M. Damase Arbaud, dans ses *Chants populaires de la Provence*. (Aix, librairie Makaire, 1862.)

P. 221.** — Saint Elme, *sant Eume*, honoré par les marins de la Ciotat. Ce pourrait bien être le pseudonyme des Tyndarides, *fratres Helenæ, lucida sidera*. Castor et Pollux est un des noms du feu Saint-Elme, et les Sardes d'ailleurs avaient déifié la belle Hélène.

P. 227.* — Ainsi que l'escargot, ils chantent quand leur maison brûle, *coume lou caragòu, canton quand soun oustau se brulo*, locution populaire. Le limaçon rend un petit bruissement, lorsqu'on le fait rôtir tout vif.

P. 235.* — Les Aliscamps, *lis Aliscamp* (en latin *Elyssii Campi*, Champs-Élysées), nom d'un antique cimetière d'Arles que l'on croyait avoir été bénit par le Christ en personne. Dante et Arioste parlent de cette nécropole, célèbre au moyen âge. *Aliscans* est aussi le titre d'un poème français du XIII° siècle, ayant pour sujet les prouesses de Guillaume au Court-Nez contre les Sarrasins ou la bataille des Aliscamps. Il a été publié par M. Guessard.

P. 235.* — Les Mograbins, *li Maugrabin*, habitants du Maghreb (Barbarie) ; — les Marrans, *li Marran*, nom qu'en Espagne et dans le Midi de la France, on donnait aux Maures et à leurs descendants devenus chrétiens.

P. 235.** — Les nonnes se défiguraient, *li mourgo se descaravon*, à Marseille : les religieuses cassianites de Saint-Sauveur, suivant l'exemple de leur abbesse héroïque, Eusébie, se mutilèrent le visage pour faire horreur aux Sarrasins et furent toutes massacrées.

P. 237.* — Mécréant, *cafér*. C'est un mot arabe qui

signifie *infidèle*. Il est remarquable que les mots introduits dans le provençal par les invasions sarrasines sont demeurés tels quels, comme l'empreinte d'un fer rouge. Exemples : *cafèr*, mécréant (ar. *cafer*) ; *ramadan*, sabbat (ar. *ramadan*) ; *crida sebo*, crier merci, crier grâce (ar. *seibou*, il suffit, assez) ; *à la babala*, à la garde de Dieu (ar. *bab allah*) ; *atahut*, cercueil (ar. *tabout*) ; *Maumet*, nom de famille (ar. *Mohammed*) ; *arsena*, arsenal (ar. *al-ssanat*, fabrique) ; *quitran*, goudron (ar. *quitran*) ; *basar*, troc, marché en bloc (ar. *bazar*) ; *aufo*, sparte (ar. *alfa*) ; *à jabo*, à profusion (ar. *djaba*, grand marché).

P. 237." — Voyez le poëme *Aliscans*, du vers 1549 au vers 1823.

P. 241.* — C'est une tradition marseillaise. Le mot *puget*, signifiant piton, petit puy, peut avoir donné lieu à la légende.

CHANT SEPTIÈME

P. 245.* — Colymbe, *plauco*, oiseau de mer. C'est le *podiceps cristatus* (Lath.).

P. 249.* — Montbrun, *Mount-Brun*, village de la Drôme, au nord du mont Ventoux.

P. 249.** — Un bois de mélèzes, arbres de fer, *un bos de mèle, ligno duro* (bois dur). *Bos* signifie bois en général, mais *ligno* (latin *lignum*), désigne plus spécialement le bois de chauffage ou de construction.

P. 257.* — Brantes, *Branto*, village au nord du Ventoux.

P. 259.* — Sault, *Saut*, petite ville du département de Vaucluse, ancien comté.

P. 263.* — *Rau*, contraction de *Rousau*, vent du Rhône; — Siroc ou Siroco, *Eisserò*, vent du Sud-Est.

P. 267.* — Telle qu'une âme en peine — au Chaudron d'huile condamnée, *coume uno armeto qu'es — au Peiròu d'òli coundanado*, un des supplices de l'enfer, selon les croyances populaires. — *Armeto*, diminutif de *armo*, qui se disait autrefois pour *amo*, s'emploie particulièrement pour désigner les Ames du purgatoire.

CHANT HUITIÈME

P. 281.* — Gémenos, *Gémo*. Pour monter à la Sainte-Baume, du côté de la mer, on passe par Gémenos et par le vallon de Saint-Pons, où se trouvent les ruines d'une abbaye dont les religieuses furent transférées, en 1407, à Saint-Pierre de la Manarre, près Hières.

P. 283.* — Saint-Pilon, *Sant-Pieloun*. (V. P. 191.** Chant V.)

P. 297.* — Ainsi parla la Vertu d'Avignon, *ansin parlé la Vertu d'Avignoun*. Les ouvriers qui font partie des associations appelées *Compagnonnage*, portent généralement un nom de guerre indiquant la patrie du Compagnon à la suite d'un emblème ou d'une qualité morale, ainsi : *La Rose de Bordeaux, le Décidé de Toulon, la Prudence d'Anduze, l'Estimable Provençal*, ou bien *Dauphiné l'Ami du Trait, Lodève le Bouquet-d'Or*, etc.

Agricol Perdiguier, ancien Compagnon menuisier, élu représentant du peuple en 1848, et auteur d'un ouvrage intitulé : *Le Livre du Compagnonnage*, s'appelait parmi ses confrères *Avignonais-la-Vertu*.

Outre les surnoms, il y a les sobriquets. Voici l'explication que Perdiguier en donne : « Il est probable que, dans les premiers temps du Compagnonnage, en crainte des docteurs en théologie, les cérémonies avaient lieu dans les profondeurs des bois. Il est probable aussi que les Compagnons *hurlaient*. Leurs hurlements étaient plus ou moins graves, plus ou moins aigus, selon les Sociétés ; de là sont venus sans doute ces sobriquets : *Loups, Loups-garous, Chiens, Dévorants*, etc... Sur le sobriquet *Gavot*, voici ce que l'on dit :

Quand les Compagnons du Devoir de Liberté, arrivant de la Judée, débarquèrent en Provence, ils se réunirent sur les hauteurs de la Sainte-Baume ; de là ils descendirent dans les vallées et dans les plaines pour se répandre ensuite dans les villes. Ceux qui les virent descendre de la montagne dirent : Ce sont des *Gavots*; et ce nom leur fut conservé. Je ferai observer qu'en Provence, on appelle *Gavots* les habitants de Barcelonnette et tous les autres habitants de montagnes. »

P. 299.* — Le Compagnonnage se divise en trois branches : les Enfants de Salomon, qui comprennent les tailleurs de pierre, les menuisiers et les serruriers ; les Enfants de Maître Jacques, qui comprennent aussi ces trois corps d'états ; et les Enfants du père Soubise, qui sont les charpentiers. La plupart des autres métiers se sont adjoints peu à peu à ces Sociétés primitives.

Maître Jacques et Soubise sont deux personnages légendaires. D'après le dire des Compagnons, Maître Jacques, originaire du midi des Gaules, fut l'architecte du temple de Salomon. Après la construction du splendide édifice, il revint dans sa patrie, débarqua à Marseille, et se retira dans la forêt de la Sainte-Baume.

Le père Soubise, lui, était originaire du nord des Gaules. Il construisit la charpente du temple ; mais jaloux de Maître Jacques, à la fin des travaux, il se sépara de lui, et vint débarquer à Bordeaux. Ses disciples, quelque temps après, assassinèrent Maître Jacques. C'est encore, sous une forme allégorique, l'antagonisme du Nord et du Midi.

Tout en croyant à la haute antiquité du Compagnonnage, M. Perdiguier rapporte la légende de Maître Jacques à Jacques Molay, grand-maître de l'Ordre des Templiers, et celle de Soubise à un certain père Soubise, moine qui aurait vécu au XIIIe siècle.

Quant à Hiram, son existence est attestée par la Bible. C'était un artiste tyrien, habile à travailler les métaux, qui fit pour Salomon, dit l'Écriture, tous les vases de la maison du Seigneur avec l'airain le plus pur. Les Compagnons prétendent qu'il fut assassiné dans le Temple.

P. 303.* — Allusion au dicton suivant :

*Acò 's de bos de Libourno :
Quand a pica, se retourno.*

P. 303.** — Juge-maje (latin *judex major.*) Dans l'ancien régime, on donnait ce nom dans le Midi au lieutenant du Sénéchal. Le Sénéchal était le chef de justice.

P. 303.*** — Je ne suis qu'un petit pêcheur, *siéu qu'un pescaire de salabre*. Le *salabre* est un petit filet en forme de truble avec lequel on prend le poisson dans les réservoirs ou dans les filets plus grands.

P. 303.**** — Allusion au proverbe :

*De puto o de larroun,
Fau faire la meissoun.*

P. 307.* — Dans toutes ces villes on trouve encore des arcs-de-triomphe de l'époque romaine.

P. 311.* — Spirituel cénacle des conciles et des primats d'Arles, *cenacle esperitau — di primat d'Arle e di councile*. La cathédrale de Saint-Trophime, commencée au VIIe siècle par saint Virgile, a été le siège de plusieurs conciles. Les archevêques d'Arles avaient le titre de primats des Gaules.

P. 311.** — Et sa petite vis, *e sa visclo*. De l'ancienne église byzantine de Saint-Gilles, en Languedoc, il ne reste que la façade, qui est fort belle, et un escalier à vis célèbre en architecture sous le nom de *Vis Saint-Gilles*. Saint-Gilles est, comme la Sainte-Baume, un des lieux de pèlerinage des Compagnons du Tour de France.

P. 311.*** — Et de Saint-Maximin — la basilique à jour sculptée, *e de Sant-Meissemin — la fenestrado baselico*. Cette église est le plus beau monument de l'art chrétien dans le midi de la France. Les 66 fenêtres dont elle est percée motivent l'épithète que lui donne Calendal.

P. 315.* — L'Evesque, ausen sa vos, regardè lo per grand esquern e grand derisori ; va transmeter al prebost Viguier de la ciuta que venguès e que l'escortiguès en que li tolguès los pes et las man, que malvais home es, etc. » Extrait du procès-verbal conservé aux Archives d'Avignon.

Les *Viguiers* (latin *Vicarii*) étaient primitivement les représentants du souverain dans les principales villes, des espèces de préfets. Plus tard on donna ce nom aux juges qui, en Languedoc et en Provence, faisaient les mêmes fonctions que les prévôts royaux dans les autres provinces.

P. 319.* — Les bleuets *li blavet*. A proprement parler, il s'agit ici de l'aphyllanthe, qui, comme le bleuet, se nomme *blavet* en provençal.

CHANT NEUVIÈME

P. 325.* — Lacydon, *Lacidoun*, nom du port de Marseille, du temps des Phocéens.

P. 333.* — Les Vaudois, *li Barbet*, peuplade qui habite les Alpes Cottiennes, entre le mont Viso et le mont Cénis. Comme ils sont séparés de l'Église catholique depuis un temps immémorial, et qu'ils nomment leurs pasteurs *barba* (homme à barbe, vénérable), leurs voisins les désignent généralement par le sobriquet de *Barbets*.

P. 337.* — Marco-mau, littéralement *Marque-mal*. C'était un malfaiteur qui fut exécuté à Montpellier, avant la Révolution. On conserve, à l'École de Médecine de cette ville, sa peau tannée, et les nourrices se servent encore de son nom pour faire peur aux petits enfants.

P. 337.** — C'était une harpie, *èro uno rùssi*. Le mot provençal signifie *buse*, genre d'oiseau de proie dont une espèce se nomme en français *busard harpie*.

P. 337.*** — Pour un sol barbacan, pour un liard papalin, *pèr un sòu barbacan, pèr un pata de clau*, anciennes monnaies provençales. Le *pata de clau* était frappé à Avignon : il portait les *clefs* de saint Pierre en sautoir, était de cuivre, et valait la septième partie d'un sou.

P. 337.**** — Le ventre, *lis entresarmo*, littéralement le diaphragme.

P. 337.***** — La forêt de Cadarache, *la fourèst de Cadaracho*, au confluent de la Durance et du Verdon. — Le bois des

Taillades, *lou bos di Taiado*, près de Lambesc (Bouches-du-Rhône).

P. 341.* — La reine Jeanne, *la rèino Jano*, souveraine de Naples et de Provence (1343-1382), célèbre par sa beauté et par sa vie aventureuse. Il est peu de villes en Provence où le peuple ne montre encore *lou palais de la rèino Jano*.

P. 341.** — Viédase (en latin *mentula asini*), terme très familier aux Méridionaux, soit comme injure, soit comme exclamation. Par euphémisme on dit souvent *viedauco*.

P. 345.* — Le cuisinier du diable, *lou cousinié-macàri*. Cette locution vient peut-être du grec μάγειρος, cuisinier.

P. 347.* — Le Verdon, *lou Verdoun*, affluent de la Durance.

P. 349.* — La Trévaresse, *la Trevaresso*, chaîne de montagnes de l'arrondissement d'Aix.

P. 351.* — L'Archiprêtre, *l'Archiprèire*, surnom d'un aventurier gascon, Arnaud de Servole, qui, accompagné d'une horde de pillards, vint ravager la Provence en 1357 et mettre à contribution le pape Innocent VI.

P. 351.** — Mandrin. Voir la note du Chant II.

P. 351.*** — Gaspard de Besse, *Gaspard de Besso*, fameux détrousseur, demi-brigand, demi-chevalier, natif de Besse, près Brignoles, roué à Aix en 1776. Voici son portrait par Léon Gozlan : « Gaspard de Besse naquit en plein dix-huitième siècle, comme Voltaire, Gaussin, Richelieu le volage, et M. le comte de Mirabeau, compatriote de notre Gaspard. On peut le représenter comme un des beaux jeunes gens de son temps : teint brun, olivâtre, ardent sous la poudre, bouche vermeille, nez aquilin, épaules fines, taille élancée, jambes à la chevalière. Il appartenait à une famille aisée de la bonne bourgeoisie. Un curé l'éleva avec soin. Il sut de bonne heure le latin, et du grec assez abondamment pour citer plus tard, dans son procès, des passages entiers d'Homère et d'Anacréon. Malheureusement il s'adonna de bonne heure aux plaisirs des sens. Il adorait la table, qu'elle fût couverte d'excellents vins ou de séduisants jeux de cartes. Je ne parle pas des femmes : elles l'ont trop pleuré à sa mort pour qu'il ne les ait pas aimées à l'excès. C'était, selon l'expression consacrée, un roué. »

Les gorges d'Ollioules, près Toulon, furent un des théâtres de ses exploits.

P. 357.* — Bordigue, *bourdigo*, enceinte de roseaux et de joncs, que l'on construit dans les canaux qui communiquent des étangs à la mer, pour y prendre du poisson. Il est probable que le nom de Bordeaux (latin *Burdigala*) vient de là.

P. 359.* — Le bât trempe, *lou bast bagno*, pour dire : Il y a péril en la demeure ; expression populaire faisant allusion à ceux qui passent une rivière à dos d'âne ou de mulet.

P. 359.** — Jumart, *gimérri* (du grec χίμαιρα, chimère, monstre), produit réel ou fabuleux de l'accouplement d'un taureau et d'une ânesse. On appelle aussi *gimérri* un mulet de grande taille.

P. 361.* — Milandre, *lamiolo*, poisson de mer. C'est le *squalus galeus* de Linnée.

CHANT DIXIÈME

P. 365.* — Au bord du Lar, *de-long de Lar*, rivière qui baigne le territoire d'Aix, appelée *Lar* ou *Laris* dans les actes notariés du XVIe siècle. Les francisants indigènes, vulgairement nommés *Francihots*, entendant les paysans prononcer *dins Lar, de-long de Lar, souto Lar*, se sont imaginé que ce nom devait s'écrire *l'Arc*; et aujourd'hui à Aix, tout le monde écrit *l'Arc*. Ils n'ont pas remarqué que, généralement, en langue d'Oc, les noms de rivière ne prennent pas l'article. Ainsi on dit : *En Durènço*, dans la Durance ; *en Cèze*, dans la Cèze ; *dins Tarn*, dans le Tarn ; *contro Calavoun*, près du Calavon ; *Gardoun a creba*, le Gardon a crevé ses digues.

Cette manie de défigurer les noms propres pour leur donner une allure française, a donné jusqu'ici des résultats peu philologiques. Exemples :

A Aix, le peuple dit : *La tourre de la Queirié* (roman *cairia*, fortification), mais les messieurs : *La tour de César*. A Arles, le peuple dit : *Lis Aupiho* (Les Alpilles), *lou Vacarés* (l'étang des Vaches), mais les messieurs : *Les Alpines, Le Valcarés*.

A Toulon, le peuple dit : *La Margo* (roman *marca*, frontière, rivage, lat. *margo*, marge), mais les messieurs : *La Malgue*.

C'est ainsi, du reste, que *Iero* (roman *Ieiras*, lat. *Arcæ*), *Aurenjo* (rom. *Aurenga*, lat. *Arausica*), *Alès*, (rom. *Alest*), *Durènço*, (lat. *Druentia*), *Gardoun*, (lat. *Vardo*), *lou Riau* (rom. *Riu*, lat. *rivus*), sont devenus Hyères, Orange, Alais, Durance, Gard, Réal, on n'a jamais su pourquoi.

P. 369.* — Le Rocher du Cire, *lou Roucas dòu Cire*, escarpement remarquable, près de Monnieux (Vaucluse). Son nom lui vient de la cire qui en découle en forme de cierge (*cire*). V. le chant VII.

P. 369.** — L'abbé, *l'Abat*. Ce mot, dans cette acception, signifie coryphée, chef. En Suisse, il est usité dans le même sens.

P. 371.* — Des escopettes et des fanfares de la Bravade, *lis escoupeto di Bravadaire e li troumpeto*. On entend par *Bravado* des décharges de mousqueterie que l'on fait solennellement et processionnellement un jour de fête ou en l'honneur de quelqu'un. C'est ordinairement le simulacre et la commémoration d'un assaut soutenu ou d'une victoire remportée. Les *Bravadaire* sont ceux qui font partie d'une Bravade.

P. 371**. — L'Assesseur de Provence, *l'Assessour de Prouvènço*, magistrat qui, avant 1789, avait la haute direction de l'administration provinciale, et, procureur-né du pays dans la réunion des États, proposait à ces derniers tout ce qu'il jugeait utile à la province. Les jurisconsultes Portalis et Siméon, rédacteurs du Code Napoléon, avaient été Assesseurs d'Aix.

P. 373*. — Les armes de Provence, *lis armo de Prouvènço*. Les armoiries des peuples sont ordinairement les mêmes que celles des princes qui les gouvernent ; et lorsque une dynastie en remplace une autre, le pays prend le blason des nouveaux souverains. En vertu de ce principe, sous les Comtes de la maison de Barcelone, la Provence eut pour armes les pals de gueules sur fond d'or de Catalogne et d'Aragon, et, sous ceux de la première maison d'Anjou, les fleurs de lis de France surmontées du lambel. Mais les couleurs catalanes, très sympathiques aux Provençaux, ne disparurent en entier de l'écu de Provence que sous les princes angevins de la seconde branche.

Quant à la fleur de lis solitaire, usitée en Provence depuis deux siècles et demi seulement, elle n'a aucune signification nationale, et son emploi est bien postérieur au règne de Charles III, c'est-à-dire à l'indépendance de notre patrie.

P. 373.** — Pascalis, grand patriote provençal, né à Eyguières en 1732, assassiné à Aix en 1790. « Il combattit pour le salut de la Provence; il tomba avec la Provence et pour la Provence. » (Pascalis, *étude sur la fin de la constitution provençale, 1787-1790, par Charles de Ribbe, Aix, libraire Pardigon, 1854.*)

P. 375.* — Le mot de Sainte-Claire, *lou mot de Santo-Claro*, le fin mot, la clef du msytère, expression qui remonte à la Ligue. *Santo-Claro*, mot du guet des ligueurs marseillais, fut livré par l'un d'eux aux royalistes, et devint proverbial. (V. *La ligue en Provence,* par Ludovic Legré.)

P. 375.** — Le roi René, *lou Rèi Reinié*, passe pour le fondateur de nos jeux de la Fête-Dieu. Mais on croit que l'institution du Prince d'Amour, du Roi de la Basoche et de l'Abbé de la Jeunesse, remonte beaucoup plus haut. Il est sûr tout au moins que l'*Abat de la Jouvènço*, qu'on nomme en Languedoc *Cap-de-Jouvènt*, existait chez les Romains : Néron fut nommé dans sa jeunesse *Princeps Juventutis*. On retrouve même cette dignité dans les poèmes indiens.

P. 375.*** — En avant l'Abadie ! *e tiro l'Abaùié !* Allusion à un refrain populaire sur l'air de la *Passado* :

Lan-tan-tiro la Bedocho :
Lan-tan-tiro l'Abadié :

L' *Abadié*, c'est la dignité et le cortège de l'Abbé de la Jeunesse.

P. 377.* — Le *bachas*, sorte de gros tambour qui ordinairement sert d'accompagnement au fifre.

P. 379.* — Rascassettes, *Rascasseto*, personnages qui, à ce qu'on croit, représentent les Lépreux des temps judaïques. Dérivé de *rascas*, teigneux.

P. 379.** — Le peuple jette le Chat, *lou pople jito lou Cat*. Ce jeu consiste à jeter en l'air et à rattraper, lorsqu'il tombe, un chat qui personnifie, dit-on, le paganisme égyptien.

P. 385.* — Les Chevaux-Frus, chevaux de carton peint que les cavaliers adaptent à leur ceinture, exécutent leur danse autour d'un personnage *(Madame de Limagno)*, qui leur offre des marrons. — sur l'air du couplet souvent :

> *Madamo de Limagno*
> *Fai dansa li Chivau-Frus ;*
> *Ié douno de castagno,*
> *Dison que n'en volon plus.*
>   *E danso, o gus !*
>   *E danso, o gus !*
>
> *Madamo de Limagno*
> *Fai dansa li Chivau-Frus.*

P. 393.* — Monter sur son figuier, *escalas sus sa figuiero*, locution proverbiale : monter sur ses grands chevaux. Dans le Midi, tout paysan a un figuier devant sa porte.

CHANT ONZIÈME

P. 405.* — La Guerre des Baussencs, *la Guerro di Baussen*, nom que porte dans l'histoire la lutte des princes des Baux contre les Comtes de Provence de la maison de Barcelone. (Voir P. 37* Chant I.)

P. 405.** — Les Parrocels, fils de Brignoles, *li Parroucèu, fièu de Brignolo*, célèbre dynastie de peintres provençaux. Les plus anciens, entre autres Joseph Parrocel (1646-1704), surnommé le Parrocel des batailles et peintre du roi, étaient nés à Brignoles. Plus tard, ils vinrent s'établir à Avignon.

P. 405.*** — Vernet, étoile avignonaise, *Vernet, avignounenco estello*. Joseph Vernet, l'habile peintre de marines, naquit à Avignon en 1714.

P. 407.* — Reillane, *Reiano*, près de Forcalquier.

P. 409.* — Clauvisse, *clauvisso*, vénus treillissée, *venus decussata* de Linnée, mollusque dont on fait en Provence une grande consommation. *Clauvisso* est dit pour *claussisso*, comme *canvo* pour *causo*, *auvi* pour *ausi*, et *claussisso* signifie au propre une *boîte*. Dérivé du verbe *claure*, clore.

P. 409.** — Clarette, *clareto*, sorte de vin blanc agréablement parfumé, blanquette.

P. 409.*** — *Aiòli*, pommade que l'on fait en triturant de l'ail dans un mortier avec de l'huile et un jaune d'œuf, et qui sert de condiment à divers mets indigènes.

P. 409.**** — *Misè Tibour*, littéralement *mademoiselle Tiburge*. Avant la Révolution, le titre *misè* se donnait aux femmes mariées de la bourgeoisie et de la classe des artisans.

P. 411.* — Arnaud de Villeneuve, *Arnaud de Vilo-Novo*, savant provençal, de Villeneuve près de Vence, qui, au XIVe siècle, professa avec éclat la médecine à l'Université de Montpellier. On lui attribue la découverte de l'alcool (1314). De lui aussi pourrait venir ce dicton :

> *Acò 's d'enguént de mè te Arnaud :*
> *Se fai pas ben, fara pas mau.*

P. 411.** — Moustiers, petite ville des Basses-Alpes, s'acquit, aux XVIIe et XVIIIe siècles, une brillante réputation par la beauté de ses produits céramiques. Cléricy et Oléry furent ses fabricants les plus habiles. Le premier occupa jusqu'à vingt-deux peintres à la fois.

P. 413.* — Voir l'Histoire de Provence de César Nostradamus.

P. 413.** — La demoiselle de Manosque, *la damisello de Manosco*, mademoiselle de Voland, fille du premier Consul de Manosque (Basses-Alpes). Ce fait se passa le 17 janvier 1516.

P. 413.*** — Un chant de nos vieillards, *un cant de nòsti vièi* :

> *Maridon Escriveto,*
> *La flour de tout pais :*
> *La maridon tant jouino*
> *Que se saup pas vesti,* etc.

P. 415.* — « *Guilhem de Cabestanh fo un gentils castelas del comtat de Rossilhon... Et avia en la soa encontrada una domna que avia nom madomna Sermonda, molher d'En Raimon de Castel-Rossilho,* etc. » Voir les biographies des Troubadours.

P 417.* — Morgane, *Mourgano*, sœur d'Artus, enchanteresse fameuse dans les romans de chevalerie.

P. 423.* — *Camisard*, qui est en chemise. — Ce mot,

sous Louis XIV, fut donné en sobriquet aux protestants des Cévennes, de même qu'on nomma *Sans-culottes* les révolutionnaires de 1789, et *Descamisados* les libéraux espagnols de 1823.

P. 427.* — La *Revergado* (la retroussée), le Rigaudon, la *Boulegueto* (la frétillante), la *Fougnarello* (la boudeuse), la *Martegalo* (danse des Martégaux), la Gavotte (danse des *Gavots* ou montagnards des Alpes), *lou Brande di Gusas* (le Branle des Gueusards), sont tout autant d'anciennes danses provençales, mais d'un caractère bien plus libre que celles décrites au Chant VI. Autrefois en Provence, la passion chorégraphique était extrême et faisait le desespoir du clergé. M. Gallois-Montbrun, archiviste des Alpes-Maritimes, a rendu compte, dans l'*Almanach de Provence* de 1886, d'un procès très curieux soutenu, devant le Parlement et le conseil privé du roi Louis XIV, par les habitants de Vence contre leur évêque, à propos du *Rigaudon !* De volumineux mémoires furent produits de part et d'autre. Dans les uns, dit-il, « on fait valoir que cette danse gaie, mais décente, a été dansée telle quelle, de temps immémorial, au vu et su du clergé ; que c'est sans motif, et par des raisons qui ne reposent sur rien de réel, qu'on l'attaque, etc. » — Dans les autres : « C'est le démon qui a inventé cette danse abominable, indécente dans tous ses mouvements et véritablement scandaleuse, à partir du moment où les danseurs et danseuses cessent de se donner la main, pour se livrer à des pantomimes infâmes. »

Quant au *Brande di Gusas*, il est encore exécuté quelquefois, mais clandestinement, dans les orgies paysannesques. C'est probablement le prototype de la carmagnole.

P. 429.* — L'an 972, le roi d'Arles Guillaume Ier marcha contre les Maures cantonnés dans les montagnes de la Provence orientale, rasa leur château de la Garde-Freinet et les réduisit en servitude. « Au XIVe siècle, on voyait encore leurs descendants être les esclaves des Provençaux. » (E. Garcin, *Dictionnaire historique de la Provence.*)

P. 431.* — *Droulet*, espèce de casaquin à longues basques flottantes qui dessinait parfaitement la taille et que les femmes portaient sur la robe. En 1819, les Arlésiennes avaient encore ce vêtement.

P. 437.* — Mont Venturi, *Mount Ventúri* (voir P. 133** Chant IV). C'est le nom vulgaire, et on le trouve tel quel dans César Nostradamus.

P. 441.* — *Double noum de Diéu!* ou tout court *double Diéu!* juron méridional qui peut venir des Albigeois. On sait que ces derniers étaient accusés de manichéisme, et que les manichéens admettaient le dualisme persan.

CHANT DOUZIÈME

P. 449.* — *Cheiroun*, montagne près de Coursegoules (Alpes-Maritimes) ; — Cipières, *Cipiero*, Le Bar, *Lou Bar*, localités de l'arrondissement de Grasse.

P. 451.* — Et que l'anguille se rompe au genou, *e qu'au geinoun pete l'anguielo*, locution populaire pour dire : Faisons l'impossible.

P. 453.* — Les Iles de Lérins, près de Cannes. La plus grande est connue sous le nom de Sainte-Marguerite et la plus petite sous celui de Saint-Honorat. C'est dans cette dernière (nommée *Lerina* dans Pline) que, vers l'an 410, l'anachorète Honorat fonda le monastère de Lérins, si célèbre autrefois dans toute la chrétienté. On croyait, au moyen âge, que l'île Sainte-Marguerite avait pris son nom d'une sœur de saint Honorat, adonnée comme lui à la vie contemplative.

P. 455.* — Agay, *Agai*, plage qui est au pied de l'Estérel, à l'Est de Fréjus.

P. 455.** — La Porte d'Or, ancienne porte triomphale, de construction romaine, qui existe encore à Fréjus.

P. 457.* — Souffle plaintif, *soulòmi*. Ce mot, que l'on prononce aussi *soulàmi*, et qui signifie *chant triste et languissant, son monotone, voix tremblante et plaintive*, n'est autre que le grec κέλευσμα, chant ou cri des rameurs pour s'encourager mutuellement, *saloma* en espagnol. Rabelais a employé *céleusme*.

P. 457.** — Le Caume de Faron. *Faroun* est le mon

de la montagne qui domine Toulon. Le *Caume* (latin *culmen* ou *cacumen?*) est le nom vulgaire du sommet de cette montagne.

P. 459.* — Le cap Cicié (*Cerciech* sur une carte de 1694), cap *Citharistes* des anciens, entre Toulon et la Ciotat.

P. 459.** — A quiconque subissait le bât, *à quau pourtavo lis ensàrri*. On entend par *ensàrri* une espèce de besace formée par deux grands cabas de sparterie nattée, qu'on place sur le bât des bêtes de somme. *Sera*, grand cabas, en espagnol ; et *enserar*, couvrir de nattes de jonc.

P. 461.* — Le Bec de l'Aigle, *lou Bè de l'Aiglo*, pointe du cap de l'Aigle, près de la Ciotat. — *L'anso dóu Se*, littéralement l'anse de l'écueil.

P. 463.* — Gecko, *taranto*, reptile hideux qu'on trouve dans les Alpes-Maritimes.

P. 463.** — Ganelon, *Ganeloun*, fameux traître qui causa la défaite des Français à Roncevaux.

P. 467.* — Tombe des nues, *toumbo dóu joucadou*, littéralement : tombe du juchoir, comme une poule endormie ; locution populaire.

P. 467.** — Le vin de la Margue, *lou vin de la Margo*, produit renommé du quartier de ce nom, à Toulon. (V. P. 365.* Chant X.)

P. 469.* — Terre infernale ! *Terro de l'Aule !* littéralement : terre du Mauvais, juron qui a pour opposite *terro de Dièu !*

P. 473.* — Vent-Terral, *Vènt-Terrau*, un des noms du mistral. *Terral* est dans le Dict. de l'Ac. fr.

P. 473.** — Les anguilles de buisson, *lis anguielo de garrigo*, c'est-à-dire les couleuvres. Les paysans affectionnent ces adoucissements de langage, lorsqu'ils parlent de choses hideuses, sinistres ou redoutables. C'est ainsi qu'ils disent *la* *longo* pour *la serp* (le serpent); *la blanco* pour *l'agasso* (la pie); *la blando* ou *la sourdo* pour *l'alabreno* (la salamandre); *lou noble* ou *lou vesti de sedo* pour *lou porc* (le cochon); *Manjo-fango* pour *lou mistrau* (le mistral); *lou grand valat* pour la mer; *lou mau que cour* pour le choléra : *Catalan* ou *Janicot* pour le diable. C'est l'euphémisme des Grecs.

P. 473.*** — Les chênes druidiques, *li drui*. On donne ce nom, dans l'arrondissement de Draguignan, à une variété de chêne (en grec δρύς). La cupule de son gland est hérissée de petites pointes. — Les *cades*, grands genévriers, *juniperus oxycedrus* de Linnée.

P. 475.* — La Nartubie, *l'Artubi*, rivière qui passe à Draguignan et se jette dans l'Argens.

P. 477.* — Dans le repaire du serpent, *au nis de la serp*, expression usitée pour dire : aux abois.

TABLE

TAULO

Cant proumié. — Li Prince di Baus 2

Cant segound. — Lou Comte Severan 40

Cant tresen. — Cassis 82

Cant quatren. — La Fado Esterello 126

Cant cinquen. — La Madrago 166

Cant sieisen. — La Targo 200

Cant seten. — Li Mèle 242

Cant vuechen. — Li Coumpagnoun 280

TABLE

Chant premier. — Les Princes des Baux . 3
Chant deuxième. — Le Comte Sévéran . . 41
Chant troisième. — Cassis 83
Chant quatrième. — La Fée Estérelle . . . 127
Chant cinquième. — La Madrague 167
Chant sixième. — La Joute. 201
Chant septième. — Les Mélèzes 243
Chant huitième. — Les Compagnons . . . 281

CANT NOUVEN. — Marco-Mau. 3322
CANT DESEN. — La Fèsto de Diéu 3362
CANT VOUNGEN. — La Drihanço 4400
CANT DOUGEN. — Lou Trelus. 4142

CHANT NEUVIÈME. — Marco-Mau 323
CHANT DIXIÈME. — La Fête-Dieu. 363
CHANT ONZIÈME. — L'Orgie 401
CHANT DOUZIÈME. — La Splendeur. 443

NOTES 485

Achevé d'imprimer
Le dix-neuf avril mil huit cent quatre-vingt-sept

PAR

ALPHONSE LEMERRE

(Bancel, *conducteur.*)

25, RUE DES GRANDS-AUGUSTINS

A PARIS

PETITE BIBLIOTHÈQUE LITTÉRAIRE
(AUTEURS CONTEMPORAINS)

Volumes petit in-12 (format des Elzévirs)
imprimés sur papier vélin teinté
Chaque volume : 5 francs ou 6 francs
Chaque œuvre est ornée d'un portrait gravé à l'eau-forte.

VICTOR DE LAPRADE. *Psyché, Odes, Harmodius*, 1 vol.	6 fr.
— *Les Symphonies, Idylles héroïques*, 1 vol.	6 fr.
— *Poèmes civiques. — Tribuns et courtisans*. 1 vol.	6 fr.
— *Pernette. Le livre d'un Père*. 1 vol.	6 fr.
— *Poèmes évangéliques*. 1 vol. . .	6 fr.
— *Les voix du Silence. — Le Livre des Adieux*. 1 vol.	6 fr.
LECONTE DE LISLE. *Poèmes barbares*. 1 vol.	6 fr.
— *Poèmes antiques*. 1 vol.	6 fr.
— *Poèmes tragiques*. 1 vol. . . .	6 fr.
LEOPARDI. *Poésies et œuvres morales*. Première traduction complète précédée d'un essai sur Leopardi, par F.-A. AULARD, professeur à la Faculté des lettres de Poitiers. 3 vol. Chaque vol.	6 fr.
JULES DE LA MADELÈNE. *Le Marquis des Saffras*. 1 v.	6 fr.
XAVIER DE MAISTRE. *Voyage autour de ma chambre. — La jeune Sibérienne. — Le Lépreux*. 1 vol. .	6 fr.
— *Fragments ; correspondance inédite*, avec une notice et des notes, par M. EUG. RÉAUME. 2 volumes	12 fr.
MICHELET. *Histoire de France*. 19 vol. à	6 fr.
— Tirage sur papier vergé à 500 exempl. Chaque vol.	6 fr.
MISTRAL. *Mireille* (texte et traduction). 1 vol. .	6 fr.
— *Calendal* (texte et traduction). 1 vol. .	6 fr.
ALFRED DE MUSSET. *Œuvres*. 10 vol. Chaque vol.	6 fr.
PAUL DE MUSSET. *Biographie d'Alfred de Musset*. 1 vol.	6 fr.
— *Originaux du XVIIe siècle*. 2 vol. Chaque vol.	6 fr.
— *Lui et Elle*. 1 vol.	5 fr.

PARIS. — Imp. A. LEMERRE, 25, rue des Grands-Augustins.